酒店督导与实务

主　编　侯明贤　吴通永
副主编　卢静怡　刘芳珺
　　　　安桃艳　蒲　涛

天津大学出版社
TIANJIN UNIVERSITY PRESS

内 容 提 要

本书共分两篇十四章，理论篇从团队建设、人际沟通、组织激励、质量管理、基层培训、压力管理六个方面对酒店督导与实务的相关理论知识进行了详细的阐述；操作篇则从现场督导、前厅督导管理、客房督导管理、餐饮督导管理、会议督导管理、康乐督导管理、厨房督导管理、工程督导管理八个方面对酒店督导与实务的具体操作进行了系统概括。

本书具有基础性、前瞻性、艺术性、实用性等特点，体现了理论指导、讲究艺术、实用为主的原则，是现代酒店基层管理者必备的基础知识学习用书。

图书在版编目（CIP）数据

酒店督导与实务 / 侯明贤, 吴通永主编. -- 天津 : 天津大学出版社, 2021.6（2022.7 重印）

ISBN 978-7-5618-6974-1

Ⅰ. ①酒… Ⅱ. ①侯… ②吴… Ⅲ. ①饭店－商业管理－监管制度 Ⅳ. ①F719.2

中国版本图书馆 CIP 数据核字(2021)第 127758 号

出版发行	天津大学出版社
地　　址	天津市卫津路 92 号天津大学内（邮编：300072）
电　　话	发行部：022-27403647
网　　址	www.tjupress.com.cn
印　　刷	天津泰宇印务有限公司
经　　销	全国各地新华书店
开　　本	185mm×260mm
印　　张	17.75
字　　数	456 千
版　　次	2021 年 6 月第 1 版
印　　次	2022 年 7 月第 2 次
定　　价	43.00 元

丛书编委会名单

前 言

Preface

酒店督导在酒店管理中起着承上启下的桥梁作用，面对员工，督导代表中高层管理者；面对中高层管理者，督导又代表普通员工的利益。酒店督导既是管理者，又是一线员工的直接指挥者和工作伙伴。所以，酒店督导既要懂得一定的管理理论，更要掌握酒店一线的实务知识，还要了解相关部门的业务知识。为此，编写此书，献给有志于从事酒店业的仁人志士和未来酒店业新人，尤其是高职酒店管理专业的学生，以便其了解酒店业较为系统的综合知识，尽快入门，尽早适应酒店工作。

据了解，大多数高职酒店管理专业的人才培养目标定位为将学生培养成为高素质高技能的复合型人才，有的直接写明是培养中、基层管理者。2019 年教育部公布的高等职业学校酒店管理专业教学标准中将“酒店督导管理实务”列入专业拓展课程，编写此书，也是为了适应酒店用工需要复合型人才的新形势。

本书主要有如下三个特点。

一是基础性。对于酒店基层管理者来说，树立团队意识、学会人际沟通、善于激励员工、强化质量意识、掌握培训技巧、理解压力管理是有效管理的基本功。本书对这些理论作了较为系统和通俗的解读，有利于提高酒店督导的管理素养和管理水平。

二是实用性。本书对酒店的一线部门，如现场督导、前厅、客房、餐饮、会议、康乐、厨房、工程等部门，列举了工作职责和工作内容，各种单据的基本知识，解决疑难问题的技巧，有利于酒店基层管理者尽快熟悉酒店各岗位的工作内容，具有操作性强的特点。

三是时代性。随着智能化时代的到来，酒店在前厅、客房、餐饮、康乐、会议的智能化程度日益显现，特别是在酒店管理系统、营销系统、工程系统等方面，智能化应用程度越来越高，本书特别关注了酒店智能化应用方面的内容。

本书第二、三、五章由浙江舟山群岛新区旅游与健康职业学院侯明贤编写，第八、十三、十四章由浙江舟山群岛新区旅游与健康职业学院吴通永编写，第四、九章由浙江旅游职业学院卢静怡编写，第一、六章由浙江舟山群岛新区旅游与健康职业学院安桃艳编写，第七、十一章由武汉铁路职业技术学院刘芳珺编写，第十、十二章由舟山南苑海上丝路酒店行政总监蒲涛编写。

侯明贤教授负责制订全书编写方案，吴通永、安桃艳二位老师对本书进行了校对和初审，侯明贤教授对修订内容进行了审定和统稿。

编　者

2021 年 4 月

目　录

Contents

理　论　篇

操 作 篇

理论篇

第一章　团队建设
第二章　人际沟通
第三章　组织激励
第四章　质量管理
第五章　基层培训
第六章　压力管理

第一章
团队建设

课前导读

“没有完美的个人，只有完美的团队。”在竞争日益激烈的现代社会，合作的重要性表现得越来越明显。饭店督导的一项重要职责，是努力把所在班组建设成为精通业务、团结一致、战斗力强，打得响、拉得出的团队。饭店服务是团队化的作业，每一名成员只有拥有强烈的团队意识才能提供高质量的服务。本章主要介绍团队的特征、团队建设的过程、团队精神的培养等。

教学目标

（1）熟悉团队建设要经过的五个阶段。
（2）理解团队精神的表征。
（3）掌握培养团队精神的方法。

第一节　团 队 概 述

一、团队的含义

一般意义的班组并不等同于团队。普通的班组只是企业的一般建制单位，它的成员良莠不齐，思想认识参差各异，虽然都在完成共同的工作任务，但并没有形成一支思想统一、行动一致、工作突出的队伍，它与优秀而成功的班组是有很大区别的。一个成功的班组，是为了共同的目标，相互帮助、团结和谐、共同奋斗、取得优异成绩的战斗集体。在饭店中，唯有思想和行动达到了高度一致的班组，才称得上是团队。把普通班组打造成优秀团队是饭店督导管理的重要职能。

1．团队的定义

团队是由两个或两个以上的人组成的，通过成员间的相互影响、相互作用，在行为上有共同目标和规范的介于群体与个人之间的一种形态。团队成员间在心理上有一定联系，彼此之间相互影响。那些萍水相逢，偶然会合在一起的一群人，虽然在时间、空间上有某些共同的特点，但他们之间在心理上没有什么相互影响和相互作用，因而称不上是团队。

资料链接

每年在美国的职业篮球大赛结束以后，常会从各个优胜队中挑选最优秀的球员，组成一支“梦之队”赴各地参加比赛，以为可以掀起另一轮的高潮，但结果却总是令球迷失望，“梦之队”往往胜少负多，这是为什么呢？其原因就在于他们不是真正意义上的团队。虽然他们都是顶尖的篮球高手，但是他们均为各个不同的球队效力，无法形成团队精神，不能形成有效的团队出击。

2．团队与群体的区别

群体是指两个或两个以上相互依赖的个体结合在一起形成的队伍。在群体中，成员通过相互作用帮助每个成员更好地承担起自己的责任，为了实现某个特定的目标来共享信息，做出决策。如果是团队，就要承担必要的发生矛盾冲突的风险，承担合作共同产生的风险，承担集体行动的风险。

在团队中，通过其成员的共同努力能够产生积极协同作用，其团队成员努力的结果使团队的绩效水平远远大于个体成员绩效的总和，即取得 1+1>2 的结果。而在群体中，成员不一定非要到集体中才能工作，他们也不一定有机会这样做；在业绩上，他们依赖的仅仅是“个人绩效”的总和，即 1+1=2 的模式。

可以说，团队并不是一群人的机械组合，一个真正的团队应该有一个共同的目标，其成员的行为之间相互依存，相互影响，并且能默契配合，不断创造和追求团队的业绩。判断一个工作小组是工作群体还是工作团队时，可以从目标、合作、责任、技能等方面来判断和区别。工作群体中可能并没有明确的长期或短期目标，而在团队中，团队的领导者会运用领导力促进各成员目标趋于一致，使工作目标清晰明确，而且通过衡量集体绩效的方式对团队成员进行考核。

团队与群体的区别见表 1-1。

表 1-1　团队与群体的区别

衡量标准	群　体	团　队
负责对象	对个人负责	成员间相互负责
成员目标	目标和宗旨不统一	有统一的目标
成果追求	强调个人成果	强调集体成果
责任分担	每个人的责任不明确	共同承担责任
绩效评估	根据自身的业绩衡量自己的效率	根据集体成果衡量绩效
规章制度	上令下行	开放式讨论，共同决策

二、团队的特征

一个高效的团队必须具备一些显著的特征，而正是由于有了这些特征，一个群体组织才能称为团队或高绩效团队。一般来说，团队的特征有以下几个。

1. 共同清晰的目标

团队的成员们有着共同的目标，并清晰地知道目标是什么。为完成共同目标，成员之间彼此合作，这是构成和维持团队的基本条件。实际上，正是这种共同的目标，才决定了团队的性质。

2. 成员之间相互依赖

从行为心理上来说，成员之间在行为心理上相互作用，直接接触，彼此相互影响，与团队中的其他个体形成了一种默契。

3. 成员具有团队归属感

各成员具有团队意识，具有归属感，情感上有一种认同感，意识到“我是这一团队中的人”，每个人都会感到团队中有他人的陪伴是件乐事。

团队成员心情放松、工作愉快，团队意识和归属感成了团队牢不可破的精神基础。

4. 具有责任心

所有高效的团队，其成员都要共同分担他们在达到共同目标过程中的责任。世界上没有任何一个团队中的成员是不承担责任的，如果大家都不承担责任，实现共同的目标无疑是空中楼阁。

“让我负责”和“我们自己负责”之间的重要区别是，前者可以发展成后者，但是没有后者，就不会有团队。“我们自己负责”这么一句简单的话，却道出了一个核心问题，那就是团队成员对团队的承诺以及团队对团队成员的信任。

5. 高效的领导者

团队要想取得高绩效，需要具有果敢高效的领导者，高效的领导者能让团队跟随自己共同渡过最艰难的时期，为团队指明前进方向。他们向成员阐明变革的可能性，鼓舞团队成员对未来充满信心，帮助他们更充分地了解自己的潜力。优秀的领导者不一定非得指示或控制成员，他们往往担任的是教练和后盾的角色，他们对团队提供指导和支持。

三、团队的类型

团队是指一群为了达到共同的目标而相互需要的人。他们的结合可能是长期或短期的，可能具有特定的或一般的目的，成员拥有不同的或是相似的背景。斯蒂芬·罗宾斯根据团队存在的目的、拥有自主权的大小，将团队分为三种类型：问题解决型团队、自我管理型团队和多功能型团队。

1. 问题解决型团队

问题解决型团队中的成员往往就如何改进工作程序、方法等问题交流不同的看法，并就如何提高产品质量、生产效率和改善工作环境等问题提供建议。在问题解决型团队中，团队的主要责任是通过调查研究，集思广益理清组织存在的问题，拟定策略或执行计划。

问题解决型团队在对调动员工参与决策过程的积极性方面略显不足。

2．自我管理型团队

自我管理型团队是自然形成的工作小组，成员被赋予了很大的自主权，同时，他们也被要求控制自己的行为，取得重大的成果。集计划、命令、监督和控制行动的授权和培训于一身，使这类团队与许多其他类型的团队迥然有别。他们拥有广泛的自主权和自由。

可以说，自我管理型团队是一种真正独立自主的团队，他们不仅探讨问题怎么解决，而且亲自执行解决问题的方案，并对工作承担全部责任，一般由管理部门批准。这种类型的团队通常由 10～16 人组成，他们的工作是聚集在一起解决一般性的工作问题。

一般来说，他们的职责范围包括控制工作节奏、决定工作任务的分配、安排工作休息。彻底的自我管理团队甚至可以挑选自己的成员，并让成员相互进行绩效评估。自我管理型团队也被称为高绩效团队、跨职能团队或者超级团队。例如，美国的 L-S 电子电镀公司，整个公司是按照自我管理型团队来经营的，他们制订自己的工作日程表，自己轮换工作、设置生产目标、建立与能力相关的薪资标准。

自我管理型团队的影响是巨大的，他们能提高 30%或更多生产力并且极大地改善产品服务质量，从根本上改变了工作的组织方式，使一种更高水平的领导实践成为可能。一种高水平的团队授权经常通过自我管理团队得到实现。引入自我管理团队减少 1~2 个管理层级，从而产生了扁平式的组织结构，极大地提高了工作效率。

自我管理团队对其成员的综合素质要求普遍较高，同时也存在管理控制难度较大的问题，一旦失控，往往难以纠正。

3．多功能型团队

多功能型团队也叫跨职能团队，由来自同一等级、不同工作领域的员工组成，他们走到一起的目的就是完成某项任务。

多功能型团队是一种有效的团队管理方式，它能使组织内甚至组织之间不同领域员工相互交换信息，激发产生新的观点，解决面临的问题，协调复杂的项目。但是多功能型团队在形成的早期阶段需要耗费大量的时间，因为团队成员需要学会处理复杂多样的工作任务。在成员之间，尤其是那些背景、经历和观点不同的成员之间，建立起信任并能真正地合作也需要一定的时间。

全球大型跨国连锁餐厅麦当劳（McDonald's）有一个危机管理队伍，责任就是应对重大的危机，这个多功能型团队由来自麦当劳营运部、训练部、采购部、政府关系部等部门的一些资深人员组成，他们平时共同接受关于危机管理的训练，模拟当危机到来时怎样快速应对。比如，广告牌被风吹倒，砸伤了行人，这时该怎么处理？一些人员考虑是否把被砸伤的人送到医院，如何回答新闻媒体的采访，当家属询问或提出质疑时如何对待。另外一些人要考虑的是如何对这个受伤者负责，保险谁来出，怎样确定保险。所有这些都要求团队成员能够在复杂问题面前做出快速行动，并且进行一些专业化的处理。

虽然这种危机管理的团队究竟在一年当中有多少时候能用得上还是个问题，但对于跨国企业来说是养兵千日，用兵一时，因为危机一旦发生就不是小问题。在面临危机的时候，如果做出快速而且专业的反应，危机会变成生机，问题会得到解决，而且还会给客人及周围的人留下很专业的印象。

四、团队成员角色认知

团队成员互不相同，大家相辅相成，共同完成目标。作为一个团队，必须了解不同类型的团队成员，他们的优缺点是什么，必须明确他们的角色，发扬各自的长处，这样才能使团队高效运作。一个团队的成员一般有如下类型。

1. 实现者

这种类型的成员比较保守，做事尽心尽责，喜欢按部就班，同时对工作有一定的预见性。这类人具备一定的组织能力和实践经验，努力工作而且自我约束能力强，但是缺乏灵活性，对未知的概念没有兴趣。

2. 合作者

这种类型的成员做事比较镇定、自信，自我约束能力强，能够从别人的优点出发，不带任何偏见地对待和接纳所有有潜力的人，做事的目标性很强。但是这种人的智力和创造力一般。

3. 塑造者

这种类型的成员有很强的组织能力，对人友好，思维敏捷。但常常会有一种冲动，有一种向习惯势力、效率不高、安于现状的现象挑战的动力。这种人易怒和急躁，容易引发冲突。

4. 高智商者

这种类型的成员个人主义严重，办事虽然认真，但有一定的叛逆心理。这种人具备天才的素质，有丰富的想象力，智商很高，知识广博。但这种人自负，不屑于做一般的工作，漠视团队的纪律。

5. 协调者

这种类型的成员性格外向，待人热情，好奇心强，善于与人交流，能够把大家集中起来去探求新鲜事物，能够对外界的变化做出及时的反应。但如果工作的魅力一旦削弱，他们对工作也很快丧失兴趣。

6. 监控执行者

这种类型的成员做事比较冷静和谨慎，不带有任何感情色彩。这种人有很强的判断力，做事脚踏实地，但缺乏灵感或激发别人的能力。

7. 团队的建造者

这种类型的成员有一定的社会地位，能够起导向作用，性格温和，比较敏感。这种人对团队成员和出现的情况能够做出及时的响应，能够鼓舞整个团队的精神，但在关键时刻往往犹豫不决。

8. 完美主义者

这种类型的人做事有秩序，尽心尽责，并且渴望工作。这种人能够圆满完成任务，追求十全十美的工作。但由于这种心理，使他们过于拘泥于小节，他们不愿让任何事情随便通过。

第二节　团队的发展阶段分析

一般来说，团队的建设和发展要经过形成期、激荡期、凝聚期、收获期和修整期五个阶段。在不同阶段，团队管理的核心任务不同，酒店督导须辨清形势、掌握团队、降低不稳定的风险，确保工作的顺利进行。

一、形成期

团队成员由不同动机、需求与特性的人组成，此阶段团队成员间缺乏共同的目标，彼此之间的关系也尚未建立起来，成员间的了解与信任不足，彼此之间充满着谨慎和礼貌。整个团队还没有建立起规范，或者对于规范还没有形成共同的看法。这时的矛盾很多，内耗很多，一致性很少，花很大的力气也产生不了相应的效果。此时管理人员的工作主要围绕以下两个方面展开。

1．初步构成团队的内部框架

在团队成立伊始，组织管理者应该明确团队的各个要素，包括团队的目标、定位、职权、人员和计划。其团队内成员的角色应如何分配，团队成员如何选择，都是在团队的形成期设定的。

2．建立团队与外界的初步联系

建立团队与外界的联系主要包括：建立起团队与组织其他工作集体及职能部门的信息联系及相互关系；确立团队的权限，如自由处置的权限、须向上级报告请批的事项、资源使用权、信息接触的权限等；建立对团队的绩效进行激励与约束的制度体系；争取对团队的技术（如信息系统）支持，高层领导的支持，专家指导及物资、经费、精神方面的支持；建立团队与组织外部的联系与协调的关系，如建立与企业客户、企业协作者的联系，努力与社会制度和文化取得协调等。同时，管理人员必须立即掌握团队，快速让成员进入状态，降低不稳定的风险。

这个阶段团队的关系方面要强调互相支持，互相帮助，此阶段成员间的关系尚未稳定，不可能太过坦诚。此阶段的领导风格要采取控制型，不能放任，大致目标由领导者自己确定（但是要合理并得到大多数成员的认同），清晰直接地告知成员想法和目的，不能让成员自己想象和猜测，否则容易走样。此时也要尽快建立必要的规范，不需要完美，但是需要能尽快让团队进入轨道。

二、激荡期

团队经过形成期阶段后，隐藏的问题逐渐暴露，团队内部冲突加剧，虽然说团队成员接受了团队的存在，但对团队加诸他们的约束，仍会加以抵制。在这一阶段，热情往往让位于挫折和愤怒，抗拒、较劲、嫉妒是常有的现象，那些团队组建之初就确立的基本原则可能像飓风中的大树一样被打倒。

激荡包括成员与成员之间、成员与环境之间、新旧观念与行为之间三方面的激荡。

1. 成员与成员之间的激荡

团队进入激荡期后，成员之间由于立场、观念、方法、行为等方面的差异必然会产生各种冲突，工作行为、任务目标、工作指导统统抛于脑后。此时，人际关系陷入紧张局面，甚至出现敌视、强烈抵触情绪及向领导者挑战的情况。其结果是，一些人可能暂时回避，一些人准备退出。

2. 成员与环境之间的激荡

首先，这种激荡体现在成员与组织技术系统之间。例如，团队成员在新的环境中可能对团队采用的信息技术系统或新的制作技术不熟悉，经常出差错。这时最紧迫的是进行技能培训，使成员迅速掌握团队采用的技术。

其次，成员与组织制度系统之间的激荡。在团队建设中，组织会在其内部建立起尽量与团队运作相适应的制度体系，如人事制度、考评制度、奖惩制度等。但是，由于这些制度是在组织范围内制定和实施的，相对于小范围的团队来说，未必有效。也就是说，针对性差，所以制定适应团队发展的行为规范迫在眉睫。

再次，团队在成长过程中，与组织其他部门要发生各种各样的关系，也会产生各种各样的矛盾冲突，需要进行很好的协调。

最后，团队与社会制度及文化之间的关系也需要协调。

3. 新旧观念与行为之间的激荡

团队在激荡期会产生新旧观念、行为之间的激荡。

在传统组织中进行团队建设将不得不面临着一系列行为方式的激荡与改变，在这一过程中，团队建设可能会碰到很多阻力。例如，成员可能会因为害怕责任、害怕未知、害怕改变等而拒绝新的团队行为方式，这时需要运用创新的手段来促进团队的成长。

三、凝聚期

经过一段时间的激荡，团队逐渐走向规范。组织成员开始以一种合作方式组合在一起，并且在各派竞争力量之间形成了一种试探性的平衡。经过努力，团队成员逐渐了解了领导者的想法与组织的目标，建立了共同的愿景，互相之间也产生了默契，认可组织规范，违规的事情减少，这使日常工作能够顺利进行。但是组织对领导者的依赖很强，还不能形成自治团队。

在这一阶段，最重要的是形成有力的团队文化。如何形成有力的团队文化，促成共同价值观的形成，调动个人的活力和热忱，增强团队的凝聚力，培养成员对团队的认同感、归属感、一体感，营造成员间互相合作、互相帮助、互敬互爱、关心集体、努力奉献的良好氛围，将成为团队建设的重要内容。团队能否顺利度过凝聚期以及团队形成的规范是否真正高效有力，将直接影响团队建设的成败与最终的绩效。

此时，还应该有更广泛的授权与更清晰的权责划分。在成员能接受的范围内，提出善意的建议，如果有新进的人员，必须让其尽快融入团队之中。在授权的同时，要维持控制，不能一下子给得太多，否则回收时会导致士气受挫。适当的培训是此时很重要的事情。

四、收获期

“养兵千日，用兵一时。”在这个阶段，团队结构已经开始充分发挥作用，并已被团队成员完全接受。团队成员的注意力已经从试图相互认识和理解转移到充满自信地完成各自的任务。至此，团队成员已经学会了如何建设性地提出不同意见，能经受住一定程度的风险，并且能用他们的全部能量面对各种挑战。大家高度信任、彼此尊重，也呈现出接受团队外部新方法、新输入和自我创新的学习型状态。整个团队已熟练掌握如何处理内部冲突的技巧，也学会了团队决策和团队活动的各类方法，并能通过团队追求团队的成功。在执行任务过程中，团队成员加深了解，增进了友谊，除了高度的相互信任外，还可以有退有进，让团队显示自己巨大的能量。

五、修整期

如果团队经过以上各阶段的努力还未能成为真正的高效团队，或在执行期表现不尽如人意，进入修整期时，可能会被勒令整顿，即通过努力消除一些假团队的特质，经过“回炉处理”，将之锤炼成真正的团队。于是出现新的一轮团队建设。对团队实行整顿的一个重要内容是优化团队规范。

这时可用到皮尔尼克（S.Pilnick）提出的“规范分析法”：首先是明确团队已经形成的规范，尤其是那些起消极作用的规范，如个人领导而非共同领导，分别负责任而非联合责任，彼此攻击而非互相支持等假团队的特质；其次是制定规范剖面图，得到规范差距曲线；再次是听取各方面对这些规范进行改革的意见，经过充分的民主讨论，制定系统的改革方案，包括责任、信息、交流、反馈、奖励和招收新的成员等；最后是对改革措施实施跟踪评价，并做出必要的调整，此时管理者更需要运用系统的思考方式，通观全局，并保持危机意识，持续学习，持续成长。

以上五个阶段反映的是团队建设的一般性过程，但是实践中的团队建设过程常常有所偏差。团队建设过程会出现跳跃现象；或是会出现各个阶段的融合。例如，在团队发展的前期和后期可能产生激荡，在前期出现激荡的原因可能是团队成员定位之前的混乱思想，而后期出现的激荡可能是奖酬分配过程中出现了“不公平”的现象。

总的来说，如果团队建设过程顺利，它通常会表现出如下特征：团队行为与组织目标所规定的方向渐趋一致；团队绩效逐渐提高；团队的自我管理、自我调节和自我完善能力不断增强；成员越来越能兼顾组织、团队和个人的利益，并把三者有机地结合起来；团队能持续学习提高。

在不同的酒店，团队的发展都会经历这五个阶段。经过这五个阶段后，团队的效率有可能会下降，因为同一群人工作太久，团队内部缺乏新意，没有新鲜血液补充进来。作为一个不断改善的团队，要不断进行批评与自我批评。一个项目做到一定阶段，可以做一个评估。每一个成员必须认真倾听别人的意见，虚心接受批评，重要的是要学习别人的优点，在学习中不断完善和提高自己。因为每一个人都有优缺点，团队最好的搭配是互相取长补短，所有内部的意见要经过充分的讨论，最后达成团队的共识。

第三节　团队建设

团队建设（Team Construction）是饭店在管理中有计划、有目的地组织团队，并对其团队成员进行训练、总结、提高的活动。团队建设的好坏，象征着一个饭店后继发展是否有实力，也是这个饭店凝聚力和战斗力的充分体现。

一、团队建设的要素

如果有一车沙从大厦楼顶上倒下来，对地面的冲击是不太大的，如果把一整车已凝固成块的混凝土从大厦楼顶上倒下来，其结果就大不一样。团队建设就是把一车散沙变成已凝固成块的混凝土，将一个个独立的成员变成一个坚强有力的团体，从而能够顺利完成项目的既定目标。

沙土需要搭配石头、钢筋和水泥等才能形成混凝土，在团队建设中同样如此。每个成员的知识结构、技术技能、工作经验和年龄性别按比例配置，达到合理的互补，决定了这个团队的基本要素。有了沙土等基本要素，是否就一定是混凝土呢？没有水，没有搅拌，就还不行。混凝土中的水就是一种良好的团队氛围，团结信任积极向上的工作氛围。具备了这种气氛，意味着团队建设成功了一半。

饭店督导在团队建设中的作用相当于搅拌机，组织和利用团队建设的各种因素，与成员之间形成良好的沟通，最终形成明智的决策和强大的执行力。

（一）优秀的组织领导

组织领导一般应具有如下素养。

1．品德高

一个优秀的人才拥有良好的品德，可以让组织成员众望所归，其可以成为组织的精神领袖，可以带领大家克服困难，迎来一个又一个成功。《西游记》中的唐僧团队之所以取得真经，首先是有唐僧这个德高望重，富有远大理想与抱负且为了理想而执着工作的团队领导。因为唐僧的德，才能聚集起孙悟空、猪八戒、沙悟净这班团队成员，这叫“以德服人”，可见团队领导的品质与胸怀是聚才的关键。

2．能力强

要想保证组织团队的同心同德，让大家心平气和地工作战斗在一个有效的平台上，这个饭店或者组织优选出来的团队负责人，一定要具备某一专长，也就是要有突出的能力，突出的能力必然带来突出的业绩。领导人只有在能力、业绩上，而不只是在学历上超越属下，大家才能心服口服，才能避免出现内讧或者内耗，让下属能够安心地工作与处事。这个负责人也许是技术型的，也可能是管理型的，甚至有可能是从低到高发展起来的实干型人才。

3．多领导，少管理

作为一个团队领导，如果仅仅依靠组织授予的职权管理下属，这是治标不治本的，通过组织授权是团队建设与管理的基础，而通过“领导”的方式，也就是通过个人内在涵养提升，展现自己的严于律己、率先垂范等人格魅力，才能摒弃由于通过组织授权而采取“高压管理”带来的缺乏人性化的弊端。

（二）共同的事业愿景

共同的事业愿景，包括如下方面。

1. 找到组织存在的价值和意义

人过留名，雁过留声。人在世上走一遭，总要留下点什么，一个找不到活着理由的人，注定犹如行尸走肉，而空虚度过一生。

2. 实现事业的组织分工与责任

为了达成饭店的事业愿景或者使命，团队成员要有各自的组织分工，要明确自己承担的事业责任，明确了各自的职责，大家齐心协力，才能更好地达成组织的长远规划。

（三）清晰的团队目标

清晰的团队目标包括如下要素：制定组织的经营目标以及组织成员个人的利益目标。由于唐僧有着远大的理想且目标明确，因此他能给团队描述出宏伟蓝图与愿景，引导团队成员朝着一个明确的目标不断地开拓进取。另外，唐僧执着的性格也可以感染团队成员，当其他成员遇到困难想放弃时，他这位团队领导的执着坚守可以正确地引导团队沿着既定的目标前进。

（四）互补的成员类型

互补的成员类型，包括如下两点。

1. 团队成员的个性互补

团队成员的个性互补，就像这个世界有男有女方为和谐一样，一个组织的成员个性类型，一定是互补型的，性格都较强或者都较弱，会让团队成为“争吵”的平台，或者让团队成为“绵羊”，而缺乏活力或者柔性，因此，团队的性格类型应该强、弱，刚、柔互补。《西游记》中的唐僧团队之所以能成功，关键在于作为一个团队，成员之间的性格互补。试想一下，唐僧团队中如果都是唐僧一样的人或都是孙悟空一样的人，或者都是猪八戒或沙悟净一样的人能获得取经的成功吗？

2. 团队成员的能力互补

一个团队里面，每个成员都有自己的性格，有自己的特长，有自己的经验，其对工作的适应性也各不相同，有的人擅长生产管理，有的人擅长市场营销，有的人擅长财务管理，有的人擅长人力资源管理。因此只有充分实现团队成员能力的互补，相互配合好才能促进团队系统高效运行。

就饭店业的各国从业人员而言，欧洲的特点是讲求高标准、高质量和高规格，管理上一丝不苟；美国的饭店管理重视成本底线和赢利能力，管理上追求高效率和高利润，并鼓励创新；亚洲国家从业人员则强调人文气息，管理上讲究亲和力。现如今，国内国外的许多国际高星级饭店都在建设人员来自不同国家、不同文化背景的能力互补的管理团队，以保证饭店的高效运营。

（五）合理的激励考核

合理的激励考核包括如下方面。

1．建立合理而有挑战性的薪酬考核体系

在具备竞争力的前提下，按贡献大小予以合理分配，只有建立一套公平、公正、公开的薪酬体系，大家才能在同一套制度下，施展才华，建功立业。

2．团队组织建立阶段，要多奖励，少惩治

奖励是激扬人性，惩治是压抑个性，因此，为了避免大家离心离德，甚至分崩离析，就必须多采取正面激励。

（六）系统的学习提升

系统的学习提升，包括如下方面。

1．创建学习型组织

知识改变命运，学习决定未来。只有打造学习型组织，保持决策的先进性、前瞻性，饭店管理的流程才不会“僵死”，才会实现“大企业的规模，小企业的活力”，这种学习型组织，一定是自上而下的，组织成员每一个人要有一种学习的动力与渴望，确保让学习成为饭店的“驱动力”。

2．打造学习型个人

作为组织要想方设法为团队个人提供学习和成长的平台，打造良好的学习氛围。

二、成功团队的主要特征

1．凝聚力

员工们跟随一个督导，就是希望督导能创造一个环境，聚合众人的力量，营造一个未来。正是这种凝聚力，在创造着人类的历史。试想如果团队成员远离督导，甚至因为督导的言行让他们失望而放弃对事业的追求，督导还会成功吗？

2．合作

大海是由无数的水滴组成的，每个人都是团队中的水滴。个人敌不过团队，个人的成功是暂时的，而团队的成功才是永久的。团队的成功靠的是团队里的每位成员的合作。如同打篮球，个人能力再强，没有队友的配合也无法取胜。打比赛时 5 个人就是一个团体，有人投球、有人抢篮板、有人战术犯规，其目的都是实现团队的目标。

3．组织无我

个人的力量是有限的，成功靠团队共同推进，每个成员一定要明白，团队的利益、团队的目标高于个人的利益和目标。在团队中如果人人只想照顾自己的利益，这个组织一定会崩溃，团队没有了，个人的目标自然也实现不了。既然是团队行动，就应听从督导的安排，任何事情就变得很容易，这叫组织无我。团队的目标就是靠这种组织无我的精神达成的。

4．士气

没有士气的团队，是缺乏吸引力、凝聚力、战斗力的，而士气高昂的团队，无论在任何环境，遇到任何困难，都是无往不胜的。士气让不可能变成了可能。美国的波音公司（The Boeing Company），在1994年以前遇到一些困难，总裁菲利普·康迪（Philip Condit）上任后，经常邀请高级经理们到自己的家里共进晚餐，然后在屋外围着个大火炉，讲述有关波音的故事。康迪请这些经理们把不好的故事写下来扔到火里烧掉，用来埋葬波音历史上的“阴暗”面，只保留那些振奋人心的故事，极大地鼓舞了团队的士气。

三、团队建设的步骤与方法

人与人的经历不同，追求不同，人生观、价值观不同，因此将一群人团结起来，建立一个团队不是件很容易的事情。

1．明确团队目标

建立团队的目的是什么，这个团队要完成怎样的目标。目标很重要，因为目标就是方向。每个团队的组建都是为完成一定的目标或使命。没有目标的团队没有存在的意义，或者说没有目标的团队也称不上一个团队。

2．建立好团队内部规则

没有规矩不成方圆，一个团队如果能形成战斗力必须建立健全游戏规则，如岗位职责、权利的界定，团队成员沟通、交流方式的确立等。这些规则应能保证一个团队的正常运行，让团队每个成员的主动性、积极性和创造性发挥出来，使整个团队充满活力。

3．学会宽容

宽容是一种很高的品质。在一个团队内部，由于每个团队成员的性格特征可能不同，考虑问题的出发点不同，难免会产生摩擦，但每个人都应该抱着一种“对事不对人”的态度去宽容别人对自己的批评，而不能一味地去争执，许多东西需要时间去证明，争论没有任何意义。

4．确立团队成员标准，选对人上船

团队的目标确定了，就要选择正确的团队成员，选择那些认同团队价值观、优势能够互补的人。价值观的认同很关键，不认同团队的价值观大家就不能实现良好的沟通，也就不可能有效率可言。另外，并不是所有最强的人组合在一起就能形成一个最强的团队，团队成功的关键在于充分发挥整体优势，这就需要团队中的成员做到优势互补，实现整体大于局部之和。

5．选择一个好的团队领导

我们不能强调个人的作用，但我们也不能忽略个人的作用。一个好的督导对于建设高效率的团队有着不可替代的作用。一个好的督导能充分发挥团队中每个成员的优势，使团队的资源实现最大程度的优化，从而创造出非凡的业绩。

6．加强学习

仅有工作的热情是不够的，关键还需要工作的能力，创造业绩的能力。团队应该发挥集体学习的优势，大家敞开心扉，共同学习，共同成长。集体学习要比个人学习效果好得多，因为大家可以进行彼此分享。

四、团队建设的方法与技巧

团队建设是事业发展的根本保障，团队运作是业内人士长期实践的经验总结，迄今为止，没有任何一个人是在团队之外获得成功的。团队的发展取决于团队的建设。团队建设应从以下几个方面进行。

（一）组建核心层

团队建设的重点是培养团队的核心成员。俗话说“一个好汉三个帮”，领导人是团队的建设者，应通过组建智囊团或执行团，形成团队的核心层，充分发挥核心成员的作用，使团队的目标变成行动计划，团队的业绩得以快速增长。团队核心层成员应具备领导者的基本素质和能力，不仅要知道团队发展的规划，还要参与团队目标的制定与实施，使团队成员既了解团队发展的方向，又能在行动上与团队发展方向保持一致。大家同心同德、承上启下，心往一处想，劲儿往一处使。

（二）制定团队目标

团队目标来自饭店的发展方向和团队成员的共同追求。它是全体成员奋斗的方向和动力，也是感召全体成员精诚合作的一面旗帜。核心层成员在制定团队目标时，需要明确本团队目前的实际情况，例如，团队处在哪个发展阶段?组建阶段，上升阶段，还是稳固阶段?团队成员存在哪些不足，需要什么帮助，斗志如何?

有效的目标设定可以提高团队绩效。研究表明：确立明确的预期目标可以使工作的绩效提高 25%，同时 80%的绩效问题同缺乏明确的预期目标有关。制定目标时，要遵循目标的 SMART 原则，即 S——明确性、M——可衔量性、A——可接受性、R——相关性、T——及时性。

（1）明确性(Specific)。确定有一件事必须改善或维持。

（2）可衡量性(Measurable)。目标应包含数量、品质、期限等，它应该可以很明确地衡量。

（3）可接受性(Attainable)。设定的目标应该有挑战性，它不应该太难（根本无法完成）或太简单（不具挑战性）。

（4）相关性(Relevant)。确定由某人负责，例如，某件事由你负责，而在过程中有一些项目需由他人支援协助，必须清楚说明个人的目标和责任归属，换言之就是有明确的负责人。

（5）及时性(Time-bound)。当前最急待解决的问题应成为我们的主要目标。

（三）训练团队精英

训练精英的工作是团队建设中一个非常重要的环节。建立一支训练有素的员工队伍，能给团队带来很多益处：提升个人能力、提高整体素质、改进服务质量、稳定饭店业绩。一个没有精英的团队，犹如无本之木，一个未经训练的队伍，犹如散兵游勇，难以维持长久的繁荣。训练团队精英的重点在于以下方面。

（1）建立学习型组织。让每一个人认识学习的要性，尽力为他们创造学习机会，提供学习场地，表扬学习进步快的人，并通过一对一沟通、讨论会、培训课、共同工作的方式营造学习氛围，使团队成员在学习与复制中成为精英。

（2）搭建成长平台。团队精英的产生和成长与他们所在的平台有直接关系，一个好的平台能够营造良好的成长环境，提供更多的锻炼和施展才华的机会。

（四）培育团队精神

团队精神强调的是团队成员的紧密合作。要培育这种精神，领导人首先要以身作则，做一个团队精神极强的楷模；其次，在团队培训中加强团队精神的理念教育；最重要的是，要将这种理念落实到团队工作的实践中去。一个没有团队精神的人难以成为真正的领导人，一个没有团队精神的队伍是经不起考验的队伍，团队精神是优秀团队的灵魂，成功团队的特质。

（五）做好团队激励

团队建设是容易与别人的观念发生冲突的工作，是需要一定时间的坚持才能成的事业，每个人要做好这一切，他所面临的最大挑战就是自己，因此，每个团队成员都需要被激励，领导人的激励工作做得好坏，直接影响团队的士气，最终影响团队的发展。激励是指通过一定手段使团队成员的需要和愿望得到满足，以调动他们的积极性，使其主动地把个人的潜力能发挥出来，从而确保既定目标的实现。饭店督导管理的特点是用激励代替命令，正如美国著名的行为科学家道格拉斯·麦格雷戈（Douglas M. Mc Gregor）所说："督导是由一系列协助员工工作的行动组成，像老师、顾问、同事，极少像一个权威的老板。"激励的方式多种多样：树立榜样、培训、表扬、奖励、旅游、联欢、庆祝活动等。

第四节　团 队 精 神

一、什么是团队精神

团队精神是指团队的成员为了实现团队的利益和目标而相互协作、尽心尽力的意愿和作风，它包括团队的凝聚力、合作意识及士气。简单来说，团队精神就是大局意识、协作精神和服务精神的集中体现。团队精神的基础是尊重个人的兴趣和成就，核心是协同合作，最高境界是全体成员的向心力、凝聚力，也就是个体利益和整体利益的统一后而推动团队的高效率运转。团队精神的形成并不要求团队成员牺牲自我，相反，挥洒个性、表现特长保证了成员共同完成任务目标，而明确的协作意愿和协作方式所产生的真正的内心动力。没有良好的从业心态和奉献精神，就不会有团队精神。团队精神更强调个人的主动性，团队是由员工和管理层组成的一个共同体，该共同体合理利用每一个成员的知识和技能协同工作，解决问题，达到共同的目标。集体主义则强调大家共同性。团队精神与群体、集体主义的主要区别如下。

（1）领导方面。群体应该有明确的领导人；团队可能就不一样，尤其团队发展到成熟阶段，成员共享决策权。

（2）目标方面。群体的目标必须跟组织保持一致，但团队中除了这点之外，还可以产生自己的目标。

（3）协作方面。群体的协作性可能是中等程度的，有时成员还有些消极，有些对立；但团队中是一种齐心协力的气氛。

（4）责任方面。群体的领导者要负很大责任，而团队中除了领导者要负责之外，每一个团队的成员也要负责，甚至要一起相互作用，共同负责。

（5）技能方面。群体成员的技能可能是不同的，也可能是相同的，而团队成员的技能是相互补充的，把不同知识、技能和经验的人综合在一起，形成角色互补，从而达到整个团队的有效组合。

（6）结果方面。群体的绩效是每一个个体的绩效相加之和，团队的结果或绩效是由大家共同合作完成的产品。

二、团队精神的功能

1．目标导向功能

团队精神的培养，使饭店内部员工齐心协力，拧成一股绳，朝着一个目标努力，对单个员工来说，团队要达到的目标即是自己所努力的方向，团队整体的目标顺势分解成各个小目标，在每个员工身上得到落实。

2．凝聚功能

任何组织群体都需要一种凝聚力，传统的管理方法是通过组织系统自上而下的行政指令，淡化了个人感情和社会心理等方面的需求，而团队精神则通过对群体意识的培养，通过员工在长期的实践中形成的习惯、信仰、动机、兴趣等文化心理，沟通人们的思想，引导人们产生共同的使命感、归属感和认同感，反过来逐渐强化团队精神，产生一种强大的凝聚力。

3．激励功能

团队精神要靠员工自觉要求进步，力争与团队中最优秀的员工看齐。通过员工之间正常的竞争可以实现激励功能，而且这种激励不是单纯停留在物质的基础上，还能得到团队的认可，获得团队中其他员工的尊敬。

4．控制功能

员工的个体行为需要控制，群体行为也需要协调。团队精神所产生的控制功能，是通过团队内部所形成的一种观念的力量、氛围的影响，去约束规范、控制员工的个体行为。这种控制不是自上而下的硬性强制力量，而是由硬性外化控制向软性内化控制；由控制员工行为，转向控制员工的意识；由控制员工的短期行为，转向对其价值观和长期目标的控制。因此，这种控制更为持久更有意义，而且容易深入人心。

三、团队精神的作用

1．团队精神能推动团队运作和发展

在团队精神的作用下，团队成员产生了互相关心、互相帮助的交互行为，显示出关心团队的主人翁责任感，并努力自觉地维护团队的集体荣誉，自觉地以团队的整体声誉为重来约束自己的行为，从而使团队精神成为酒店自由而全面发展的动力。

2．团队精神培养团队成员之间的亲和力

一个具有团队精神的团队，能使每个团队成员显示高涨的士气，有利于激发成员工作的主动性，由此而形成的集体意识，共同的价值观，高涨的士气、团结友爱，团队成员才会自愿地将自己的聪明才智贡献给团队，同时也使自己得到更全面的发展。

3．团队精神有利于提高组织整体效能

通过发扬团队精神，加强团队建设能进一步节省内耗。如果总是把时间花在怎样界定责任，应该找谁处理，让客人、员工团团转，这样就会减弱酒店成员的亲和力，损伤酒店的凝聚力。

4．团队精神提高员工的整体素质

团队是最基本的学习单位，组织中所有的目标都是直接或间接地通过团队来达到的。首先，团队精神有利于提高饭店团队领导的领导艺术，实现领导方式从监督型、参与型向团队型转变，把员工培养成真正的工作伙伴。其次，整合员工的分力以形成强大的合力，发挥团队最佳战斗力的关键靠的就是提高团队所有成员个体的觉悟、素质和技能。而更新和提升员工知识技能的最有效手段是实施团队建设，培育团队精神。

四、如何打造团队精神

1．建立明确的共同目标

有这样一个寓言故事，一只猎狗将兔子赶出了窝，一直追赶它，追了很久仍没有抓到。一牧羊人看到此种情景停下来，讥笑猎狗说："你们两个之间小的反而跑得很快。"猎狗回答说："你们不知道我们两个跑是完全不同的，我仅仅为了一餐而跑，而它却为了性命而跑！"

这个寓言揭示兔子与猎狗做一样的事情，都拼命地奔跑，然而，它们的目标是不一致的，导致其动力也会不一样。在团队管理中，不同角色的成员的目标是不一致的。饭店的主管和领班直接面向客人，需要按照承诺，保质保量地按时完成营运目标。团队成员可能是打工者心态，我干一天你要支付我一天的工资，加班要给奖金，当然工作中能学到新知识新技能就更好。

团队中不同角色由于地位和看问题的角度不同，对目标和期望值，会有很大的区别，好的督导要善于捕捉成员之间不同的心态，理解他们的需求，帮助他们树立共同的奋斗目标，使得团队的努力形成合力，劲往一处使。

2．营造相互信任的组织氛围

有一家知名银行，其管理者特别放权给自己的中层员工，一个月尽管去花钱营销。有人担心那些人会乱花钱，可事实上，员工并没有乱花钱，反而维护了许多客人，其业绩成为业内的一面旗帜。相比之下，有些管理者，把钱看得很严，生怕别人乱花钱，自己却大手大脚，结果员工也想尽一切办法谋一己私利，还有一家经营环保材料的合资企业，总经理的办公室跟普通员工的一样，都在一个开放的大厅中，每个普通员工站起来都能看见总经理在做什么。员工出去购买日常办公用品时，除了正常报销之外，企业还额外付给一些辛苦费，这个举措杜绝了员工弄虚作假的行为。在这两个案例中，我们可以体会到相互信任对于组织中每个成员的影响，尤其会增加员工对组织的情感认可。而从情感上相互信任，是一个组织最坚实的合作基础，能给员工一种安全感，员工才可能真正认同饭店，把饭店当成自己的，并以之作为个人发展的舞台。

3．态度并不能决定一切

《三国演义》中的刘备是个非常注重态度的人，三顾茅庐请孔明，与关羽和张飞结成死党，但最后却是一个失败者。曹操不管态度，唯人是举，成就大业。对于酒店来说，赢得利润不仅靠态度，更要依靠才能。那些重视态度的管理者一般都是权威感非常重的人，一旦有人挑战自己的权威，内心就不太舒服。所以，认为态度决定一切的管理者，首先要反思一下自己的用人态度，在评估一个人的能力时，是不是仅仅考虑了自己的情感需要而没有顾及员工的情感?是不是觉得自己的权威受到了人才的挑战而不能从内心接受对方。

4．在组织内慎用惩罚

从心理学的角度讲，如果要改变一个人的行为，有两种手段：惩罚和激励。惩罚导致行为退缩，是消极的，被动的，法律的内在机制就是惩罚。激励是积极的、主动的，能持续提高效率。适度的惩罚有积极意义，过度惩罚是无效的，滥用惩罚的酒店肯定不能长久。惩罚是对员工的否定，一个经常被否定的员工，有多少工作热情也会荡然无存。督导的激励和肯定有利于增加员工对酒店的正面认同，而督导对于员工的频繁否定会让员工觉得自己对酒店没有用，进而员工也会否定酒店。

5．建立有效的沟通机制

理解与信任不是一句空话，往往一个小误会反而给管理带来无尽的麻烦。有一个员工要辞职，管理者说:“你不能走啊，你非常出色，之前的做法都是为了锻炼你，我就要提拔你了，我还要奖励你!”可是，员工却认为这是一句谎话，他废寝忘食地工作，反而没有善于阿谀奉承的人收入高，让他内心如何平衡!一个想重用人才，一个想为酒店发挥自己的才能，仅仅因为沟通方式不畅，使双方都很受伤害。我曾经听到一个高级员工说:“如果老板早一点告诉我真相，我就不会离开公司了。”

6．树立全局观念和整体意识

全局观念是指一切从系统整体及其全过程出发的思想和准则，是调节系统内部个人和组织、组织和组织、上级和下级、局部和整体之间关系的行为规范。而对于具有全局观念的人则会从组织整体和长期的角度，进行考虑决策、开展工作，保证团队健康发展。

案例分享

君澜酒店接管睢宁天成大酒店时，业主希望君澜能带来全新的团队和全新的气象。对此，君澜管理团队在接管时提出：“对原来的员工不抛弃、不放弃。只要员工有提升意愿，集团与你共同成长。”君澜酒店集团在接管过程中，落实了明确的授权、分权体系，植入了责、权、利明晰的管理体系，把一套成熟的企业文化、管理模型、产品模型体系导入酒店。更关键的是，君澜酒店集团针对不同的业主状况、员工状态对接管工作的影响，总结出了一套管理经验与对策，为总经理到岗之后的平稳交接工作提供了参考。

接管一年后，睢宁天成君澜的人事没有出现波动，酒店的携程评分达到 4.9 分，优质服务广受好评，员工们因为酒店业绩蒸蒸日上而干劲倍增。君澜把一批自己家的员工，变成了每个酒店业主想要的“别人家的员工”。

[对管理者的启迪]

1.尽管很多酒店业主期望“大换血”，但全部换血是不可能的，这样做势必造成成本费用的上升和酒店的不稳定。

2.酒店集团或管理公司在接管项目时，要做到平稳过渡。作为管理者应当立足当下，以发展的眼光来看待原有员工和酒店。

3.成熟的管理体制是酒店接管的重要工具，好体制能造就出更多的优秀员工。

4.酒店集团介入新项目后，不是适应酒店原有文化，而是带来新的文化、新的理念、新的模式，并用这些新的文化、理念和模式改造原有文化、理念和模式。这个过程需要坚定的信念，并力争得到业主的大力支持。

本章小结

（1）团队并不是一群人的机械组合，一个真正的团队应该有一个共同的目标，其成员的行为之间相互依存，相互影响，并且能默契配合，不断创造和追求团队的业绩。

（2）高绩效团队应具有以下特征：共同清晰的目标、成员之间相互依赖、成员具有团队归属感、具有责任心、高效的领导者。

（3）团队建设一般要经过形成期、激荡期、凝聚期、收获期和修整期五个阶段。

思考与练习

（1）简述团队的特征。

（2）团队建设一般要经过哪几个阶段？

（3）什么是团队精神？它与群体、集体主义有什么区别？

（4）如何打造团队精神？

（5）简述团队精神的功能。

（6）案例分析：雁群在迁徙过程中会互相支援、鼓励，包括：雁会鼓动双翼，鼓舞同伴加速飞行；每只雁会运用影响力，防止有雁脱队；雁群的成员会自动调整及修正角色；雁会以叫声鼓励伙伴前进。请通过雁群在迁徙过程中的合作并结合实际生活谈谈你对团队精神的理解。

第二章
人际沟通

课前导读

俗话说：一个人靠智商得以录用，靠情商得以发展。酒店督导情商的高低，最终是通过与他人的沟通表现出来的。酒店督导要提高自己的沟通能力，必须遵循沟通的四大准则：认识他人是沟通的起点；换位思考是沟通的基础；彼此尊重是沟通的准则；沟通的结果是双赢不败。同时，要掌握不同层次的沟通技巧。

教学目标

（1）充分认识沟通在酒店督导管理中的地位和作用。
（2）掌握沟通的技巧和方法。
（3）了解360度人际沟通艺术。

第一节　人际沟通概述

一、什么是人际关系？

“人际关系”指的是人与人之间相互联系、相互影响和相互作用的状况。

人们在相互交往的过程中，形成了多种多样的人际关系，这些关系大体上可分为四种类型，即血缘人际关系、地域人际关系、志趣人际关系、工作人际关系。这四个方面有时是重叠的。如有血统关系的往往也有地域关系，从事同一工作的人有许多成为志趣相投的知己，等等。

1. 人际关系的内容和主要特点

人际关系包括人们的认识、情感和行为三个部分。认识是指人们相互之间的了解，它是人际关系的前提；情感是人们在感情上的满意程度和亲疏关系，这是人际关系的基础；行为是在认识和情感的引导下，人们相互交往的实际表现和结果。以上三者，三位一体，不可割裂，但情感是人际关系的核心。

人际关系的主要特点就是情感性。各种人际关系都以一定的情感为基础而建立，并以情感为联系纽带，只是有的情感浓厚，有的淡薄；有的融洽，有的抵触；有的亲密，有的敌对而已。同是血缘亲属或是思想一致的人，其人际关系的密切程度上也往往有很大的差异，不一定都有亲密的相互关系。根本原因在于情感联系上有差别，从而产生了心理上的距离，表现为行动上的亲疏。这种心理距离的远近，心理上的接纳与排斥的情况，就是衡量人际关系的尺度。心理距离相近、相通，情感就密切，人际关系就好，所谓“从心里喜欢”，说的就是这个意思；心理距离很远，甚至反感抵触，人际关系自然不会好。

2．人际关系的类型

美国的心理学家，从社会心理学的角度，把人际交往的密切程度和相互关系的状况，划分为 6 种类型。

第一种，泛泛交往，属于普通社会应酬。

第二种，工作交往，有共同情趣和工作内容。

第三种，功利交往，是一种利益互换、互补的交往。

第四种，情谊交往，感情相投，关系亲密、真挚。

第五种，交心交往，不但感情相投，情谊真挚；而且理想志趣和价值观相同；在行动上相互帮助，为实现共同目标而努力。

第六种，知己交往，比第五种更进了一步，达到了悲欢与共，祸福同享，“士为知己者死”的程度。

前三种是一般的关系，情感联系不太多，相互关系不十分密切；后三种属于情感密切的关系。

二、酒店服务业的关键是处好人际关系

1．处好人际关系是生活和工作的重要因素

一个人的事业能否有所发展，当然要看他是否有能力，但人际关系的好坏，往往起到关键的作用。美国卡内基大学通过对 1 万多人的调查发现，经验、技术和智慧只占成功因素的 15%，其余 85%取决于良好的人际关系。哈佛大学对数千名被解雇的人员的调查证明，人际关系不好的比不称职的高两倍多。我国对每年调动工作的人员进行调查后发现，90%是因为人际关系不好，无法发挥才干、专长，而求他去。

因此，酒店工作人员必须要十分重视人际关系问题。据调查，学生毕业后，发展最快的，不是在校内死啃书本的人，而是学习努力、积极参加社会工作、善于处理人际关系的学生。日本东京著名的“诚心烹调学校”，虽然任务为培训厨师，但所设置的四类必修课程中，除了“烹调技术”外，其余三类是“经营管理” “服务接待” “公共关系”，都是与人际关系相关的内容，可见即便是从事技术工作的酒店人员，也不例外。

2．从督导管理的角度说，处好人际关系也是领导工作的关键

大量的事实证明，管理人员怎样对待员工，员工就怎样对待客人。企业的管理状况，直接影响对客服务的质量（见表 2-1）。当领导对员工尊重、关心时，员工就会努力把工作做好；当领导对员工冷淡、粗暴时，员工就会把气撒到客人的身上，心想：“反正领导对

我不好，干什么要那么使劲？企业好坏关我什么事儿，客人爱满意不满意，我就这个样！”美国德尔塔航空公司的员工说：“你把我当三流人员看待，我就给你做三流的工作；你把我看成一流的，你就会得到一流的结果。”可见领导对员工的态度，与员工对客人的态度，是一个因果循环的关系。

表 2-1　管理人员对员工的态度影响员工对客人的服务

管理者对员工	员工对客人
关心爱护：帮助员工解决问题	我能帮您做些什么？
沟通情况：让员工了解企业的情况	我了解情况，我能帮助您
放手授权：每人都代表企业，承担己任	我可以解决您的问题，很高兴为您做这些事情
尊重员工：视员工为专业人士	尊重客人，热情接待，主动服务
支持工作：支持员工的工作和决定	您可以信任我们的公司，我们会履行诺言

3．对企业的员工来说，处好人际关系，是发挥才能的前提条件

只有在人际关系良好的环境中，即上级重视、同事尊重，为群体接受和认同，大家和睦相处、关系融洽时，个人的工作潜力和积极性才能得到充分的发挥。少了这些，员工心情就不舒畅，工作缺少积极性。如果人际关系很糟，处处受排挤，待遇不公平，在这种环境中，还有谁愿意发奋工作呢？

三、人际交往原则

心理学家研究指出，人们交往必须要遵守一些基本的原则，否则就很难处好人际关系。

1．相互倾向性的一致

人际交往只有在情趣相投，或需求相补，或仪表相吸，或空间相近，相互倾向性一致的情况下才有可能。如果倾向性不一致，话不投机，人们就无法进行交流和交换。

人际交往是思想、感情、物质上的交流和交换，只有相互承认，相互容纳，人际交往才有可能。承认和容纳就是客观地承认对方的存在，在接纳其“长处”的同时，也容忍其“不足”，完整地接纳对方，这样才能和睦相处。如果不能容忍对方的一点毛病，不断挑剔和纠正对方，千方百计要把别人改造得符合自己的爱好和准则，人际关系必然紧张。这种凌驾于别人之上的态度，就是相互关系恶化的根源。

与人交往，目的是和睦相处，做好工作，而不是改造别人。只有把对方看作一个独立、自主的人，相互容纳，求同存异，不把自己的意愿强加给对方，这样才能产生真正的思想感情上的交流与交往。

承认和容纳对方，并不表示自己完全同意对方的一切，也不是放弃原则，而是与人相处的一种技巧。因为人们只有在思想放松、没有精神压力的情况下，才乐意与人相处，愿意与他人进行思想和情感上的交流，这时才谈得上相互帮助。如果与一个人相处时，总是提心吊胆，战战兢兢，唯恐哪句话说得不合对方心意，或什么事做得不符对方的意愿，就会被臭骂一顿，在这种状态下，他还会倾诉自己的真心话吗？恐怕还是噤若寒蝉为妙吧！美国总统林肯说得好：“一滴蜂蜜，可以捉住很多苍蝇，但是一加仑毒汁，却不能捉到一只苍蝇。”这句话很好地证明了和谐关系的重要性。

一般来说，承认和容纳是相互的。如果你容纳、承认了对方；对方也会容纳、承认你。一方的态度和行为，会随另一方的态度、行为而变化，这就是常说的“你敬我一尺，我敬你一丈”。有人曾说：“你能容纳一个人，就有一个人会容纳你；你能容纳一千个人，就有一千个人会容纳你；你能容纳天下所有的人，天下所有的人就会容纳你。”因此，在与人相处时，务必要表现出对方所希望的态度和行为。比如，在接待客人时笑脸相迎，就是表示对客人的接纳和欢迎，这正是客人所期望的。客人接纳了服务人员的微笑，也就会以满意的心情接纳服务人员和酒店。

2．交流要相对平衡

人们在交往中，都会考虑自己的得失，维护自己的利益。要维持良好的关系，就要双方都得到实际好处，交往的收益大致相等，在思想、感情和物质上的相互交流要相对平衡。这种平衡、相等，不能用数字去计算，它只是人们心理上的一种感觉，认为与对方交往值得，划得来，不吃亏，这就是平衡了。如果双方都觉得，在思想、情感和物质上的交流有收益，付出与换入相等，这种关系就会发展，越来越密切。如果双方的交流和交换不等值，一方付出得多，一方付出得少，或双方都很少付出，感到收益不大，或吃亏了，这种交往就很难维持下去。比如，领导与群众的思想交流应是双方的，这样关系才能发展，如果只是员工向领导谈思想，领导从不亮自己的想法，总是一副“打通别人思想”的姿态，以后就再没人和他谈思想和感情问题了。这样，领导与员工之间就只剩下纯粹的上下级的关系，再无心理上的相互接纳和交换，人际关系就会越来越疏远。所以，领导只有经常到群众中去，和大家打成一片，相互交流思想感情，才能形成良好的团队氛围。

3．要承认对方的价值

在人们的交往过程中，每个人都有一种心理状态，即要别人承认自己的价值，确认自己的重要性，并尽力去保护它。一个人如自认没有什么价值，那也就失去了与人交往的条件，因为他没有什么东西可以去和别人交换，别人也不愿意与一个毫无价值的人进行交流。因此，在交往中，要懂得尊重别人的价值，承认别人的价值，这样他才会愿意与你交往，否则就无法相处。

尊重对方的价值，最重要的就是要平等待人。不管自己的地位多高，名声多显赫，在与人相处时，都要把自己放在与对方平等的水平线上，只有这样才能谈得上平衡、平等地交换思想和感情。在交往中，如果一方高高在上，一方只能仰人鼻息，就不存在平等的交换，也就没有什么朋友关系了。以这种态度去处理人际关系，肯定百分之百地招人厌恶。法国一位哲学家说得好：“如果你要得到仇人，就表现得比你的朋友优越吧；但如果你要得到朋友，就要让你的朋友表现得比你优越。”

四、沟通是建立良好人际关系的前提

沟通是指人们之间语言和非语言（文字、体态动作）的信息交流。一方发出信息，另一方反馈，构成一个沟通过程。人们除了睡眠外，余下的70%的时间都在交往和沟通。沟通的目的就是把信息传给别人，达到相互了解、促进情谊、共同发展的目的。沟通是建立良好人际关系的前提，人际关系不好，其中的一个重要原因就是沟通不够，相互之间不了解。做一个称职的督导，要想在工作中得到上级、同事和员工的支持和帮助，就必须具备良好的沟通技能，做到多倾听、常通气、好商量。

第二节　有效沟通的要义

一、沟通的作用

沟通是一项十分重要的工作，也可以说是一门艺术。如果说纪律是维护组织完整的硬性手段的话，那么沟通则是维护团队完整的软性措施，它是组织的无形纽带和润滑剂。

有效沟通的作用体现在以下几个方面。

1．促进组织内成员间的相互了解

如果一个组织信息沟通渠道堵塞，成员间的意见难以沟通，将使人们产生压抑、郁闷心理。这样，不仅影响成员的心理健康，还会严重影响组织的工作。因此，领导者必须保证组织内部上下、左右各种沟通渠道的畅通，以利于提高组织内部成员的士气，增进人际关系的和谐，为组织的顺利发展创造“人和”的条件。

2．增强凝聚力

有效的沟通既可以促进领导者改进管理，又可以激励员工的工作热情和积极性，使之增强信心，积极主动地为本企业和本部门的发展献计献策，增强主人翁责任感，从而增强组织内部的凝聚力，使管理工作更富成效，企业蓬勃发展。

3．保障组织目标顺利实现

组织运作的目的在于达到共同目标，而达到目标的关键在于成员之间的交流和相互理解。如果是一个人单独工作，就没有交流的必要，但是组织目标只有通过大家的分工合作才能完成，因此组织成员之间的相互交流和相互信任就不可或缺了。

一个组织只有通过沟通才能成为一个有机的整体。通过沟通，每位成员才能清楚地看到自己和别人的目标、位置，能够更好地联系与互动，从而贡献自己。从某种程度上可以说工作的成果在很大程度上取决于意见沟通的效果。

4．提高组织决策水平

通过组织沟通，可以充分利用“集体智慧”，并从中产生最佳的决策。当组织要作重大的决策，实施重要的措施时，组织领导者必须做好良好的沟通工作，包括各种形式的浅层和深层的沟通工作。

在组织决策之前，在不妨碍保密要求的前提下，尽量让更多的成员参与决策，增强他们的主人翁责任感。在做出决策之后，要准确迅速地传达下去，以使员工心中有数、安心工作。

5．增强组织的创造力

每个人都有自己的思想、价值观、信念，也许不会表达出来，当然也不是每件事都非得说出来不可，但是组织中大多数的事情都值得花时间去沟通，特别是有的人想法非常敏锐时，或者模棱两可时，很容易激发新思想。如果领导者能够把握这种动态，那么沟通就会使组织的创造力不断提高。

6．加速问题解决

通过沟通，组织成员知道在特定的项目中，每个人的任务是什么，也知道怎样把别人的经验为我所用。每一位成员都小心谨慎，不时进行调整，这使组织整体的工作得以迅速而平稳地进行。这种调整最终影响着整个酒店，推动着酒店的发展。

资料链接

威斯汀酒店在每次接收一批新员工时，都只对他们提一个要求：要非常开心。如果员工工作不开心，酒店会要求他们讲出不开心的理由并解决这些问题，否则该员工就会被解雇。在这样轻松愉快的氛围中，服务员都表现出了令人难以置信的良好精神状态，赢得了顾客高度的满意。

二、沟通形式与内容

许多研究表明，人们在组织中的各种工作，有大量时间花在沟通上。美国的一项调查表明，在企业中，生产工人每小时进行 16～46 分钟的沟通信息活动；对于企业中层领导人员来说，他们工作时间的 20%～50%用于同各种人进行语言交流；而企业领导者在工作时间内则有 66%～89%用于语言沟通。

（一）沟通的形式

组织沟通的形式一般有以下几种。

1．组织领导者自上而下地向成员进行沟通

作为领导者要把信息通报给成员，向他们分派任务，向他们提供完成任务所需要的信息。在企业里，这一过程呈阶梯状，董事会向其直接下属（如经理）下发通知，经理又把通知下发给自己的直属下级，即主要部门的主管。以此类推，直到普通员工，这就是典型的自上而下的沟通形式。

2．组织成员自下而上地向领导者进行沟通

这种沟通形式指组织成员向领导者汇报有关信息，如果有必要，领导者再向他的上级汇报。以此类推，直到最高层。

以上两种沟通形式是沟通的主要形式。

3．组织成员间或组织间的水平沟通

这种沟通形式大多数情况下是为了简化垂直方向的交流、加快工作速度而产生的非正式沟通。特别是当一个组织规模发展较大时，组织与组织之间的隔阂最容易发生，因而水平的信息沟通是必要的，它有助于合作解决问题，协调矛盾，节省时间，分享信息。

（二）沟通的内容

沟通的内容主要有以下两大部分。

1. 信息沟通

信息沟通是沟通的主要内容，主要包括组织及成员所需的信息以及组织和成员产生的信息。信息沟通主要是传递管理决策前提的过程，同样也有正式沟通与非正式沟通两种形式。

正式沟通主要包括：定期举行的组织会议，包括营业会议、财务会议、计划会议、生产调度会议等，在此类会议上，得到有关销售、财务、生产进度等方面的信息；定期发布的报表、数据、报告，如财务报告、研究发展报告、员工手册、市场调研报告、营销分析报告、会议报告等，这些定期的制度化的报告系统，构成了组织主要的信息流。

非正式沟通渠道信息大多建立在人际关系基础上，信息传递更具主动性、针对性和时效性。但非正式沟通渠道中的信息可靠性和系统性程度较低，信息的准确性或多或少、有意无意地受组织人员因素的影响。

2. 非信息沟通

非信息沟通指包括思想、感情等方面的内容。如领导者了解成员对工作的一些真实想法，或成员在生活上和个人发展上的一些其他需求。以诚意和真情待人，与任何成员都保持亲切的关系，重视和发掘成员的愿望。

三、沟通的特点

1. 沟通是双向活动

一方发出信息，另一方接收信息并予以反馈，构成一次沟通，起到相互交流、了解的作用。只是单向地发出信息，或只是接收信息，都起不到交流信息的作用，也不能持久。比如，领导只顾给下级指示，根本不问是不是符合下面的实际，下级只是接受命令，也不汇报执行情况和存在什么问题，上下都不通气，必然会产生许多矛盾。

资料链接

总经理告诉秘书：“查一查我们有多少人在上海工作，星期三的会议上董事长会问到这一情况，我希望准备得详细一点。”秘书打电话告诉上海分公司的秘书：“董事长要一份你们公司所有工作人员的名单和档案，请准备一下，两天内需要。”分公司的秘书又告诉经理：“董事长要一份在我们公司所有工作人员的名单和档案，可能还有其他材料，需要尽快送到。”结果第二天早晨，四大箱航空邮件到了公司大楼。

2. 沟通会受干扰

因为个人因素、环境情况、设备条件等原因，沟通常会失真。例如，人员的性格、气质、口音对沟通就有很大的影响。又如，环境情况对信息也有很大的影响。在嘈杂的场合，发出和接收信息都不会很清楚；层次越多，信息衰减就越严重，多一个层次，信息就多损失一部分。心理学家研究证实，信息由董事长经总经理传达到副总经理，37%的信息没有了，到中层经理时只有信息的56%，到主管只剩下40%，到班组仅有20%了。所以，要听取汇报或调查了解情况，一定要第一手材料，层层反映上来的材料，对信息都做了大量的筛选和删节，真实性大打折扣。

3．要有沟通环境

最重要的是可以在自由的气氛下，无拘束、无压力、开诚布公地沟通。领导要想听到员工的意见和建议，就要创造一个让员工说话的机会和场合，比如定期召开大会，通报情况，听取意见；领导和下级在一起吃饭，参加员工的聚会，等等。

4．沟通经常会出错

完成一次沟通，有六道程序（见图2-1）。由于信息发送者和信息接收者的条件、环境、素质、性格、经验、心情等因素的影响，在发送和接收信息时，每道程序都可能产生错误，引起误会，使沟通中断。只有仔细地对待沟通的每一步，才能防止干扰，准确地掌握信息的本意。

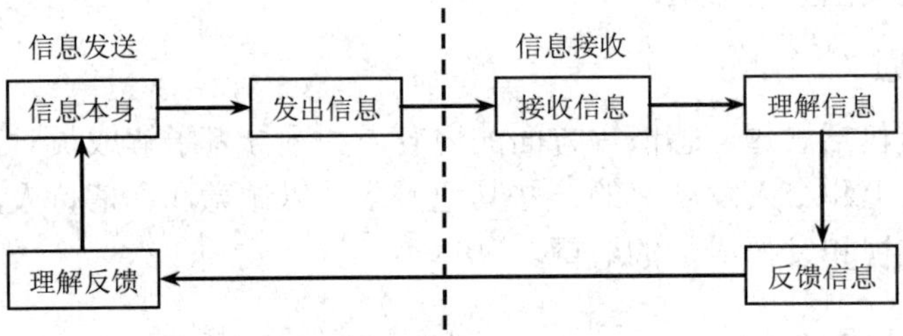

图2-1　沟通过程

四、有效沟通的原则

1．进行有针对性的沟通

人们对接收到的信息的处理具有个人喜好性，对不熟悉或具有威胁性的信息他们往往会排斥。有针对性的沟通指在传递信息时要具有目的性及保密性，同一信息对不同的人具有不同的价值。因此，要注意信息传递的目标，确保信息的效用。要研究不同对象的不同需要，追踪信息接收者的视线所向，保证信息传递的质量，减少无效劳动。

2．对信息量要有所控制

在组织管理中，由于分级主管部门的角色不同，每个成员所考虑的问题不同，因此，在信息传递时，要适当注意量的控制。这就是说，应该让成员知道的信息必须尽快传递，需要保密的信息则力求保密。这里要注意两种倾向：一是信息过分保密的倾向。同行各企业、各部门或同班组的员工之间相互保密，妨碍了彼此了解和相互协调。有些本应共有的信息材料，由于某人的保密，结果没有向下级部门及时传达，从而使信息阻塞。二是随意扩散信息的倾向。在传递信息时，不考虑信息的保密程度，不选择信息传递的对象，将所收集的信息随意扩散，导致信息混乱。

3．要保证所提供的信息必须是有价值的

沟通和信息是两个不同的概念，由于信息量非常大，受众没有必要获取所有的信息，因此，沟通时所提供的信息应该是有价值的、重要的信息。

4．保证沟通信息的质量

沟通的信息要多，即在单位时间内传递的信息数量要多；信息要快，即信息传递要迅速、及时，一条很有价值的信息，如果传递速度过慢，就可能变得毫无价值；信息质量要高，即要消除信息传递中的种种干扰，保持信息的真实性；信息要有效益，即在较短的时间内，花费较少的费用，传递尽可能多的信息。在信息传递过程中，这几方面互相联系，互相制约，要加以协调。

5．及时反馈

在沟通中，及时反馈是双向的，即组织成员要经常给组织领导者提供信息，同时接受领导者的信息查询；领导者也要经常向成员提供信息，同时对成员提供的信息进行反馈，从而形成一种信息环流。一般来说，没有实际价值或暂时用不上的信息也必须及时答复，加以反馈。

6．限制越级沟通

所谓越级沟通就是指抛开管理信息系统，使沟通双方直接对话。在管理中，不能过多采用这种方式，但在某些特殊情况下可以限制使用。

7．控制非正式沟通

对于非正式沟通，要实施有效的控制。因为虽然在一些情况下，非正式沟通往往能够达到正式沟通难以达到的效果，但是，它也可能成为散布谣言和小道消息的渠道，产生不好的作用，所以，要控制非正式沟通。

第三节　沟通指导

一、信息传递的四边形模型

心理学家指出，在交流和沟通时，说话内容当然很重要，但说话态度给对方的印象，以及能否使对方产生信任感更重要。比如，客人问："这件衣服多少钱？"服务员斜着眼睛，拉长调回答："1800 元。"这时，服务员回答的内容已经不重要了，而他的斜视和语气却给客人一个强烈的坏印象，引起严重的不满。所以在交流时，一方面要注意自己的言辞、声调、表情、体态给对方传递了哪些信息；另一方面，完整领会对方信息的含义，也极为重要。因为有许多事情人们并不那么直截了当地说出来，特别是当有求于别人时，或下级与上司交谈时，有碍于情面时，怕影响相互关系时，说话都比较含蓄。所以，认真地、全面地领会对方的信息和意图，就显得非常重要，否则就极易遗漏或误解对方的信息，造成失误。

美国心理学家弗莱克提出的信息传递四边形模式，对我们完整领会信息的含义有重要意义。他认为每个信息都包含有四层含义，沟通时要全面领会，才能避免片面性（见图 2-2）。

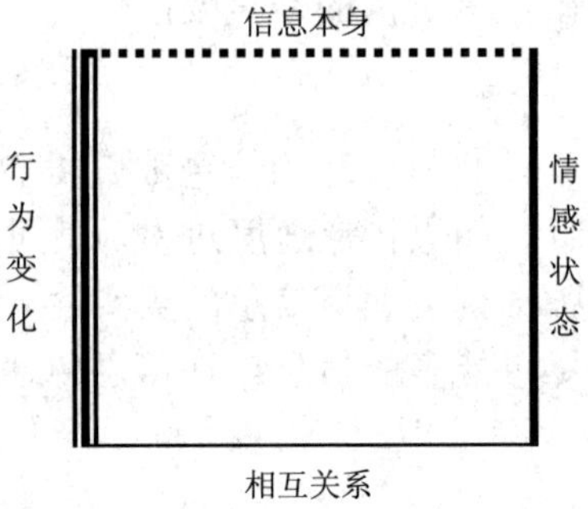

图 2-2　信息传递

1．信息本身

信息发送方说些什么，信息表达什么内容。

2．情感状态

传送信息时的情感状态如何；对方的话语、声调是随意的、平和的，还是怒气的、有埋怨情绪的。同样一句话，由于表达时的情绪不一样，语音语调不同，其含义也就不同。俗话说“听话要听音”，“锣鼓听声，说话听音”，就是这个意思。

3．相互关系

这里包含了两层内容：首先，要明确信息发送者与信息接收者相互是什么关系；其次，根据相互关系的情况，信息发送者对信息接收者有某种期望和要求，希望从对方那里得到些什么。这种要求和期望在信息本身中是没有公开表示出来的，即信息发送者在讲话时，并没有这些内容，它只是通过表情、声调、体态流露出的一种暗示，要仔细分析才能体会出来。

4．行为变化

信息发送者希望信息接收者采取某些行动，以适合自己的要求和期望。这种要求并没有在信息本身中公开表示出来，而是根据相互关系的状况，在沟通时通过自己的情绪、体态、声调流露出来，隐隐约约地表露出这种要求。这些要靠信息接收者琢磨、分析才能掌握。

资料链接

台湾雅芳公司总经理王子云初出社会时曾在公司重要客户的要求下，一起去 pub 应酬消费。“喂，你第一天来上班啊？去玩乐的门票还拿来报账？”财务部人员不客气地说。“我牺牲自己的时间带客人去，连加班费都没报。”王子云则觉得很委屈，但她还是跑了一趟 pub 请对方开具发票。“那样开不对，你应该要含税价。”财务部承办人员又质疑，王子云听了火冒三丈：“上面都有地址，你可不可以寄给他们，请他们改完之后寄回来？”对方回答：“我为什么要帮你做这件事？”双方爆发冲突，在办公室发生了口角。

二、沟通技巧

从沟通的过程分析，沟通的技巧有以下几种。

（一）积极倾听

积极的倾听要求领导者把自己置于组织成员的角色上，以便于正确理解他们的意图。当领导者听到与自己的观点不同的意见时，不要急于表达自己的意见。因为这样会漏掉余下的信息。积极倾听，应当是接受他人所言，而把自己的意见推迟到说话人说完之后。

资料链接

美国知名主持人林克莱特一天访问一名小朋友，问他说：“你长大后想要当什么呀？”小朋友天真地回答：“我要当飞机的驾驶员！”林克莱特接着问：“如果有一天，你的飞机飞到太平洋上空所有引擎都熄火了，你会怎么办？”小朋友想了想说：“我会先告诉坐在飞机上的人绑好安全带，然后我挂上我的降落伞跳出去。”当在现场的观众笑得东倒西歪时，林克莱特继续注视着孩子，想看他是不是自作聪明的小家伙。没想到，接着孩子两行热泪夺眶而出，这才发觉这孩子的悲悯之情远非笔墨所能形容。于是林克莱特问他说：“为什么要这么做？”小孩的答案透露出一个孩子真挚的想法：“我要去拿燃料，我还要回来！”

具体的倾听技巧有以下几个。

1．保持目光接触

倾听的态度必须诚恳，保持目光接触。因为你在用耳朵倾听，而对方却在通过眼睛来判断你是否在倾听，而且与沟通的人进行目光接触可以使你集中精力，减少分心的可能性，并鼓励对方侃侃而谈。

2．用肢体手势表示倾听

有效的倾听者会对听到的信息表现出兴趣。如何表示呢？就是通过非语言信号，例如，赞许性的点头、恰当的面部表情与积极的目光接触等相配合，向说话人表明你在认真聆听。

3．不做过多的举动或手势

倾听者在倾听时，要避免那些走神的举动。在倾听的时候，注意不要进行下面这类活动：看表、心不在焉地翻阅文件、拿着笔乱写乱画等。这会使说话者感觉到倾听者很烦或者不感兴趣。另外，也表明了倾听者没有集中精力，因而可能会遗漏一些说话者想传递的信息。

4．及时提问

倾听者可提出问题。这表明沟通是双向的，并显示了理解的程度。当然，也表明你在倾听。

5．适时复述

这是指重复说话者的内容。有效的倾听者经常使用这样的语句：“你的意思是……”或者“我听你说的是……”

为什么要重复已经说过的话呢？有两个原因：首先，这是检查是否真正倾听的有效手段；其次，这是沟通精确性的控制机制。用自己的语言重复说话者的内容，并反馈给对方，可以检验自己理解的正确性。

6．不打断交谈

在做出反应之前应当让说话者讲完自己的想法。在说话的时候不要去猜测对方的想法，当对方说完之后，自然就知道了。

7．多听少说

大多数人都乐于畅谈自己的想法而不是聆听他人说话。尽管这样可能更有趣，而且沉默使人不舒服，但我们不可能做到同时又听又说。一个沟通高手知道这个道理，并且多听少说。

（二）确认和澄清

倾听别人意见并做出回答的第一步，就是先要确认别人说的内容和价值：一是他说了些什么；二是他为什么要说这些，即为什么这些信息、事实、情况、意向对他来说是重要的。弄清楚这两点，才能决定如何回答和行动。确认就是核实对方的意见，以达到确实无误。澄清就是当自己弄不明白对方的意思和意图时，进一步去查实。这是相互联系又有所区别的两个方法。

确认的目的，就是查实对方信息的确切内容和意图，然后决定是接受，还是拒绝。所以，凡遇到下列情况：要依据对方提供的信息和建议采取行动时；想反对、否定、不理会对方的信息和建议时；无时间听取对方的意见时；不想听对方的陈述时，都需要先用确认的方法，确切掌握对方所说的内容。

如何去确认？首先，要用自己的语言，陈述你所理解的对方的意见；然后询问对方是否确实，在对方认为确实无误后，确认就算结束，达到正确了解对方说些什么，为什么要说的目的。确认只是听取和核实情况，不表示任何同意或否定。比如，主管说：总台的电脑经常出故障，如果不采取措施，客人会有意见。经理则确认说：你的意思是，总台的电脑要检修或更换，不然客人会有意见？这里经理向主管回问了两个问题：一是对方说了些什么内容（总台的电脑要检修或更换），二是为什么要说这些（不然客人会有意见）。主管回答：我是这个意思。这就完成了确认。

当没有确实掌握对方的意思时，为了进一步弄明白对方说了些什么，为什么这么说，就需要使用澄清，目的是进一步得到信息，以确认对方说的内容和意图。澄清的主要方法是，向对方提出问题或加以询问，直到问题弄清楚为止。比如，主管反映说：总台的电脑经常出故障。经理不清楚主管为什么要说这个问题，就需要使用澄清的方法，询问“你说什么？告诉我怎么回事？”要求主管把事情说清楚。

这种技巧比较简单，但用途广泛，对下级、同事、领导、客人都适用。使用确认和澄清的方法，可以避免在沟通时发生失误。

尽管这个方法很实用，但有人却不能很好地运用这些技巧。客观原因是在某种压力下，没有时间去倾听对方的意见。主观原因大多是自以为是，认为自己有比别人更好的意见和信息；或者认为说话的人提不出有价值的建议。这些倾向都是应该尽力避免的。

（三）准确表达

准确清晰地表达思想是进行有效沟通的前提，而这种技巧的形式是建立在信息的有效组织上的，因而掌握信息的组织技巧对沟通很重要。

作为督导，要想准确表达信息必须掌握以下几种方法。

（1）进行沟通时，要想清楚希望表达些什么。如果沟通的内容很重要，如分配最新工作任务，要提前写下目标及希望达到的效果。

（2）从一些能够引起听者兴趣的话题聊起。什么最吸引他们的注意力，就从什么说起。

（3）在与员工沟通时，要根据他们的偏好及文化水平选择不同的表达方式。当与多元化班组交流时，可根据班组中具有代表性的大多数成员来措辞。对于那些主要的，你不希望任何人漏掉的观点，先给出笼统的说明，然后再给出相关的例子进行阐述，或者给出一些更为详细、具体的解释。

（4）在开始讲下一个内容时，检测一下员工的理解力，提出一些问题，如“我想确定我是不是说清楚了，大家有问题吗？”

（5）坚持自己的观点。不要漫无边际地闲聊，也不要脱离主题，不要让别人牵着走。

（四）使用肢体语言

据有关部门研究，在面对面的沟通中，一半以上的信息不是通过词汇来传达的，而是通过肢体语言来传达的。要使沟通富有成效，必须注意自己的肢体语言与自己所说的话的一致性。例如，你告诉员工你很想知道他们在执行任务中遇到了哪些困难，并乐意提供帮助，但同时你又在浏览其他的东西。这便是一个“言行不一”的信号，员工会怀疑你是否真正地想帮助他们。

（五）平衡反馈

接收信息后如何进行反馈，将直接影响沟通的进展。

反馈有两种：一种是积极的，即和对方的意见一致，叫作互补反馈；另一种是消极的，即和对方的意见不一致，叫作互逆反馈。积极的反馈，与对方起到相互补充的作用，双方没有什么矛盾；消极反馈则否定或不同意对方的意见，至少有不同的看法，这就会引起矛盾，很容易激起对方的不满，产生抵触情绪和防卫的意识，因而不能认真地听取、接纳反馈的意见，造成交流和沟通的中止。

因此，为了消除、减少这种矛盾，就要采取平衡反馈的办法。即反馈中有消极的，也要有积极的。用这个方法去消除、减少对方的抵触情绪和防卫的意识，从而使对方能认真地听取、接纳你的意见，使沟通能够继续进行。运用平衡反馈时，要注意以下几点。

1．必须要找出优点

有时由于各种原因，很难找出对方的优点。但一定要沉住气，认真地找，如果还未找到就急于反馈，这就变成了消极反馈，易引起对方的不满。找优点的办法就是向对方提出问题，进行询问。但询问要注意方法，不要让对方产生紧张心理，从而处于防御的状态。要用自然的声调和语气，不要有怀疑和轻视的暗示。比如“你看这对我们有些什么作用？”如果用客气的语调去询问，就可以激发对方说出自己的意见；如果用生气的口吻去质问，就把对方吓回去了。

2．优缺点都要指出

对方应保留的优点和要消除的问题都应明确地说清楚，如果只指出优点，则成了积极反馈，对方不知道问题在哪儿；如果只指出问题，对方明白错在哪儿了，但却不知道哪些是对的，应该保留。比如，这样的说法就有毛病："你工作很努力，但你的每个季度的预报，都不够准确。"它只讲了预报存在的问题，但优点是什么却没有具体指出。

3．反馈要具体

要用自己的语言和方式把对方的优点、问题都讲具体，表明你已经充分倾听和注意到了对方的意见，而且听明白了。不要简单地说："我懂你的意思，但……""这个挺有趣，不过有的地方要改进。"这都没有讲出优点在哪儿，问题是什么，哪些应该保留，哪些应删除，这只是一个中性的表示，并没有表明自己的态度。

4．反馈要有次序

一是要先优点后问题。这表明你充分注意到了对方意见中的合理部分，使对方减少抵触情绪，从而能认真地听取、接纳你的反馈意见。二是优点和问题都要与正在讨论的问题相互关联，不要离题。比如说："你的报告写得很好，我很高兴。但你以后上班别再迟到。"这就叫人摸不着头脑，报告好在哪儿，存在什么缺点都没有讲，还扯出个毫不相关的"迟到"问题。

5．细小问题不同处理

对于很细小的问题，在紧急情况下，或向关系极为密切的人员，都可把问题直接提出来，不必使用平衡反馈。比如对错别字，改正就行了，大可不必先表扬字写得好，但要改几个错别字，啰唆半天。

三、会议技巧

会议是组织运作过程中的主要活动。会议讨论是倾听群众意见、商量问题的好方法，是督导人员经常要使用的一种工作手段。许多事情和需求可以通过有效的会议使组织的互动达成共识。解决问题、制定决策、确立目标、进度报告、绩效评估、计划和安排工作、培训和发展……这些都可以通过会议来有效解决。每个会议都包括两个不可或缺的因素：会议内容和过程控制。

一般来说，督导所组织的会议都比较简短，没有文件准备的问题。只要抓好两件关键的事就可以了：一是做好会议的开头和结尾工作；二是组织好讨论，发动大家积极发表意见。

讨论开始时，要讲清楚三个问题：会议讨论的目的；会议要开多久；请大家积极参与讨论。讨论结束时，有两个问题必须讲明白：第一，有关会议讨论的结论意见。如果没有统一的结论意见，应把达成一致的认识和分歧点讲清楚；第二，会议后的行动步骤，如何贯彻会议的要求，等等。

组织大家探讨意见，是会议中最重要的阶段。在进行交流和选择意见时，要给大家一个自由讨论、自由交换看法的空间，有探讨问题的轻松活泼气氛，不要给大家许多条条框框。

1．积极邀请大家提建议

以便相互交流意见，自由地共同讨论，形成一个大家都能接受的决定。邀请建议时，要对别人的意见给予积极的“反应”，以表示尊重。如果你的意见是否定的，则应给予平衡反馈。千万不要随便否定别人的意见，给别人泼凉水，使别人不愿意再发表看法。

2．广泛听取意见再作决定

广泛听取意见，以便从中取优，集中大家的智慧；同时，也为了找出一个大家都能接受的方案，使大家愿意为决定贡献力量。督导不要听到与自己意见一致的建议，就仓促下结论，这样不但容易出错，而且容易挫伤群众的积极性，他们会觉得自己是被领导召集来装样子的。

3．感谢提出建议的人

当督导在别人的意见基础上发言、做决定或采用别人的意见时，要对持有原来意见的人表示感谢，这样有利于进一步合作，并调动他的积极性。

4．讨论发生困难时，要放松限制

当一时找不到合适的方案时，要发挥想象力，打破常规去进行思考，用“如果”“假如”去思考问题，这有可能发表出最有创造性的建议，从中找出可行的方案。

5．集中行动

当已做出决定或要按决定行动时，就不要再讨论，要全力集中按决定行动。否则会影响士气，破坏工作进程，使员工感到被摆布了，空讨论一场。

四、面谈技巧

与员工个别谈话，进行面谈，是沟通的有效方式。由于督导处在生产和服务的第一线，经常与员工并肩劳动，日常大都通过口头交谈去布置任务，实施指挥，纠正缺点，商议问题，动员群众。面谈是督导与员工进行沟通的最好形式，也是重要的工作方法，如果不了解面谈的重要性，不掌握面谈的应用技巧，就不知道如何去处理好与员工的人际关系。

和员工面谈主要围绕工作进行，目的就是商讨工作，提高质量，做好服务；相互沟通情况，增加了解，促进情谊；帮助员工解决具体问题，等等。

个别谈话的应用技巧如下。

1．要在舒适安静的场合面谈

这样不但可避免各种干扰，而且人们的态度会变得比较温和。

2．让沟通充满安全气氛

要在没有压力、没有拘束的气氛下面谈。只有当员工感到讲什么都不会被打击报复的情况下，才会敞开心扉进行沟通。如果时刻戒备着，他是不会向你讲心里话的。

3．领导的态度是关键

员工能不能讲真心话，关键在于领导的态度。当领导平等对待员工，开诚布公地沟通时，员工才会放弃戒备之心，向领导畅谈肺腑之言。相反，如果领导板起面孔，冷冰冰地说话，恐怕多数员工都会沉默寡言了。

4．从浅易的问题入手，从轻松的话题开始

这样谈起来比较能激发兴趣，容易入手，较易应对，便于员工放松情绪，消除紧张气氛。比如，先聊聊社会上的热点话题、大家关心的事项、家庭生活情况、对方有兴趣的事情，或开一两句玩笑等，就比较自然，然后再慢慢转入正题。

5．多倾听

面谈的一个重要内容，就是了解情况，获得信息。因此，要多听少说，尽力了解对方的真实意思，引导员工发表自己的看法，然后进行相互的探讨，这样才能发现问题的所在，并和员工进行互补性的交流。做到耐心倾听，不乱插嘴、打岔，也不是一件容易的事情。人们天生喜欢表现自己，总以为别人说的东西自己早就明白了，往往不愿意去倾听。有的领导者，平日在员工面前高谈阔论惯了，面谈时依旧滔滔不绝，口若悬河，把相互交谈变成了“训话”，员工的失望心情可想而知。

6．谈话简明扼要

给员工布置工作，下达任务，要简短、明确，条理分明，不要长篇大论。要知道谈话时人们专心倾听别人说话的时间，只在 45 秒到 1 分 30 秒之间，时间长了就分散注意力。

7．选择恰当的谈话方式

与员工面谈时，如果想让员工多谈谈对某一问题的看法，就要采用间接式的询问方法，即征求员工的意见时，不固定问题的范围。如“你对目前的工作有什么看法？”“你觉得小组工作存在什么问题？”等等。这种询问方式，员工可以按照自己的认识和想法，自由谈论，可以反映出较多的信息。缺点是耗费时间多，不好控制，记录困难。如果要让员工证实、确认某些问题，就采用直接式的询问方法，直截了当地询问，要求回答。比如，“你喜欢你的工作吗？”这种回答只有两种选择，“是”或“否”，因而易问易答，花不了多少时间，但得到的信息较少。

8．工作面谈时，员工不说话怎么办？

这只有针对实际情况去做工作才有效。最常见的原因有两点：一是对领导有畏惧心理，这是平时印象造成的。要解决这个问题，只有在日常工作和生活中多和员工接触，改变自己过分严厉的形象。在面谈时，对员工要更和蔼一些，解除他们的精神负担。另一种是员工过于自卑，认为自己没有什么可说的，说出来也不值得领导重视。对这样的员工要多启发他们的自尊心，使他们感到自己的工作是有价值的，是组织中不可少的一员。自尊心强了，慢慢就会开口了。

9．冷静处理

面谈时，员工感情用事，如何处理？个别员工在面谈时大发牢骚，甚至哭哭闹闹，遇到这种情况要冷静处理。

第一，让他把憋在心里的情感发泄出来，用道理说服、制止这种情感是很困难的，只有等他发泄完了，才有可能进行面谈。

第二，在他哭闹时，要耐心观察，听他诉说，并给他纸巾、进行必要劝说，不使其闹得太过分，但不要与其发生冲突。

第三，从其诉说中了解问题的关键，以便合理解决。

第四，针对其诉说的问题，进行调查了解，然后另行安排日程面谈。

10．可以不同意，但要尊重

有时员工提出的意见，领导不同意；领导提出的批评，员工也不太接受。双方认识不一致的问题，可暂时求同存异，都不要勉强对方接受自己的意见，允许有一个思考的过程。但不允许以意见不一致为由拒绝执行任务。也不要因为不同意而说不尊重的话，闹得严重对立。法国文学家伏尔泰说得好："我不同意你的说法，但至死捍卫你说话的权利。"

11．面谈要避免的问题

切忌自我陶醉，领导自己占用了交谈的大部分时间；不可在背后批评、指责他人，领导在背后说员工的缺点和毛病，极易成为小道消息，影响团结，损坏领导的威信；不要谈容易引起对立的话题，如政治、宗教、球赛都是易引起争论的话题，尽量少涉及；不要唠叨，对别人的毛病揪住不放，不断地埋怨、挑剔。对员工的缺点和毛病，只要本人知错就可以了，不要没完没了。唠叨对问题毫无帮助，只会激怒对方。

五、有效利用沟通渠道

所谓沟通渠道，是指信息在沟通时流动的通道。这些流动的通道可以分为两种：正式沟通渠道和非正式沟通渠道。每种渠道又有许多种表现形式。在组织中，这两种渠道是同时存在的，领导者应该有效地利用这两种渠道来提高组织沟通的效率。

1．正式沟通渠道

正式沟通渠道有以下五种。①链式沟通。指在平等网络中，其中属于两端与属于中心的成员联系，居中的人则可以分别与两端的人沟通信息。②环式沟通。指五级层次中五个人之间依次联络和沟通。其中，每个人都可同时与两侧的人沟通信息。③轮式沟通。指其中只有一个成员是各种信息的汇集点与传递中心。④Y 形结构。指表示几个层次的逐级传递，其中只有一个成员位于沟通内的中心，成为沟通的媒介。⑤全渠道式沟通。指各个人之间都可自由地进行沟通并充当中心人物。

2．非正式沟通渠道

非正式沟通渠道是指通过正式组织途径以外的信息流通程序，俗称"小道消息"。非正式沟通渠道无所谓好坏，主要在于领导者如何运用。在相当程度上，非正式沟通是形成良好团队氛围的必要条件。

非正式沟通在某种程度上满足了人们的需求。通过这种沟通途径来交换或传递信息，常常可以满足个人的某些需求。例如，人们由于某种安全的需求，乐意探听有关人事调动之类的消息；朋友之间交换信息，则意味着相互的关心和友谊的增进，借此更可以获得社会需求的满足。这种信息对于组织成员来说，往往是他们最感兴趣又是最缺乏的信息。因此，对依靠非正式沟通渠道可以获得这种信息的环境，他们是会感到满意的。

第四节　360 度人际沟通艺术

督导要具备起码的与人沟通的能力与经验，即处理好与上级、同级和下级三个方面关系的能力与经验。

一、谨慎处理好与上级的关系

谨慎处理好与上级的关系至为重要。因为督导的职务、权力、工作任务都是上级派给的，与上级的关系处理不好，不但工作困难，而且还有被调动、革职的可能。处理好与上级的关系，并不是阿谀奉承、唯唯诺诺。如果放弃为人处事的原则，只是一味“拍马屁”，可能会得到某些领导的喜爱，但肯定会遭到同事和员工的鄙视和厌弃。处理好与上级的关系，要注意以下这些问题。

1．服从领导，但不奉承恭维

首先，尊重上级，但不唯命是从。对上级的指示、命令要坚决执行，但不是盲目地服从。对任何任务都要在理解的基础上执行，这样在工作中才有可能发挥主动性和创造性。如果上级的指示和任务与实际情况不符，督导应及时向上级反映，请求修正，不因为是上级的命令就说一不二，绝对盲目地服从。

其次，掌握特点，但不投其所好。能不能适应领导的工作作风和领导方式，是能否处理好关系的重要因素。比如，领导雷厉风行，督导却精雕细刻，慢慢吞吞，这必然会引起矛盾，受到批评。所以，作为一个下级，要了解领导的工作作风特点，主动去适应，这样才有利于双方密切配合工作。但适应领导工作作风特点并不意味着一味地迎合上级的爱好。

2．及时汇报，不推托拖拉

这表现在接受了任务有回音，对下达的任务要尽快提出执行的办法，并迅速向上级汇报，不要石沉大海，毫无反应。做了工作之后要有报告，反映工作结果和存在的问题，使上级掌握工作的进度，分享好的消息，了解工作缺点。遇到紧急情况、发生了特殊问题，应立刻向上级汇报，提出处理意见，请求批示，不要擅自做主。经常向领导报告情况，沟通信息，这是让上级了解自己和部门的最好方法，不时地得到上级的称赞，也是对员工士气的一种鼓舞。在沟通情况时，要注意组织系统，除了紧急、特殊情况外，主要向自己的主管领导汇报、请示，不要越级，也不要交叉汇报，否则会影响领导之间的关系，还会造成工作的失误。

3．积极建议，但不表现自己

积极向上级反映情况、提建议，是密切与领导之间关系的重要措施。提建议要从支持、关心领导的角度出发，不要瞎放炮。对上级的工作乱提意见，滥加批评，只能使关系紧张，而得不到预想的效果。提建议要站在上级的立场考虑问题，从全局出发，不要只为自己部门打小算盘。工作建议要经过调查，考虑成熟之后再提，这样上级比较重视，容易接纳；有的建议则要分两步走，先把问题摆出来，引起领导的警觉，当领导感到这的确是个问题之后，再进一步提出工作建议，否则容易被忽视。当领导采纳自己的建议，或是根据领导的意图，提出比较好的工作办法后，不要向人炫耀，表现自己。

4．体谅难处，不埋怨牢骚

领导有领导的难处，他要从全局考虑问题，要处理各种各样的事务，许多事情下级是难以理解的。有的在下面看来行之有效，但从上面看却弊大于利；有的从局部看可行，而从全局看不可行；有时为了在全局获得好处，还得牺牲某些部门的利益，这些都极容易引起上下级之间的矛盾。遇到类似的问题时，作为一名基层的管理人员，督导要有全局观念，要体谅领导的苦衷，不要讲怪话，发牢骚，而要及时反映下面的情况，理解上面的意图，做好上下沟通工作，及时化解矛盾。

5．上下贯通，不顶撞压制

对上级有意见，或对错误决定有看法，可以正面提出，不要任意顶撞。当员工对上面有意见时，要及时向上汇报反映，不要压制；当上级对员工有批评时，要进行正确的传达和解释，不要隐瞒，更不要歪曲事实。对督导来说，要起到活塞的作用，使上下贯通不堵塞，顶撞上面和压制下面，结果都是不利的。

6．距离适当，不要有亲有疏

一个督导往往有许多上级，领导一多，关系就复杂，工作之间的异议，工作作风的不同，相互意见的分歧，都会反映出来，并集中到督导的身上。一个要这么办，另一个要那么办；这一个向你表示对另一位领导的愤慨，那一个又在你面前发泄自己的不满。遇到这种情况，最好的措施就是等距离外交，和每位领导都保持正常的工作关系，对谁也不过分亲近，对谁也不表现疏离。坚决不卷入领导之间的是非和矛盾，任何上级对自己谈论其他领导的问题时，都只听不说。只有这样才能在众多的领导之中处理好关系。

7．了解领导对自己的要求

在向上汇报时，要明白领导喜欢怎样的汇报方式：是文字的还是口头的；是定量的还是定性的；喜欢何时何处汇报；是重点汇报还是全面汇报；喜欢经常汇报还是偶尔汇报。搞清楚这些问题，就有利于与领导的沟通。

资料链接

美国第 28 任总统伍德罗·威尔逊，为他鞍前马后工作的许多人，都觉得他是“一扇老橡木做的门”，任何新鲜的意见都被毫无例外地拒之门外。威尔逊有才能、自负，所以对别人的意见往往瞧不起，要么不采纳，要么根本不予理睬。但是，有一个人是独一无二的例外，这个人就是他的助理豪斯。豪斯有什么绝招呢？

豪斯说，有一次，他被单独召见，他明知总统不容易接受别人的建议，但还是尽自己所能，清楚明了地陈述了一个政治方案。因为他苦心研究过，自认为相当切实可行，所以说得理直气壮。他没有得到与其他同事不同的命运。威尔逊当即表示：“在我愿意听废话的时候，我会再次请你光临。”但是数天之后，在一次宴会上，豪斯很吃惊地听到威尔逊正在把他数天前的建议作为他自己的见解公开发表。这件事，使豪斯大彻大悟，懂得了向总统贡献意见的最好方法：避免他人在场，悄悄把意见“移植”到总统的心中。开始，使总统不知不觉地感到兴趣，然后使这计划可以作为总统自己的“天才构思”而公之于众。最后，使总统坚定不移地相信是他本人想出了这个好主意。这样，他的计划就能顺利地被总统采纳。

二、做好平行的沟通

酒店企业是一个综合的服务整体，企业内的每一个部门都必须充分合作，才能向客人提供完善、高质量的整体服务。因此，各部门和各单位，必须经常通报情况；了解工作进程，有问题共同协商，相互支持，紧密配合，才能保证优胜的态势。但事实上，部门之间常有矛盾和不肯合作的困扰。这是因为部门的分工不同，其职责也各异，因而它们各自利益和看问题的角度也不相同，甚至工作作风也有所差异。要想取得平行部门的密切合作，最重要的是平时要相互通气，处好关系，具体应注意以下几点。

1．尊重对方

尊重兄弟部门的权利、利益和声誉。不要在背后议论他人，更不要以己之长比人之短；不要夸大自己，贬低别人；对别的部门的事情，不要乱插手；凡是本部门应做的事情，不要往兄弟部门推；遇到有争议的问题，要多承揽工作，少斤斤计较；在利益发生矛盾的时候，对兄弟部门要作合理的让步，要记住这样一个道理：“一让都有，一争都没。”

2．经常通气

酒店企业内各部门虽有分工，但却是相互密切联系的，部门之间经常通报自己的工作情况，不但可以加深了解，也可以更好地配合工作。有的工作，虽然只是自己部门内的事情，但却会影响到其他部门的工作进展，这就需要及时通报，使兄弟部门有所准备。比如，工程部要维修水管；洗衣房人员休假，桌布餐巾一时洗不出那么多；旅游团要提前离开酒店等，都要向其他部门通报情况。有的工作，虽不致影响到其他部门，但使别人知道自己的工作情况，可促进了解，必要时可以相互支援。

3．谅解处境

谅解其他部门的处境，是和对方处好关系的重要环节。有时相互摩擦，原因之一就是不体谅对方的困难。解决这个问题，要在思想上明确其他单位是自己的合作伙伴，不是竞争对手。对他们的成绩，要从内心感到高兴；对他们的挫折，要给以具体的帮助，主动补缺、拾遗，解决困难；与自己有矛盾时，要商量解决，得理让人，体谅对方。

与其他部门处好关系的关键是要把平行部门当成自己的内部客人。把他们的请求看作客人的期望，尽管自己的工作非常紧张，也要想方设法去满足他们。平行部门向自己提出要求，说明整体服务上有这个需要，有实际的困难，很难单独去完成任务，如果本部门不予以协助，就会造成整体工作的损失，影响整个酒店的声誉。只有各部门都树立起全局一盘棋的观念，才能保证相互之间有一个比较好的合作关系。

4. 要注意的几个问题

1）明确工作职责和有关的工作程序，工作职责不要交叉，也不要缺位。

2）重大决策互通信息，这样可争取支持和理解。

3）尽量不要上交相互能解决的问题，否则会伤害对方，造成关系紧张。

4）变换角色为他人着想。

5）先处理问题，后查明原因。查明原因是为了防止问题的再次出现。

6）要遵循“对事不对人”的原则。

7）保持不断的沟通，尤其是非正式场合的沟通。

8）定期举行一些联谊座谈活动。

三、与员工保持良好关系

作为一个主管，要成为一个好的团队的领导，建立起管理者与被管理者之间的良好关系极为重要。因为，企业下达的任务能否完成，决定于员工，如果督导不能把员工发动起来，一切都要落空。另外，领导任命了一个主管，就授予了他相应的职务和领导地位，但员工是不是从心里真正承认这个主管的地位和作用，却是个未知数。在主管的工作做出成绩、证明确有本事之前，员工不会心悦诚服，他的地位也是不稳固的。还有，领导给了主管权力，但职务权力只能使员工从组织上服从，并不能使员工从内心上服从，从内心乐意追随。在主管建立起威信之前，其权力是不充分的，个人权力是有限的。而要树立威信、扩大权力影响，就要和员工搞好关系。

经常向员工沟通情况，是对员工的一种尊重，能满足他们的自尊心和荣誉感，增进相互了解，促进感情，密切关系，也是与员工保持良好的人际关系，调动他们的积极性的主要方法。领导与员工沟通良好，生产效率就高；反之，队伍松懈，生产效率低下。大量事实说明，奖金和物质奖励，只能满足员工生理上和安全上的需求；要满足员工的社会需求和尊重的需求，还得靠思想和感情的交流。

根据经验，要与员工处好关系，一般来说要注意六个方面的问题：①传达任务时，给予完整明确的指示。根据理解能力，有时还需要重复。②让员工了解如何工作，给予必要的帮助、指导和支持。③完成任务，就给予赞誉和鼓励。④善于听取员工的意见，让员工参与决定。⑤经常和员工交流、沟通。⑥平易近人，不摆架子。

案例分享

一次，江苏某市政府根据外交部的指示，要求市内一家五星级酒店派厨师到摩纳哥的蒙特卡洛，为国王兰尼埃三世亲王举办盛大庆典宴会。面对如此光荣而艰巨的任务，酒店领导立即行动：一方面在餐饮部召开动员大会，鼓励厨师群策群力，多方收集资料，研究中国的宫廷菜肴，制定具有中国餐饮传统文化的特色菜单；另一方面通过外交部和摩纳哥驻华大使馆以及中国驻摩纳哥领事馆，了解摩纳哥皇室成员的饮食文化和口味要求。在此基础上，写出了几套宴会方案供领导参考。最后决定，把中国皇帝的用膳形式和内容包装成适合外国国王接受的“中菜西吃”。用最古老的皇宫餐具和酒具，比如酒杯就用三只脚的“爵”，菜单就用“圣旨”，在上面印有中文、法文菜名，酒就用中国著名的“状元红”（绍兴黄酒）等等。经过三个多月的精心准备，总经理带领八位厨师在摩纳哥五星级酒店最豪华的宴会厅里献艺，获得了轰动效应。

[对管理者的启迪]

1. 沟通是主动的，而不是被动的。沟通是人与人之间的信息交换。

2. 酒店的管理者在信息交换时不只要注意信息的传递，还要注意信息的收集。

3. 酒店管理者应该有意识地与内部各级管理层、员工和社会各界主动沟通。

本章小结

“人际关系”指的是人与人之间的相互联系、相互影响和相互作用的状况。人际关系包括人们的认识、情感和行为三个部分。人际关系的主要特点就是情感性。对酒店行业来说，处理好人际关系尤为重要。酒店事业是一种服务工作，面对着两方面的人际关系，即客人和员工，无论哪一方面的关系处理不好，事业都不能发展。

思考与练习

（1）简述人际交往的原则、有效沟通的原则。

（2）举例说明沟通的重要性。

（3）简述沟通的特点和作用。

（4）有效沟通有哪些技巧？

（5）个别谈话要注意哪些问题？

（6）试述360度人际沟通艺术。

（7）案例分析：国际管理顾问大师弗尼斯经过15年研究，查访了2.5万名经理的亲身经历，最后得出了员工不按要求做事的16个原因：

1）员工不知道为什么这是他们应该做的。

2）员工不明白让他们做什么。

3）员工认为你的方法无效。

4）员工认为他们的方法更好。

5）员工认为其他的事更重要。

6）员工认为做了此事没有正面结果。

7）员工认为他们正在按经理的指令做事。

8）员工按指令做事反而有负面效果。

9）员工担心做此事给自己带来负面效果。

10）员工遇到了超出他们控制范围的障碍。

11）员工不知道怎么做。

12）员工无功却受禄。

13）对员工来说做得不好没有实质的负面结果……

试分析以上症状哪些是由于沟通不畅引起的，并提出你的改进建议。

第三章
组织激励

课前导读

组织激励是酒店管理的重要手段，也是一门重要的领导艺术。有效的激励，能使组织内员工的积极性充分地发挥出来，员工的潜力能充分地发掘出来，达到1+1>2，甚至更大的效果。

教学目标

（1）掌握激励的原则、方法和手段。

（2）理解激励的基本理论，用理论来指导实践。

（3）掌握激励的常用技能，懂得在工作内容丰富化、绩效考核、薪酬管理、职业生涯设计等方面对员工如何进行激励，如何对不同类型的员工进行激励。

（4）正确认识制度激励的作用和方法，使制度真正发挥其应有的激励作用。

第一节　激励概述

一、激励的概念

激励是指运用各种有效手段激发人的热情，启动人的积极性、主动性，发挥人的创造精神和潜能，使其行为朝向组织所期望的目标而努力的过程。

激励不仅要考虑努力的强度，还必须考虑努力的方向。即指向组织目标并且和组织目标保持一致的持久努力是激励所追求的效果。由激励激发人的积极性、主动性是一种内部心理过程，这种心理过程不能直接被观察到，只能从行为和工作绩效上进行衡量和判断。

1．激励的三个特点

（1）努力

这是员工在工作中表现出的行为强度。

（2）持久

这是员工在完成工作任务方面表现出的长期性。

（3）与组织目标有关

这是员工行为的质量。

2．激励的三个基本要素

（1）激励时机

激励时机是指给激励对象施以刺激的时间，应根据员工的具体需要而定，在员工最需要的时候施以激励，其效果也就越好。

（2）激励频率

激励频率是指在一定时期内对激励对象施以刺激的次数。激励的次数要恰如其分，过多过少都达不到应有的效果。

（3）激励程度

激励程度是指激励手段对激励对象刺激力的大小。激励手段越符合员工的需要，刺激力就越大。

二、激励原则

1．目标一致原则

企业的目标与员工的需要应该一致。只考虑企业的目标，忽视对员工需要的满足，这样的目标没有激励作用；只考虑员工需要的满足，忽视与企业目标的关联性，可能会产生与企业目标无关的行为，这样的激励也失去了意义。

2．物质与精神兼顾的原则

物质需要是人类最基本的需要，而且人的许多精神需要也要有一定的物质基础去支持；反之，只讲物质不讲精神，会导致拜金主义、精神空虚、生活失去应有的意义。而且，人与人之间的情况不同，物质与精神的需要程度也会不一样。

资料链接

日本麦当劳公司汉堡店，在每年对员工进行物质奖励的时候，都会邀请员工的“另一半”参加。总裁在表彰完优秀员工外，还对太太（先生）们说：“各位太太（先生），你们的先生（太太）为公司做出了很大的贡献，我已经进行了适当的物质奖励。但有一件事，我还要请各位太太（先生）帮忙，那就是照顾先生（太太）们的健康。”此外，为表示对太太（先生）支持丈夫（夫人）的感激之情，日本麦当劳公司汉堡店还专门给太太（先生）们发放奖金，并且总裁还向太太（先生）们附上一封做工精致的道谢函。

3．正负强化相结合的原则

正强化导致愉快的感受，需要被满足，行为出现的频度和强度增加；负强化伴随着不快的感受，被激励对象为了回避这种感受，行为会逐渐消退。虽然这两种强化方向都能对员工的行为进行控制和改造，但从总体效果上来说，宜多用正强化，慎用负强化。

4．针对性原则

激励的起点是满足员工的需要，而员工的需要存在着个体差异和动态的变化。如果我们只用一种方法对待所有的员工，或者长时间使用同一种方法，那么激励的效果就要受到影响。只有因人制宜，因时制宜，结合被激励者的个性特点，不断研究和采用有的放矢的激励方法，才能使激励收到良好的效果。

5．公平性原则

公平理论告诉我们，激励必须公平公正。如果忽视了这一点，就会挫伤员工的积极性。如果激励时掺入主观意愿，大搞亲疏有别，非但使激励收不到实效，还会滋生不良风气，使组织如同一盘散沙。

公平的前提是要出于公心，如果掺杂私心就不可能公平。从某种意义上来说，不公平的根源是私心作怪。

6．适度原则

奖励要适度，过高的奖励和表扬都会使受奖励的员工心有不安，同时也会造成被表扬者太大的环境压力，尤其是风气不是很理想的企业，别人可能会由开始时的疑惑，发展为对他采取敌意的态度或有意地孤立他。过分的处罚会让员工认为是有意为难，使他们丧失改正缺点的信心，严重时还有可能造成双方情绪上的对立。

三、激励方法

1．需要激励

需要激励的理论基础是马斯洛的需要层次理论。基层管理者要按照每一个员工对不同层次需求状况，选用适当的动力因素来进行激励。在当前物质条件还没有达到十分充足的情况下，物质激励还是很奏效的，但要把物质奖励与员工的工作成绩、工作表现以及努力程度结合起来，而不能搞平均主义，否则会使奖励失去应有的作用。有的酒店在年终奖励时，不是酒店统一奖励某件物品，而是开出“菜单”，让员工在菜单内按奖励额度自由选择，使员工能得到自己最需要的东西，以满足其不同需求。

2．强化激励

强化激励是通过对某种行为给予肯定或否定的评价，并结合一定的强化物，以鼓励某种行为重复出现或使某种行为得到消退的方法。奖金、提升、培训等奖赏就是通过正强化使员工的优良行为得以发扬；而批评、降级等处罚一定要明确是以教育为主的目的，使某种不良行为得到矫正。不要违背这个原则而随意滥用处罚手段。

3．目标激励

目标激励是通过设立明确的目标使员工了解努力的方向，从而自觉地表现出酒店所期望的行为的方法。目标是行为的先导，如果将企业的目标层层分解，为每个员工明确与酒店总体目标相联系的分目标，对员工的行为有良好的导向和激励作用。这里要指出的是，酒店目标也好，员工个人目标也好，难度系数要恰当。

4．情感激励

情感激励是通过对下属的关爱，建立良好的感情纽带，从而激发员工积极性的方法。管理者和被管理者之间是朋友关系，是同事关系。如果管理者能经常关心下属，经常同下属谈心，建立朋友关系，在下属遇到困难时排忧解难，给予他们及时而有效的帮助，就会得到下属双倍甚至更多的回报。

资料链接

诸葛亮率兵驻防祁山，司马懿率兵 20 万偷袭剑阁。大敌当前，军中有一半人按规定应换防回乡，而接防的军兵尚未到达。这时，将领们提议把这批人留下来，等打完仗再走。诸葛亮不同意，说："我用兵命将，以信为本，这些士卒已准备好行装，他们的父母妻子在家中倚门而望，怎可失信于他们呢？"于是立即命令该走的士卒马上启程。将士闻知，无不感动，大呼："丞相如此施恩，我等宁愿不回去，各舍一命，以击魏兵，虽万死不辞。"于是，上下同心，以一当十，大破魏兵。

5．榜样激励

榜样的力量是无穷的。通过树立表彰标兵和先进人物，使企业形成一种积极向上的氛围，形成一种学先进、赶先进、超先进的风气。树榜样的过程也是学榜样的过程，要用心去寻找榜样的闪光处和员工需要之间的结合点，使员工产生思想上的共鸣，这样才能使员工在内心深处产生触动。找不到结合点的榜样，对员工来说是毫无作用可言的。

领导是最直接、最有效的榜样，领导的一言一行、一举一动员工都看在眼里，记在心里，对员工有同化作用。所以领导一定要以身作则，做出表率，起好模范带头作用。

6．工作激励

通过对员工提供工作条件和工作指导，尽量使工作丰富化，增加工作的内涵，减少工作的枯燥感。工作丰富化，能使员工更加爱岗乐业，员工的工作积极性也就自然得到提高。酒店客房对客服务较少，工作性质单调，尤其要重视工作激励。

7．成长激励

提供员工成长和发展的机会，使员工在得到物质奖励的同时，也使自己的实力得到不断的提高，能力得到不断的攀升，自信心不断增强。成长的通道要多样化，可以提拔行政职务，也可以晋升技术职称，还可以实施酒店内部员工星级制。可以送优秀员工去高等院校脱产学习，也可以组织优秀员工去更高星级的酒店带薪培训。同时要做好本酒店员工系统的、高质量的、高效果的培训。

8．差异激励

利用各种标志，让员工之间的差别明显化，比如：技术等级差别、员工星级差别等。给员工制造一定的压力，使压力变为动力。在不甘落后的心理作用下，员工会以加倍努力以提高自己的级别，形成人人争先、奋发向上的局面。

9．支持激励

对员工在工作中碰到困难和问题，要满腔热情地给予帮助和指导，为员工扫除前进道路上的障碍，使员工能够保持积极的工作热情，放开手脚大胆地工作；而不是抱怨、指责。在困难时支持他，会比物质激励更有效、更持久。

四、常用激励手段

1．职业保障

在工作了一定年限后，可与员工签订长期或终身合同。一般人到了一定年龄，竞争力减弱，便开始为以后的生计考虑，倾向于职业安定。签订长期或终身合同，解除了员工临近退休前缺乏竞争力阶段的失业威胁，满足了他们的安全需要。职业保障还要求酒店按国家的规定，为员工落实劳动保护方面的各项政策措施。

2．奖金

奖金是薪酬中活的部分，与固定的工资相比，都是以货币形式表现出来，但奖金具有更大的激励作用。一方面，人们的感觉有一种适应的现象，固定部分的薪金在领取一段时间以后，会让人感觉麻木；同时，人的行为是波动的，固定部分的薪金无法对波动的行为起作用，也就无法对行为做出激励，而奖金的作用正好相反，因此会有较大的激励作用。

3．送股

员工持有了企业的股份，与企业的关系就更加密切了。由于员工的身份发生了变化，从一个薪金的领取者转变成企业所有者的一分子，就会更加关心企业，会表现出更积极的态度。甚至对他人的行为态度，也会从以前的好好先生转变为铁面无私的主人翁。

4．休假

休假是一种和奖金类似的激励措施，尤其是对于工龄较长的员工，可以根据不同的工龄给予长短不一的休假时间。还可以在休假的同时，为员工提供旅游福利，使员工既得到休假，也满足了交往和尊重的需要。

5．培训

大多数员工都有成长和发展的需要，他们渴望通过培训提高、增长自己的才能，从而提高应对竞争的能力。不少人在一个工作岗位上工作久了，希望能换到更有挑战性和难度更高的岗位，这就需要培训员工适应新岗位的职业技能，以改善收入状况和表现自己的能力。

6．提升

提升能够满足人们追求成功的欲望。身份和地位的改变能使员工在同事、亲友、家属成员面前赢得尊重。新的岗位往往更具挑战性，能满足自我实现的需要。不难发现，人们总是喜欢到有充分提升机会的环境中去工作，在这种环境中，员工会满怀信心，给自己制定明确的目标，努力为企业工作。

7．表彰

表彰不仅可以满足尊重需要，而且实际上是在告诉受表彰者“你已经在他们的前头，与众不同”，为了保住这种势头，受表彰者会更努力地工作。同时，表彰还等于向他人宣布什么是应该做的，明确了目标，有示范效应，这时受到激励的将是一大批人。

8．认可

及时对部下的工作进行认可，承认他们的独到见解，对他们的创造性活动表示赏识，可以充分鼓舞下属的士气，从而激发他们更大的工作积极性。有些资深的管理者在部下取得成绩时，不论大小，就会给他写信或小纸条给予及时肯定，表示赞赏。

第二节　激励的基本原理

一、激励模式

本书只介绍简单激励模式：由需要、动机、行为、目标四个变量组成的关系模式，称为简单激励模式。如下所示：

未满足需要→动机→行为→目标→满足需要→新未满足需要……

需要是人体内部的匮乏状态，它会使人感到生理失衡或心理紧张，进而在躯体内部产生驱动力，这种内驱力就是行为的动机。

目标是激励变量，是支配有机体的反应发生的刺激条件和因素，包括可以变化与控制的自然与社会的环境刺激。目标是行为的导向，既可以是物质的，也可以是精神的。

行为属于反应变量，是指刺激变量与机体变量在行为上引起的变化。人的行为既有共同性，也有差异性。

这一模式可以概括为：需要引起动机，动机诱导行为，行为实现又会产生新的目标。这说明，人的行为是由动机支配的，而动机则是由人的需要引起的，人的行为是在某种动机策划下为了达到某个日标的活动。

这一模式的心理机制是刺激变量引起机体变量，机体变量影响反应变量。具体说：人受到刺激就产生需要，需要不满足时，引起心理紧张，形成寻找目标以满足需要的驱动力，由此激发了动机，产生持续不断的兴奋，从而引起积极的行为反应，当目标达到之后，经反馈又强化了刺激，如此周而复始，连续不断。

二、马斯洛的需要层次理论

马斯洛认为，每个人都有一套复杂的需要系统，按需要的先后顺序，可将这套复杂的需要系统从低到高划分为五个层次。

第一层次：生理需要。这是人们生存所必须满足的最基本需要，包括衣、食、住、行等。

第二层次：安全需要。保护自己免受身体和情感伤害的需要，包括对人身财物安全、生活稳定、职业保障、免受痛苦、威胁或病痛折磨等方面的需要。

第三层次：社交需要。或称爱和归属需要，包括友情爱情和归属接纳两方面的需要。

第四层次：尊重需要。分内部尊重和外部尊重两类，内部尊重包括自尊、自主和成就；外部尊重包括地位、认可和关注。

第五层次：自我实现需要。成长与发展、从事和自己能力相称的工作，发挥自己的潜能、成为自己想要和应该成为的那种人。这是一种追求个人能力极限的内驱力。

马斯洛认为，通常只有当低层次的需要得到满足后，高层次需要才能对人起到激励作用；一个人在同一时期内可能同时存在几种需要，但总有一种需要占支配地位；低层次需要比较客观，容易发觉，是通过外在的物质方面获得满足；高层次需要难以确认，是通过内在的精神方面寻求满足。越是高层的需要越难得到满足。

马斯洛的需要层次理论启示管理者：在工作中要了解员工的真正需要，找出相应的激励因素，采取积极的组织措施，来满足不同层次的需要，以引导员工的行为，实现组织目标。值得注意的是，人们的需要并不是一成不变的，也不是一经满足就再也不发生变化，这种需要也是不断变化的。

三、麦克利兰的成就激励理论

与马斯洛的需要层次论不同，麦克利兰不讨论基本生理需要，他主要研究在人的生理需要基本得到满足的前提下，人还有哪些高层需要。他研究的对象是一些比较高级的人才，这些人的生存条件和物质需要得到了相对的满足，在此基础上，大致存在三种高层次需要，即权力需要、关系需要和成就需要。

1. 权力需要

具有较高权力需要的人，常常希望获得更高的权力。他们对施加影响和控制他人往往表现出很大的兴趣，这样的人希望担任领导者，也有一定的才干和水平。

麦克利兰还将组织中管理者的权力分为两种：一是个人权力，追求个人权力的人表现出来的特征是围绕个人需要行使权力。二是职位性权力，它要求管理者与组织共同发展，自觉地接受约束，从体验行使权力的过程中得到满足。很明显，把权力建立在个人需要的基础上是不利于组织发展的。

2. 关系需要

他们通常从友爱、情谊和人际交往中得到欢乐和满足，并总是设法避免因被某个组织或社会团体拒之门外而带来的痛苦。

注重关系需要的管理者容易因为讲交情和义气而违背或不重视管理工作的原则，从而导致组织绩效的下降。但如果将关系需要强烈的人安排在需要众人合作的工作岗位上，将大大提高工作效率。

3. 成就需要

高成就需要的人，把做好工作、取得成就看成人生最大的乐趣，从工作成就中获得极大的满足，他们追求的是成功本身而不是成功的报酬。它有以下几个特点。

（1）喜欢设定自己的目标

他们不满足于随波逐流和随遇而安，总是渴望有所作为，总是精心选择自己所要从事的目标，并完全承担达到目标的责任。

（2）在选择目标时倾向于回避极端的困难

他们乐意接受挑战，往往为自己树立有一定难度但又不是高不可攀的目标。当他们认为一项任务成功的可能性是50%时，是一个人从个人努力中获得成功感和满意感的最佳时机，此时绩效最好。

（3）对所从事的工作希望得到明确而又迅速的反馈

这类人喜欢从事有明确规定标准的工作，而不喜欢没有明确的绩效考核标准的工作。

（4）把个人成就看得比金钱更重要

从成就中得到的鼓励，超过物质鼓励的作用，把报酬看成衡量成就大小的工具和符号。

在大量研究的基础上，麦克利兰对成就需要与工作绩效的关系得出了一些具有相当可信度的结论。

1）高成就需要的人更喜欢具有个人责任、能够获得工作反馈和适度冒险的环境，当具备了这些特征，高成就者的激励水平会很高。

2）高成就需要的人不一定就是一个优秀的管理者，尤其在一个大型的组织中。高成就需要者感兴趣的是他们个人如何做好工作，而不是如何影响他人。

3）友谊需要和权力需要与管理者的成功有密切关系。最优秀的管理者有高权力需要和低友谊需要。

4）成就需要者并不全是天生的，可以通过训练来激发员工的成就需要。

四、赫茨伯格的双因素理论

这一理论不像马斯洛的理论那样由纯理论性研究得来，而是通过调查研究开始的。根据调查所得的大量资料分析，赫茨伯格发现了影响人们积极性的两类不同的因素：激励因素和保健因素。

使员工感到非常满意的因素主要是工作富有成效、工作成绩得到认可、在职业上能得到发展成长等。这类因素一般都是由工作本身产生的，它的改善往往能够激励员工的积极性和热情，使员工从内心深处受到鼓舞，是一种促使人上进的因素，达到激励的效果，所以把它叫作“激励因素”。

造成员工不满意的原因，主要是由外界的工作环境所引起的，如企业的政策、行政管理、工资水平、工作环境、劳保福利等。这些因素改善了，只能防止人们对工作不满意而造成的损失，但还不能使员工变得满意，也不能激发其积极性，促进生产的增长。这一类因素称为“保健因素”。

赫茨伯格对传统的关于满意与不满意观点进行了修正。

传统观点认为：不满意的对立面是满意

不满意←————→ 满意

赫茨伯格的观点：

保健因素：不满意（无）←————→（有）不会不满意

激励因素：不会满意（无）←————→（有）满意

赫茨伯格认为：保健因素有，就不会不满意；保健因素没有，就会不满意。例如，酒店给员工提供了住宿条件，就不会不满意；不提供住宿条件，就会使员工不满意。激励因素有，就会满意；激励因素没有，就不会满意。例如，在一个班组的员工中要提拔一名主管，被提拔的员工，会感到满意；没有被提拔的员工，不会满意。这里面的难点是要将“不会满意”和“不会不满意”理解为“中性词”。

赫茨伯格采用的双因素理论，有其独特性，它在管理上的意义是很明显的。

1）应提供充分的保健因素以消除不满。如果不满情绪出现，将会严重影响工作积极性，降低工作效率。不能以为保健因素不会产生高度的工作动机，就可有可无。

2）激励因素是非常重要的，它是调动广大员工积极性、主动性、创造性，提高他们责任感的最重要最基本的内在因素。扩大工作范围、工作丰富多样化、职业生涯的设计等都可以起到激励作用。

五、弗洛姆的期望理论

期望理论按照人们的期望来解释激励问题。需要本身是一种动力，但需要在未被满足之前，对需要者来说只是一种期望，可以说，需要作为一种动力是通过期望表现出来的。动力的大小与期望的大小成正比，其理论模式为：

动机力量=期望值×效价

动机力量——动机的强度。即调动一个人的积极性和激发人的内在潜力的力度，它表明为达到预先设置的目标而努力的程度。

期望值——人们对某个具体行为可能会得出某个具体结果的概率估计，其数值在0～1之间。这种概率值的估计是主观的，受每个人的个性、情感、动机的影响。个体认为可能性越大，积极性就越高；个体认为根本实现不了的目标，即使价值很高，也起不了调动积极性的作用。

效价——也称目标价值。是指一个人对某种特定结果的偏好程度，或者说是一个人对行为结果或目标的评价，即一个人认为某种行为方案的结果对他有多大的价值。它可以用系数1来表示，一般在–1和+1的范围之间变化。对结果很不喜欢为–1，对结果无所谓为0，对结果有强烈偏好为+1。

对同一个人来说，不同的目标具有不同的价值；对同一个目标来说，不同的人有不同的价值，在不同的环境下也会具有不同的价值。一般来说，人们行为的普遍心理是：把目标价值看得越大，目标的吸引力就越大，行为的积极性就越高。

期望的结果往往并不等于现实的结果，酒店督导在管理工作中应当注意通过环境条件的改变，调整员工期望与现实之间的关系，有效地调动员工的积极性。期望与现实存在三种关系，具体分析如下。

（1）“期望<现实”

即实际的结果大于预期的结果，对当事人来说有助于提高积极性。因为现实高于期望会使员工喜出望外，容易增加动机力量。所以，在正强化时应注意降低员工的期望值，同时创造条件提高实现值。

（2）“期望=现实”

即人们的期望变为现实，这种情况下有利于调动人的积极性。但是，若没有进一步的激发，其积极性往往只维持在原期望值的水平上，甚至逐渐消退。

（3）“期望>现实”

即实际结果小于预期估计的结果。在正强化的条件下，它会使人因失望而产生消极情绪，导致积极性下降。即我们平常所说的期望越高，失望越大。在实际工作中，有些领导封官许愿、随意表态，结果做不到，造成不良后果。但是，在负强化情况下，使期望值高于现实值，则会收到良好的效果。因为这时人们做好了最坏的准备，结果却比预期好得多。例如，员工犯了错误，本来是要被解雇的，但能主动承认错误，又能以实际行动来改正，给他留店察看处分，这会使其产生感激之情，自然会增强工作积极性。

一个人的行为，通过一定的努力，可以得到两个阶段的结果：第一阶段结果是工作绩效，第二阶段结果是组织报酬，最终是为了达到个人目标。由此，期望理论模式转化为：

个人努力→工作绩效→组织报酬→个人目标

具体来说，只有当员工认为努力会带来良好的绩效评价时；当良好的绩效评价结果会带来组织奖励时；当组织奖励会满足员工的个人目标时，他才会受到激励进而付出更大的努力。

期望理论的关键是了解个人目标以及努力与绩效、绩效与报酬、报酬与个人目标满足之间的关系。许多员工在工作中不能被激励，是因为他们看不到努力与绩效的关系、绩效与报酬的关系，或他们得到的报酬不是他们预期想要的。如果想激励员工，就应该加强这三对关系的有机结合。同时，不存在一种普遍的原则能够解释所有人的激励机制，差别化、个性化的奖励才是有效的奖励。

六、亚当斯的公平理论

公平理论认为：组织中的员工都有评估自己的工作投入和获得报酬的倾向，他们不仅关心自己报酬的绝对值，也关心自己报酬的相对值。每个人都会自觉或不自觉地把自己付出的劳动和所得的报酬同他人付出的劳动和得到的报酬进行社会的比较，也会把自己现在付出的劳动和所得的报酬同自己过去付出劳动和所得的报酬进行历史的比较。当发现自己的收支比例与他人的收支比例相等，或自己现在收支比例与过去收支比例相等时，便会产生公平感，增强其工作动机；否则，便会感到不公平，影响工作积极性。公式表示如下：

A 代表自己的报酬与投入之比，B 代表他人的报酬与投入之比。当 A=B 时，报酬相当，感到公平；当 A>B 时，报酬多于投入或他人，取酬过高，产生负疚感；当 A<B 时，报酬少于投入或他人，感到吃亏、委屈、气愤。

常见的投入要素有：知识、学历、年龄、性别、努力、建议、过去的功绩、级别地位、责任大小、能力、培训、资历、忠诚、时间、经验、现在的功绩、工作难度、任务风险等。

常见的报酬要素有：工资、提升、承认、安全、个人发展、津贴、生活福利、交往机会、发展机会等。

分配公平感的构成要素几乎是当事人的主观判断和感受，心理因素有极大的作用。所以，分配是否公平的标准常常是主观的，主要取决于当事人的个性、需要、动机、价值观等个人因素，它因人而异。

研究表明：不公平感的产生绝大多数都是由经过比较认为自己的报酬过低引起的。不公平感使人紧张、心里不舒服、不平衡。人们通常通过以下六种方式中的任何一种来重新确立公平感。①改变投入；②改变报酬；③改变对于投入或报酬的知觉；④改变他人的投入或成果；⑤改变“参照人”；⑥离开这种环境。

分配的公平感是一个强有力的激励因素，以下建议或许有助于建立组织中的公平感。

（1）确立组织的价值观念，统一对公平的认识

破除大锅饭的平均主义观念，使员工认同以绩效为基础的分配方式是目前条件下的最佳选择。

（2）建立合理的绩效评价体系，制定衡量贡献的尺度和标准

有了公认的公平观念还不够，还要有可供操作的绩效评价方法和标准，同时使员工了解组织是如何定义和评价绩效的。对于酒店来说，建立合理的、科学的、使员工能接受的绩效评价体系是非常必要的。

（3）坚持公开的原则，分配程序要公开

及时公布考核标准和分配方案，使多得的员工理直气壮，少拿的人也心服口服。研究表明：程序公开，员工即使对工资、晋升和其他个人报酬不满意时，也可能以积极的态度看待上司和组织。

此外，员工对公平的感知可能是有道理的，也可能是没有道理的。但是，不管这种感知是准确的还是歪曲的，只要员工感到不公平，就会影响其在工作中的行为。因此，管理者可以通过收集数据和访谈测量员工对他们的投入和报酬的评价，确认他们所选择的参照对象，以及评估员工对产出的知觉，也可以发现他们做出的错误绩效比较。一旦发现错误的感知，就可以对他们进行阐释，这样就可以使员工在报酬体系中重新获得公平感。

资料链接

圣诞节前夕，老板突然心血来潮，交代总务部的小王，替每一位公司员工准备一只烤火鸡，送到他们家中，让大家都能过一个愉快的圣诞节。老板第二天上班，发现有两只烤火鸡，被扔在他办公室的门口。他觉得既讶异又迷惑，于是便问小王到底发生了什么事情。小王回答说："他们俩都嫌自己的火鸡比别人的小，很生气，于是就……其实火鸡哪有什么大小，实在是太过分了……"

七、斯金纳的强化理论

强化理论着重研究个体外在的行为表现，强调人的行为结果对其行为的反作用，指出行为的结果，如果有利于个体则这种行为便会加强并重复出现，如果不利于个体则这种行为会消退和终止。

强化理论认为人的行为可分为应答性行为与操作性行为两大类：应答性行为是由环境的刺激所引起的行为；操作性行为是个体在内部需要的激励下自发的行为。而人的行为主要是操作性行为，因此，操作性行为是研究的主要对象。

强化理论发现：在操作性行为中，如果行为结果使其需要得到满足，这种行为便会重复出现并得到增强。凡能增强行为的刺激物叫强化物，通过强化物增强某种行为的过程叫正强化。如果行为的结果对主体是不利的，这种行为便会减弱并消失。凡能减弱行为的刺激物叫负强化物，其过程叫负强化。强化理论指出：可以通过控制正负强化物来控制人的行为，求得行为的改变。

在组织管理过程中，管理者运用强化手段来调动职工工作积极性，必须遵守下列原则。

1．时效性原则

从人的心理状态来看，在行为结束时，人对行为结果的关心程度最高，及时强化效果最佳；员工随时掌握工作进度与质量情况可以了解自己行为目标的差距，从不断接近目标

的信息中增强信心，鞭策自己不断努力；每一种强化手段的作用只能保持一段时间，超过时限就会失效。因此督导对酒店员工的闪光点要及时给予肯定和认可，千万不能漠视员工的长处，否则员工会对工作产生麻木，影响员工积极性的发挥。

资料链接

美国福克斯波罗公司当年为了生存急需新技术成果，一天一位工程师拿着新产品的研制样品送给总经理，总经理看到产品的巧妙设计很惊喜，就在自己抽屉里东翻西找，最后终于找到了一只香蕉，满怀激情地对这位工程师说："伙计，给你！"这位工程师备受感动。激励具有很强的时效性，只有及时的激励才能达到较好的激励效果。

2．渐进性原则

要"小步子，多阶段"，强化物的刺激量要逐步递增，如果后一次奖额比前一次少，反而会导致不满。

3．整体一致性原则

物质强化与精神强化要一致；个人心理效应与群体心理效应要一致；外强化与人的内强化要一致；不同管理者要采取一致的强化措施。

4．公正原则

如果奖励和批评不公正，不能满足人们的公正需要，会招致人们的气愤和不满，这种情绪会降低继续工作的积极性。

研究表明，要使奖励手段产生良好的强化效果，必须具备下列条件。

1）创造一个接纳奖励的群体气氛。

2）制定明确的奖励标准。

3）奖励的程度要与贡献相当。

4）奖励方式要多样化。

实行有效的惩罚，必须具备下述条件：①目的正确，与人为善；②轻重适度，方法得当；③宽严一致，一视同仁；④群众认可、参与；⑤时机掌握恰当。

第三节　激励技能

一、工作安排中的激励技能

在酒店中，每一个员工都有自己的工作，而且大部分时间都花在工作上。怎样通过工作激发员工的热情，让员工感到工作不仅仅是谋生的手段，而且是发展自我、实现自我价值的重要途径，使工作本身就成为激励因素，是对管理者的重大挑战。根据赫茨伯格的双因素理论，如果员工从事的工作是重要的、有趣的、具有挑战性并可以从工作中获得成长和发展，员工和工作是相互匹配的，那么工作本身就是很重要的激励因素。

1. 怎样通过岗前培训激励新员工尽快融入组织

新员工进入企业后，关键的问题是帮助他们熟悉企业，了解工作状况，尽快融入组织。

为新员工提供上岗引导培训是帮助员工尽快融入组织的重要环节。第一部分培训一般由员工的直接上司完成，主要是给新员工介绍未来工作中的新同事、让他们尽快地熟悉工作环境、为他们讲解工作的性质和内容。除此之外，为了减轻新员工初到一个陌生环境的焦虑感，管理人员应该注重与新员工谈心，关心他们的日常生活，帮助他们解决各种疑虑和困难。

尤其是对那些刚刚离开学校的新员工来说，提供这样的帮助是非常必要的。一方面，理想与现实总是有一定的差距，刚步入社会的年轻人可能不善于自我排解现实落差所带来的心理焦虑，他们更需要心理上的指导，这样能帮助他们尽快实现从学生到员工的顺利过渡；另一方面，没完成社会化过程的学生是最具有可塑性的，加强对他们的影响和培养，使其融入酒店的文化氛围相对于再次择业的员工来说要容易得多。这个环节对于稳定员工的思想也是十分关键的，所以非常值得管理人员的关注。

下面提供几种帮助新员工尽快适应组织氛围的方法。

（1）举办新员工讨论会

可邀请有经验的老员工参加，这样能使新员工尽快进入角色，融入组织氛围，并在今后工作中表现良好。

（2）新员工导师制

对新员工进行现场指导，帮助他们尽快适应环境。

（3）建立与新员工之间的心理契约

现代企业对人的管理重视培养与员工之间的心理契约关系，而上岗引导期恰恰是培养员工对酒店目标和价值观的信仰和认同的重要时期。

2. 怎样为新员工安排第一项工作

对于新员工来说，第一次的工作是建立自信、学会与上司和同事相处的一个关键时期，也是为他们以后的职业发展奠定基础的重要阶段。第一次工作的好坏直接关系到他们以后的发展趋向和发展质量。对于刚刚参加工作的人来说，初入企业的一段时期是一个比较痛苦的适应阶段，因为他们天真的期望第一次要面对现实的冲击。

大多数专家认为，企业能够做的最重要的事情之一就是争取为新员工提供的第一份工作是富有挑战性的，因为新员工在这个时期恰恰最需要对其价值的重视和认可。

3. 怎样做到人与工作相适应

只有把合适的人放在合适的位置上，使个人的特征和工作的要求相适应，才能最大限度地激发他们工作的潜力和积极性。反之，当员工和工作匹配不良时，员工的工作满意度和组织绩效就会大大降低。

（1）工作与能力的匹配

能力是一个人顺利完成某种活动所必须具备的一种心理特征，它直接影响着活动的效果。一个人的总体能力可以分为两大类：心理能力和体力能力。心理能力是从事心理活动所需要的能力，它包括运算能力、语言理解、知觉速度、归纳推理、演绎推理、空间视知觉和记忆力；体力能力则是从事体力活动所需要的能力。不同的工作要求员工运用不同的能力。

每个人在能力方面都有自己的强项和不足，转化到工作方面，每个人都有适合的工作，也有不适合的工作。作为管理者，要根据工作要求，发现员工的长处，做到知人善任，扬长避短，用人所长，使员工所具备的能力和工作要求相适应。当员工绩效出现问题时，首先要考虑的就是安排的工作是否合适。切忌大材小用，也不要小材大用。

（2）工作与气质的顺应

所谓气质，通俗地说就是人的脾气和秉性。心理学家把气质分为多血质、胆汁质、黏液质和抑郁质。不同气质类型的人在工作和生活中会表现出不同的行为倾向，气质不同的特点决定了不同气质的人对不同工作的适应性不一样。例如，多血质和胆汁质的人比较适合一些要求做出迅速、灵活反应或与人打交道的工作，如前台服务、市场营销、人力资源管理等工作；而黏液质和抑郁质的人则更适合细致、规范的或与事打交道的工作，如财会、工程、仓库保管等常规性工作。

（3）工作与人格类型的契合

1）现实型：真诚稳定、持久顺从、讲究实际。这类人较适合从事那些需要一定的技巧、力量和协调来完成的实际操作性工作。

2）研究型：分析、创造、好奇、独立。这类人比较适合从事那些主要侧重于认识和研究方面的工作，例如调研、设计和咨询工作。

3）社交型：友好合作、乐于助人、喜欢社交。这类人适合从事包括大量交往的工作，例如营销、公关、广告和媒介传播工作。

4）常规型：顺从实际、守秩序、高效率、不灵活、缺乏想象力。这类人适合从事那些包含着大量固定结构性和规律性的内容和工作，例如财务、档案管理工作。

5）企业型：自信冒险、乐观进取、精力充沛、盛气凌人。这类人适合从事以影响他人为目的的工作，例如经理人、组织者等。

6）艺术型：富有想象力、理想化、情绪化、杂乱无序、不切实际。这类人适合从事艺术创造以及表现个性化的工作，例如艺术创作、策划等。

二、绩效考核中的激励技能

绩效考核是指对员工的工作行为、工作态度和工作结果进行考核评估，从而得到有关员工工作表现的准确信息。绩效考核的目的并不是惩罚绩效低劣者，而是引导员工采取恰当的行动，对优秀员工进行奖励。对处于边缘的员工提供鼓励和指导，对工作低于标准的员工给予及时的反馈和帮助。

1. 员工从绩效考核中能获得什么

（1）获得荣誉和尊重

人们总是希望自己的努力能够得到别人的认可和赞扬，希望别人能够知道自己在某个方面所作出的成绩。

（2）获得平等的竞争机会

绩效考核为创造公平的竞争环境提供了依据和标准。

（3）获得反馈和指导

有些人在工作中没有取得成功，一个重要的原因在于他们不知道应该采取怎样的行动才能实现工作目标。因此，人们总是期望能够在工作中获得反馈，知道自己原来做得怎么样，下一步到底该怎样做。而绩效考核可以为员工提供关于他们目前做得怎么样的信息，告诉他们是否偏离了目标和方向，指导他们如何去纠正不恰当的行为，然后采取恰当的行动。

2．怎样强化“努力—绩效—报酬”之间的关系

对于管理者来说，要加强“努力—绩效—报酬”三者之间的实际联系。

（1）强化努力与绩效之间的关系

主要体现在帮助员工确立对个人努力程度与绩效之间存在着潜在正相关关系的信心。同样，重视对工作过程的考核，并把考核的要点公之于众，可以坚定员工增强对考核公正性的决心。

（2）阐明绩效与报酬之间的关系

管理者要清楚地阐释各种报酬的含义，并使它们与个人和团队绩效相挂钩。虽然很多组织对于处于同一工资段的员工没有根据绩效差距进行报酬细分，但是管理者可以提供其他的外部报酬。例如，管理者可以为那些实现可超过了绩效目标的员工分配他们更喜欢的工作任务。

（3）提高报酬对员工的价值

管理者可以为员工提供他们认为对自己更有价值的报酬形式，如本来是发钱的，管理者可将同样价值的钱送他去进修培训，或外出考察学习，或度假旅游，也可以通过改变报酬形式在员工心目中的地位来提高报酬的相对价值，本来是将某项奖金打在工资卡内，管理者可以将奖金送到他家里，给他的家人，或在部门内公开发放。这样，酒店出同样数量的钱，对员工来说，相对价值大大提高。

3．怎样提高绩效考核的公正性与公开性

绩效考核的过程涉及员工的切身利益，如果公平问题处理不好，很容易引起员工的抱怨，挫伤员工的积极性，甚至在员工之间制造矛盾，造成内耗。

（1）选取适当的考核内容和考核方法

要根据工作性质和标准选取恰当的考核内容和方法。有些部门以考核结果为主，有些部门以考核过程为主。考核方法可以是上级考核、分组考核、相互考核及其组合，看哪种考核方法更能减少误差，提高考核的准确性和有效性。

（2）明确考核标准

应以岗位职责和工作规范为依据，能量化的尽量要量化。考核要有记录，避免考核的主观随意性，强调客观性，从而得出准确的考核结果。

（3）增加考核的参与性和公开性

在制定考核标准以及实施考核的过程中要积极地听取员工的意见，保证员工有申述和解释的权利，管理者切忌闭门造车，考核情况与员工不通气，来一个所谓的一锤定音。管理者必须明白：考核方案是酒店工作目标的具体化，绩效考核不仅仅是为了发奖金，更重要的是对酒店经营目标的再认识，是将酒店目标深入内化于员工思想的过程。

要将绩效考核标准和考核步骤安排及时向员工交底，通过绩效面谈让他们清楚知道考核的结果及组织给予的帮助和指导。

4．怎样进行绩效面谈

绩效考核结束后，要及时地将结果与员工进行沟通和反馈，绩效面谈就是这样一种方法，是督导和员工之间针对绩效考核所作的面对面的沟通。其目的是：让员工了解上一考核周期中的考核结果，作为改进今后工作的依据；给下属提供一个良好的沟通机会，了解下属工作的实际情况和困难，并让员工确信组织可以给予他们所需要的帮助；共同讨论下属未来的发展规划和目标，确定酒店、督导、员工个人的行动计划。

绩效面谈的实际操作步骤：①创造放松的面谈氛围；②说明面谈的目的；③告知考核的结果，可采用“三明治”的手法；④请下属自述原因，管理者听取意见；⑤明确下一阶段的工作目标；⑥共同制订详细的绩效改进计划，达成共识；⑦以积极的方式结束面谈；⑧整理面谈记录，向有关部门报告，并做好改进落实的跟踪工作。

绩效面谈中应注意以下几点：①多问少讲；②重心放在全体员工；③反馈要具体；④对事不对人；⑤侧重思想、经验的分享；⑥把握良机，适时反馈。

三、薪酬管理中的激励技能

在员工的心目中，薪酬不仅仅是一定数目的金钱，它还代表了身份、地位、个人能力的高低和成就的大小。合理而有效的薪酬制度不但能有效激发员工的积极性与主动性，促进员工努力实现组织的目标，提高组织的效益，而且能在竞争日益激烈的人才市场上吸引和保留住一支素质良好的员工队伍。相反，不合理的薪酬制度则是一种去激励因素，它会引发各种各样的组织矛盾，降低员工的积极性。

1．薪酬是什么

薪酬是组织对它的员工为组织所作的贡献，其中包括员工的工作绩效、付出的努力、时间、学识、技能、经验与创造等给予的回报。一般由基本薪资、奖励薪资、附加薪资、福利薪资组成。

（1）基本薪资

基本薪资通常也称为工资，是薪酬中相对固定的部分。它由员工的劳动熟练程度、工作的复杂性、工作责任风险的大小以及劳动强度所决定。

（2）奖励薪资

奖励薪资也叫业绩工资、效率工资，是根据员工的特殊业绩或组织的经济效益而支付的薪酬。

（3）附加薪资

附加薪资是为了补偿和鼓励员工在艰苦甚至恶劣的工作环境下劳动而支付的薪资。

（4）福利薪资

福利薪资是基本薪资的补充，是一种带有保障性和保护性的薪酬。如养老保险、医疗保险、失业保险、工伤保险、生育保险、住房公积金、午餐补贴等。

一般来说，薪酬大致包括以上各部分，但在不同的组织中，各部分所占的比重是不一样的，其激励的效果也不同，组织可以根据自己的具体情况来设计薪酬体系。

2．怎样提高薪酬结构的激励性

对员工的激励角度来说，薪酬分为两类：一类是保健性因素，另一类是激励性因素。如果保健性因素达不到员工的期望，会使员工感到不安全，出现士气下降、人员流失，甚至招不到员工等现象。另一方面，尽管高额工资和多种福利项目能够吸引员工加入并留住员工，但这些常常被员工视为应得的待遇，难以起到激励作用。真正能调动员工工作热情的是激励性因素。

此外，将现金性薪酬和非现金性薪酬结合起来运用，有时能取得意想不到的效果。非现金性薪酬要让员工感到特别有“面子”，让员工有更多意外的惊喜。但在现实当中，非现金性工资往往被忽视的，主要原因：一是管理者对员工的真正需求不清楚；二是管理者没有充分认识到非现金性工资的作用；三是人手不足，没有人来操作。

3．怎样使薪酬的支付更加公平

薪酬的公平主要包括两个方面：一是内部的公平性；二是外部的竞争性。

（1）优化绩效与薪酬的挂钩方式

计薪方式通常包括按时计酬、按件计酬、按绩计酬等。对酒店而言，最缺乏激励效果的是按时计酬，但保健效果比较明显。计件薪酬对员工的激励作用十分明显，但它仅适用于产出数量容易计量、质量标准明晰的工作，对知识白领的工作很难计件。业绩工资需要有合理的目标设定方法和良好的绩效考评系统作支持。可以是单一的计酬方式，也可以是复合的计酬方式，要始终确保薪酬的最大激励效果和内部公平性。酒店中多数部门是按时计酬和按绩计酬的组合方法，但清扫客房可以按件计酬。

（2）做好薪酬调查，确保在外部市场的竞争性

酒店的薪酬水平始终高于外部平均水平，将会对员工产生激励作用，促使员工以加倍的热情和努力投入到工作中去。这一点是不言而喻的，从公平理论中也可以得到恰当的解释。如果酒店的薪酬水平低于外部平水平，要稳定员工队伍是不可能的，要稳定优秀员工更是无从谈起，因为优秀员工被人挖走的概率会更高。

4．怎样让福利项目更有吸引力

完善的福利体系对吸引和保留员工非常重要，它也是酒店人力资源系统是否健全的一个重要标志。福利项目设计得好，不仅能给员工带来方便，解除后顾之忧，加强对酒店的忠诚，而且可以节省在个人所得税上的支出，同时提高企业的社会声望。

对酒店而言，福利是一笔庞大的开支，在外企中能占到工资总额的30%以上，但对员工而言，其激励性不大，有的员工甚至还不领情，酒店为此无所适从。主要是由于人与人之间存在个别差异，不同的福利形式对人的价值也会不同。有时，从福利的绝对值来看是相同的，但由于福利的形式不同，可能增值也可能贬值。从激励的角度来看，酒店最好采用菜单式福利，即根据员工的特点和具体要求，列出一些福利项目，并规定一定的福利总值，既有规定福利，也有自选福利，让员工在自选福利中选择，各取所需。这样，既具有保健因素，又具有激励因素。

四、职业管理中的激励技能

职业一般是指人们在社会生活中所从事的，以获得物质报酬作为自己主要生活来源并能满足自己精神需求的、有社会分工中具有专门技能的工作。职业不仅是谋生的手段，也是人存在的意义和价值的证明。选择一个合适的职业，度过一个成功的职业生涯，是每一个人的追求和向往。

酒店能不能赢得员工的献身精神，能不能充分调动员工积极性的一个关键因素在于其能不能为自己的员工创造条件，使他们有机会获得一个有成就感和实现自我的职业。

1．怎样按照职业生涯发展的不同阶段为员工提供职业帮助

职业生涯有一定的规律，需要员工对这些规律有深入的理解，并能结合自己的特点和工作实践进行判断和决策。根据研究，职业生涯的过程可以分为四个阶段。

（1）职业探索阶段

一般从参加工作起到 25 岁左右，具体时间长短根据员工知识储备、学历不同而有所不同。这个时期员工调换不同工作的愿望十分强烈。从酒店人力资源的角度来看，这个阶段的主要任务是帮助新员工正确地认识自己，制定初步的职业生涯发展规划，使员工一进酒店就产生强烈的职业意识：找准方向，找准位置，尽快知道该怎样发展自己。千万不能使新员工觉得毫无目标，不知道将来干什么。

（2）职业建立阶段

一般从 25 岁到 35 岁左右。这个阶段是员工最有追求和抱负的时期，也是他们一生中的高产时期，酒店应该准确把握处于这个阶段的员工的特点和他们对于培训、成长和晋升等方面的需求，密切注意员工的发展方向，在员工最需要的时刻、最关键的时刻助他们一臂之力，此时的帮助是员工终身难忘的，最终也会给酒店带来回报。

在西方不少企业，都有一种被称为“个人职业表现发展档案”的方法，帮助员工管理自己的职业生涯设计。我们的酒店企业也不妨参照一下。

（3）职业中期阶段

一般从 35 岁到 50 岁左右。职业生涯中期是一个时间长、变化多，既有事业成功，又可能引发职业危机的敏感时期。在这一时期的职业生涯管理中，酒店要保证员工合理的职位轮换和晋升。所谓职业轮换是指把一个人安排到另一个工作岗位上，其所承担的义务、责任、职位和报酬都与前一个工作差不多。但职业轮换可以使员工学到新知识和新技能，为今后的晋升和发展奠定基础。组织管理还要为员工设置合理畅通的职业发展通道。职业通道是组织中职业晋升的路线，是员工实现职业理想和获得满意工作，达到职业生涯目标的路径。组织中的职业发展通道不应是单一的，而应是多重的，以便使不同类型的员工都能寻找到适合自己的职业发展途径。

（4）职业后期阶段

这是职业生涯的最后阶段，一般从 50 岁到退休。酒店要帮助他们做好退休前的各项心理和工作方面的准备，让他们愉快地结束自己的职业生涯，帮助他们顺利地向退休生活过渡。

2．怎样通过晋升激励员工

（1）晋升的渠道：内部晋升还是外部招聘

酒店能不能吸引并留住人才，一个重要因素就是能否为个人提供充分的发展和提升空间。大量研究表明，内部晋升对员工更具有激励作用。

（2）晋升的依据：资历还是能力

从激励的角度看，以能力为依据的晋升是最好的。当晋升以能力为依据时，还必须决定如何对能力加以衡量。过去员工的工作绩效是反映一个人能力的一个方面，但在晋升员工时却不能过分依赖过去的工作业绩。在对员工的能力做出判断时，要考虑员工的潜能，与提升职位的适应性。有的表现很出色的员工，叫他当督导就不一定称职，说明该员工缺乏当督导的潜能。

（3）晋升程序：正规化还是非正规化

酒店应该制定并发布正规的晋升制度和程序，要实施内部信息公开化管理，要向全体员工提供组织变动的各种信息，定期公布空岗情况和招聘条件，鼓励员工根据自己的能力、特长选择岗位参加竞争。这样员工会感到时时有机会，处处有机会。

五、不同类型员工的激励技能

1．如何激励先进者

先进工作者对酒店的贡献大，受到人们的尊重和赞扬。但是，先进工作者只是竞争中的暂时优胜者，由于他们找不到可以做榜样的人，很可能导致他们产生安于现状、不求上进的想法。事实上，很多昔日的“明星”走向没落的例子在现实生活中的确不在少数。因此，如何激励先进者不断向前，是管理者应该格外注意的一个问题。第一，正确对待先进者的长处和短处。每个人都有自己的长处，先进者不可能是十全十美的，只不过是长处比别人更为突出罢了。第二，要给先进者的不断提高创造一个良好的环境，为他们提供更多的参加学习和培训的机会。第三，要正确对待“三多”现象（职务多、会议多、社会活动多），使他们的主要精力放在本职工作上。

2．如何激励落后者

要善于发掘落后者身上的闪光点，帮助他们以积极的心态面对目前落后的局面，激励他们重新找回自信。第一，关心体贴，动之以情。酒店中落后的员工最害怕的就是被人看不起，最需要上司和同事的信任和亲近。所以激励要以正强化为主，以负强化为辅，不要老是抓住问题不放，要热心帮助他们解决工作中的困难。第二，正确疏导，晓之以理。落后者一般都有一定的个性，采取强硬措施会使他们产生逆反心理。所以，要用针对性强，用能触动心灵的道理来启发他们。第三，经常注意，导之以规。落后者一般自控能力比较差，需要别人经常监督和帮助，适时用规章制度来规范他们的言行，让他们在工作的点滴中逐步养成良好的习惯。第四，循序渐进，持之以恒。落后者的转化是一个艰难的过程，要有恒心和爱心，及时鼓励他们不断地成长和进步。爱意味着无限的耐心、永远的信任和永不衰减的希望。

3．如何激励中间层

在酒店中，先进者和落后者毕竟占少数，大多数员工处于中间位置。据调查，目前在先进企业里，中间层的员工占65%左右，在后进企业中则占70%以上，把这些人的积极性调动起来，将是一股非常了不起的力量。管理者不能只注意抓"两头"，忽视中间层这个主体部分，因为中间层恰恰是真正给企业带来最大效益和最具有推动力的一部分，激励工作的重心应在于此。

4．如何激励斤斤计较的员工

对于斤斤计较的人来说，帮助别人或许不是他们深恶痛绝的，只是他们的心里对一些小事、个人得失看得过重，或是他们只对个人分内之事感兴趣。首先，要鼓励热心行动，从而提高员工助人为乐的热情；其次，在公开场合提出员工的工作不仅限于正式规定范围内的内容；第三，让他们感受到团队的力量，可以有意识地制造一些环境，让那些不愿意帮助他人的员工感受一下缺少别人帮助是一种什么滋味，渴望别人帮助又是什么滋味，再让团队去帮助他，从而触动他们的团队意识。

5．如何激励有私人问题的员工

私人问题是指发生在工作环境以外的造成员工工作失败的私人生活中的一些事情。例如，花费很多时间来处理私人问题，工作量小或经常犯错误的员工，总是花费太多的时间与同事谈论他们的私人问题。

研究表明，容易引起情绪紧张、低落、气愤的私人问题会影响与客户、同事，甚至主管之间的关系。因此，管理者有必要对员工的私人问题保持敏感，并及时帮助他们排忧解难。首先，要意识到家庭生活对人们来说是很重要的，要让员工主动说出他们的私人问题，在恰当的时机表达对员工的这方面需要的理解。其次，辨别非正常行为的私人问题，引导下属如何处理私人问题，必要时可以建议员工向专业人员寻求帮助，这样可以少走弯路。第三，在不影响全局和有可能的情况下，允许员工放假处理个人事务，允许在某些天里晚些上班或早些下班来处理员工的个人事务，这样员工在上班时会以更充沛的精力、更高的热情投入到本职工作。

第四节　制度激励

制度是酒店中每位员工都必须遵守的行为规范。制度管理是指管理者通过一系列的制度来约束、引导、激励员工的行为。制度管理是科学管理的要求，也是管理者必须掌握的一种管理技巧。有的酒店，制度管理往往存在较多约束，造成引导、激励不足的问题。因此，基层管理者在进行制度管理时，应注意其可行性、严肃性和灵活性，从而提高激励的效果。

一、制度管理的可行性

制度管理的可行性是指制度的制定必须科学、有效，并有利于执行。

1．制度的制定或修订

（1）问题的提出

由总经理办公会议讨论决定制定或修订制度，并把任务布置给相关部门。

（2）制度草案的制定

接受任务的部门成立制度制定或修订小组，由相关部门负责人任组长，具体由基层管理者和资深服务人员参加，制定制度草案。

（3）讨论修订

在有关部门发动全体员工对制度草案进行讨论、修改。讨论的过程是统一思想的过程，是员工认可接纳制度的过程。思想统一后报总经理审批。

（4）形成并发文

经总经理办公会议讨论、修正后形成正式制度，并以文件的形式下发实施。

（5）反馈

制度在执行过程中如发现有不适应酒店的发展，或客观的需求变化等情况，应随时修订。

2．酒店的基础制度

（1）组织机构

权责明确，员工明确自己向谁负责，谁向自己负责。使员工明确知道自己为谁工作。

（2）岗位职责

部门的岗位职责要明确，不能交叉，更不能有空缺；个人的岗位职责要清楚、明了、可行，使员工明确知道自己应干什么。

（3）工作程序

应包括工作的对象和范围；工作的内容和程序；工作的规格和标准；与其他岗位工作的衔接等内容，使员工明确知道自己应如何工作。

（4）运转表单

明确客用表单、业务联络表单（控制表单）和报表的填写，以及传送要求和处理要求。

（5）管理制度

如员工守则、会议制度、培训制度等，使员工明确何时何地应干什么，不应干什么。

3．制度的要求

（1）所有的制度应符合本酒店的客观实际

不能盲目搬抄其他酒店的制度，以免难以真正贯彻、落实。

（2）所有制度的具体条文及其执行或处理应切实可行

制度的内容及其违规处理应适合本酒店的实际情况和员工的收入水平。

二、制度管理的严肃性

制度管理的严肃性是指在执行制度时必须严格按制度的各项条文来处理问题，即应“以事实为依据，以制度为准绳”来处理发生的所有与制度有关的事务。

1．执行制度的基本要求

1）开展制度教育，使每位员工都明确制度的重要性，制度是人们行为的准则和规范，执行制度有利于提高酒店服务质量，从而提高酒店经济效益，也会增加员工的经济收入。

2）形成制度管理的氛围，养成遵守制度的习惯，要求所有管理者能以身作则，为员工树立良好的榜样。凡是要求员工做到的，管理者首先必须做到。

3）开展制度培训、考核。只有每位员工都清楚地知道制度的具体内容，才有可能使员工执行制度。

2．明炉法则

美国管理学家道格拉斯·麦格雷戈（曾提出著名的 X、Y 理论）认为制度犹如一只烧红的火炉，提出了著名的明炉法则（Hot-stove Rules）

1）火炉是烫的，任何人不能碰火炉，一碰即会被烫伤——制度是严肃的，任何人不能违反，一旦违反就要被惩罚。

2）不论什么原因去碰火炉，都要被烫伤——无论是故意还是无意违反制度，其结果都要受惩罚。

3）不论什么人去碰火炉，都要被烫伤——制度是不认人的，任何人违反，都要受惩罚，即在制度面前人人平等。

3．惩罚技巧

（1）惩罚的原则

道格拉斯·麦格雷戈在提出明炉法则的同时也说明在惩罚时必须遵循的原则：①预先示禁。惩罚本身应合乎情理，以使受惩罚者不会因惩罚而怀恨在心。这就是说要使员工心甘情愿接受惩罚，就必须事先清楚地警告员工将导致惩罚的禁忌行为，以及什么样的行为将可能导致什么样惩罚。②及时惩罚。基层管理者一发现员工有违规行为，应尽快采取惩罚措施。若管理者迟迟不采取行动，员工会很自然地产生侥幸心理，认为管理者未曾注意到他的违规行为，或是管理者有意“放他一马”。但当管理者终于采取惩罚行动时，违规员工会认为管理者“高深莫测”或“反复无常”而对管理者丧失信心。③惩罚一致。只要是同样的违规行为，不管违规者是谁，原则上均应施以同样的惩罚。

（2）惩罚时应注意的事项

除了上述原则外，基层管理者在实施惩罚时还须注意以下几点：①惩罚一般应由违规员工的直接上司执行，否则会让员工产生事态严重之感。②管理者应避免在下属面前受惩罚，否则受罚的管理者会在下属面前丧失威信。③尽量不要当众惩罚，当众惩罚会伤及人的自尊，所以管理者应改变“杀鸡给猴看”的传统观念。④应告知惩罚原因及将来避免惩罚之道，这样，受罚员工会心服口服。⑤执行惩罚时管理者应避免使用嘲讽或威胁的手段，嘲讽或威胁使人反感和不安，不能达到目的。⑥管理者应避免在盛怒或冲动的情况下执行惩罚，此时的惩罚往往从严、从重，对员工不公平。

三、制度管理的灵活性

尽管制度管理具有严肃性的特点，但是严肃性只能解决一般的、普遍的、共性的问题。由于现实生活中问题都是复杂的、多变的，而且酒店工作主要由员工的手工劳动完成，因此，每位员工的违规情况各不相同，在处理时不能一概而论。制度管理的灵活性是指管理者在处理员工的违规行为时应根据时间、场合、情景等因素灵活处置。

当遇到下列问题时，管理者在处理时必须考虑灵活性。

1．普遍出现的违规行为——法不责众

当许多人都违规时，管理者必须清醒地认识到事态的严重性，并应认真分析原因，其中大多数是由制度本身的不合理引起的。酒店应探讨、研究更为合理、可行的规章制度，以避免类似情况再次出现。

2．好人（好心人）的违规行为——左右为难

一般情况下，应奖惩分明、赏罚并举，以维护制度管理的严肃性。宁可罚了以后，找适当的时机再给予补偿。

案例分享

小唐是某大酒店刚提升的客房部副经理，为了锻炼她，客房部孙经理给她安排了一个任务，让她负责制定客房部新的工资方案，要求将原来的固定工资改为计件工资。

小唐一头雾水，一点概念都没有，只好硬着头皮问孙经理："什么是客房的计件工资呢？它有什么好?"

孙经理："所谓的客房计件工资是指客房服务员按照打扫房间的数量发放工资的计酬方式。这种方法可以激发员工的积极性，方便酒店工作的开展。"

小唐还是有点蒙，怯怯地问道："设计客房计件提成时，每间客房的提成金额定多少?续房卫生怎么算?真不知该如何处理哦，太难了，有现成的方案可以看看吗?"

孙经理看了看满脸愁苦的小唐，"噗"地一声笑了，说："这样吧，我给你讲个框架，你回去把它整理成文字，到时我再修改，然后报酒店高层，你看这样行不?"

"啊，经理你早就胸有成竹了，那我放心了，你说，我记一下。"小唐赶紧去拿她的笔记本。孙经理耐心地说道："制定这个方案时，首先要考虑，要不要算底数?"

小唐问："什么是底数?"

孙经理："所谓的底数是指计算服务员打扫房间的数量时，要不要设定个基础数。这个基础数，通常是不算计件工资的。比如，某酒店对客房服务员设定的基数是每天 8 间，超过 8 间后才算计件工资。8 间基数，就是计件的底数。"

小唐恍然大悟："那看来，酒店还真要算底数呢。"

孙经理："当然应该设底数哦!因为老板给客房服务员发工资，就是希望客房服务员把卫生做好，比如发 18000 元底薪，就是让你每天做 8 间客房，因此需要设定基数。"

小唐问："那提成金额定多少钱合适?"

孙经理挠了挠头，说道"通常情况下，超房以后的提成在 4~6 元/间，地区不同，提成的金额也不同，酒店档次不同，提成也不同。像快捷酒店类的卫生比较容易做，房间面积较小，所以提成会比较低。主题酒店、中档酒店的房间面积大，卫生难做，所以提成比较高。我们酒店的提成应该算多少钱，你可以自己拿个方案测算一下，只要员工同意就行。"

小唐想了想又问："那特殊房型的提成，又怎么算?"孙经理听后，立刻竖起大拇指，夸道："小唐你可以哦，这么快就有自己的思考了。酒店的套房、麻将房由于面积大，打扫难度大，通常情况下，这样的房间按照 1.5 间房来计算。"

小唐被孙经理夸奖后，很不好意思地再问："续房的卫生怎么算计件呢?"

孙经理非常干脆地回答："有两种情况，第一种，续房卫生不算提成；第二种，续房卫生算 0.5 间房。具体怎么做，我们酒店可以自行决定。"

"那房间卫生不达标，该如何处理?"小唐忧虑地问道。

孙经理斩钉截铁地回答："如果房间卫生不达标，应该让服务员重做。重做还不合格的，不能计算提成。也可以把房间卫生和计件结合起来考核，如果房间累计多少次不合格，当月的计件工资相应减少。"

"谁来计件呢?"小唐还有疑惑。

孙经理说道："客房管理人员负责计件啊。服务员做好卫生,管理人员查房合格后，计人做客房登记表，月底统一计算做房数量，按照规定计算计件工资。"

有着客房实战经验的小唐，立刻想到了一个问题："那服务员对分房有意见，怎么处理?"

"这简单，"孙经理解释道，"首先，让前台在开房的时候，注意开房的平均性(如果需要考虑能耗，可以集中开房)。服务员固定负责某层楼，每个月调换一次，做到互换楼层，平均开房，减少客房服务员之间的矛盾。如果前台需要集中开房，客房领班在分房的时候，尽量按照房间分,别按照楼层分，确保大家公平公正。"

小唐吐了吐舌头："没想到还有这么多细节需要学习哦，那提成什么时候发呢?计算提成有哪几种方式呢?"

孙经理毫不犹豫地说："发工资的时候一起发。计算提成有两种方式：第一种是按天算，比如每天固定 8 间基数，超过以后每间房提成多少钱，超过就提成，没超过就不提成。第二种是按月计算，每天固定 8 间基数，一个月就是 240 间（大月增加 8 间），当月总做房数超过 240 的部分计算提成。客房计件已经是行业约定俗成的规定，现在中小酒店使用的也很多，如果您对客房计件还有哪里不清楚的，可以随时问我！"说完，孙经理打了个哈欠，流露出明显的疲态。小唐赶紧打住不再问下去了，一场生动的培训课"下课"了。

[对管理者的启迪]

1.设计方案时需关注对公共区域及无法量化的卫生项目的平衡。

2.必须监督基层管理人员，在分房过程中容易出现分配不均的现象，避免非正常现象破坏良好的企业文化。

3.客房计件工资制实施时，要注意方案的科学性和实施过程的公平性。

本章小结

（1）激励的方法和激励常用的手段要灵活运用。

（2）工作安排中要体现挑战性；薪酬管理中要体现竞争性；职业管理中要体现发展性。

（3）制度管理既要有严肃性，又要体现灵活性。

思考与练习

（1）简述激励的原则、方法和常用手段。

（2）试述马斯洛的需要层次理论及在实践中的运用。

（3）赫茨伯格双因素理论在酒店管理中有何指导意义？

（4）你认为通过哪些措施可以增强组织中的公平感？

（5）怎样做到人与工作相适应？

（6）制度激励中要注意哪些问题？

（7）调查一个酒店，这个酒店对员工在激励方面有哪些经验与不足？不足之处应如何改进？

（8）案例分析：

据浙商网 2011 年 2 月的一则报道，在年后企业招人普遍面临“民工荒”的情况下，杭州航民百泰首饰有限公司很受应聘者欢迎，不愁招不到人。“我们公司从来没觉得荒过，而且挑选的余地很大。”公司总经理朱思宝乐呵呵地说，“老员工 95%不流动，很多人还从老家带人过来，想进我们公司，我们面试后，还刷掉不少人呢！”

根源首先在于待遇好。公司刚刚发布了《2011 年 01 号文件》，是“对满三年非萧山籍员工发放生活补贴”的通知。根据通知，只要在航民百泰公司工作的非萧山籍员工，双亲（或单亲）健在的（包括父母、继父母、养父母等），从工作满三年的当月开始，亲人就可以按月享受 100 元的生活补贴，一年可以拿到 1200 元，一直到享受人去世，或该员工离职。符合条件的员工，只要让亲人在老家的邮政银行开个卡折户头，把卡号上报给公司。财务审核后，就可以按月汇款 100 元。朱思宝说：“我们非常珍惜企业的老员工。”来自异乡的员工能够在公司里安心工作，父母的理解、支持很重要。惠及双亲，也是稳定员工队伍的一项举措。“有些一线的小年轻人，家里穷他不穷，他是‘白领’——每个月的工资白领，吃光用光。人家老板抽红双喜，他有时还要抽中华烟。过年拿回家去的，可能都没有 1200 元钱。这些小年轻人，公司会慢慢教育，也要他自己慢慢成熟。但家里不能不管，有些偏远农村、山区，每月 100 元对生活帮助很大……这也是让老人放心：连你们都照顾到，还会照顾不好你们的孩子吗？”

除了待遇好，还要有荣誉感归属感。航民百泰首饰有限公司是做金饰的，一线员工最高工资有 5000 多元，平均工资也达到 3000 多元，而且每年递增 10%。另外，包吃包住，宿舍里有空调，定期请专家给员工上培训课，每年组织全体员工出去旅游。去年分 8 批去逛了上海世博会……

这些待遇虽好，但在富裕的萧山区，也不算什么。朱思宝还有“一宝”。

在公司，工龄满 5 年的员工，将颁发用 5 克重的纯黄金打造的一块“5 年功勋奖牌”，奖牌上刻有员工的名字，写着“敬业奉献开拓创新”8 个字，用锦盒装着，郑而重之；满 10 年的，再发一块用 10 克重的纯黄金做的“10 年功勋奖牌”，镶在水晶奖碑上面，奖碑上还写着“用心百泰真情永在”8 个字。来自江苏的左海燕，在 2008 年就获得了“10 年功勋奖牌”。十多年来，她从柜台销售员做起，到调度员、订单员……直至今天成为黄金首饰展厅总监。工资也从第一个月的 490 元，到现在涨了近 20 倍。“很有荣誉感，也很有归属感！孩子在航民村读幼儿园了，前年我在这里买了房子，还是朱总陪我去找的。觉得日子很有奔头，我的下一个目标是做销售总监！”

请结合所学，谈谈你对杭州航民百泰首饰有限公司激励方法的认识。

第四章 质量管理

课前导读

酒店是服务性行业，服务质量是酒店的生命线。随着全球经济一体化的快速发展，酒店业的竞争日趋激烈。酒店之间的竞争，其实质是服务质量的竞争，谁能提供优质服务提升客人满意度、赢得忠诚的客人，谁就能在竞争中取胜。质量管理，是酒店经营者关注的重要问题，也是酒店督导层管理的重点。

教学目标

（1）理解服务质量的概念、特点和构成。

（2）熟悉客人对服务质量的评价体系。

（3）掌握服务质量管理各种方法，并在督导工作中灵活体现。

（4）善于运用管理艺术处理客人的投诉，更好地提高服务水平。

第一节　服务质量概述

服务质量不同于实物产品的质量，有一定的特殊性。在讨论酒店服务质量管理之前，首先必须了解酒店服务质量的概念、特点及其构成，才能对服务质量进行有效的管理。

一、服务质量的概念

服务质量的定义主要有常见的两种：①生产导向的定义：优质指服务符合规格，即酒店必须确定服务质量标准，是所有服务工作都符合质量标准。②市场导向的定义：优质指服务符合客人的需要，即要求酒店根据客人的需要确定服务质量标准，为客人提供满意的服务。综合以上两个定义，一般认为：

服务质量是指以酒店设施、设备为依托所提供的服务在使用价值上适合和满足客人物质和精神需要的程度。酒店的服务作为一种使用价值，适合和满足客人需要的程度越高，服务质量就越好；反之，则服务质量就越差。

资料链接

偶然的店外服务

5月的南京已有夏日的气息，一家高档酒店金钥匙服务员（下称“金钥匙”）到火车站办理公务时，发现从上海抵南京列车进站后，8号车厢一直无人下车，职业的敏感使他意识到一定是出了问题。“金钥匙”快步走到车厢口，发现车厢通道堆满了行李，车厢内的日本客人焦急万分。凭着金钥匙服务理念，他毫不犹豫地主动将30多件行李卸下了火车。日本客人对此报以热烈的掌声，一再鞠躬表示感谢。原来这是中国对外友好交流协会组织的一个日本贵宾团。团队陪同激动地对客人说：“南京的‘金钥匙’接我们来了。”并对“金钥匙”说：“你们的酒店考虑得真周到，都服务到站台来了。”后来发现，并不是预订酒店的金钥匙来接他们。

意外的服务让客人感到惊喜。数日后，中国对外友协从北京发来了传真，对“金钥匙”的服务表示衷心的感谢：“您服务于大众、服务于社会的精神，让我们全体同人备受感动。从您的身上我们感到你们的酒店不愧为全国最佳星级酒店之一，所以我们决定到南京原入住其他酒店的团队改为入住贵酒店。”就这样一次偶然的店外服务，为酒店赢得了一次开房253间/天的业绩。

二、服务质量的特点

1．构成的综合性

酒店服务质量的构成内容既包括有形的设施设备质量、服务环境质量、实物产品质量，又包括无形的劳务服务质量等多种因素，且每一因素又有许多具体内容构成，贯穿于酒店服务的全过程。其中，设施设备、实物产品是酒店服务质量的基础，服务环境、劳务服务是表现形式，而客人满意程度则是所有服务质量优劣的最终体现。它既涵盖了衣食住行等人们日常生活的基本内容，也包括办公、通信、娱乐、休闲等更高层面的活动。因此，人们常用“一个独立的小社会”来说明酒店服务质量的构成，具有极强的综合性。

酒店服务质量构成的综合性的特点，要求酒店管理者树立系统的观念，把酒店服务质量管理作为一项系统工程来抓。多方收集酒店服务质量信息，分析影响质量的各种因素，特别是可控因素，既要抓好有形产品的质量，又要抓好无形服务的质量；不仅做好自己的本职工作，还要顾及酒店其他部门或其他服务环节，更好地督促员工严格遵守各种服务或操作规程，从而提高酒店的整体服务质量。正如人们平时所说的“木桶理论”，一只由长短不一的木条拼装而成的木桶，它的盛水量，取决于最短的那根木条的长度。因此酒店服务质量应该有自己的强项和特色，但不能有明显的弱项和不足，否则就要影响服务质量的整体水平。

2．评价的一次性

服务产品，特别是酒店的服务产品的特色表现为它只出售使用权，即客人购买的只是使用权，而没有所有权。每一次的使用后，就是服务产品的使用价值的完结。服务质量也是由一次次服务过程的质量所构成的。因而对服务质量的评价也是一次性的。例如，当客人踏进酒店的大门时，员工没有对其微笑，尽管以后员工对他微笑了，但这次服务毕竟在客人心中留下阴影，虽补救却无法抹去，这是服务质量评价的一次性特点。服务质量的这种特性要求酒店服务质量管理必须高度重视每一次具体的服务活动，不能像实物产品那样，“做不好，重返工”。酒店服务规范和标准，必须制定得更具体、更完善并且尽量地量化，争取把每次服务活动都变成优质产品。

3．感知的主观性

尽管酒店自身的服务质量水平是一个客观的存在，但由于酒店服务质量的感知是由客人享受服务后根据其物质和心理满足程度而形成的，因而带有很强的个人主观性。客人的满足程度越高，他对服务质量的感知也就越高，反之亦然。酒店管理者不能无视客人对酒店服务质量的感知，否则，将失去客源，失去生存的基础。酒店也没有理由要求客人必须对酒店服务质量做出与酒店认识相一致的感知，实际上这是无法办到的，更不应指责客人对酒店服务质量的感知存在偏见，尽管有时的确是一种偏见，但偏见有时恰恰反映了客人的某种需求。

因此，酒店员工应在服务过程中通过细心观察，了解并掌握客人的物质和心理需要，不断改善对客服务，为客人提供有针对性的个性化服务，并注重服务中的每一个细节，重视每次服务的效果，用符合客人需要的服务来提高客人的满意程度，从而提高并保持酒店服务质量。正如一些酒店管理者所说：“我们无法改变客人，那么就根据客人需求改变自己。”

4．内容的关联性

客人对酒店服务质量的印象，是通过他进入酒店直至他离开酒店的全过程而形成的。在此过程中，客人得到的是各部门员工提供的一次一次具体的服务活动，但这些具体的服务活动不是孤立的，而是有着密切的关联。因为在连锁式的服务过程中，只要有一个环节的服务质量有问题，就会破坏客人对酒店的整体印象，进而影响其对整个酒店服务质量的评价。因此，在酒店服务质量管理中有一流行公式：$100-1<0$，即 100 次服务中只要有 1 次服务不能令客人满意，客人就会全盘否定以前的 99 次优质服务，还会影响酒店的声誉。这就要求酒店各部门、各服务过程、各服务环节之间协作配合，并做好充分的服务准备，确保每项服务的优质、高效，确保酒店服务全过程和全方位的“零缺点”。

5．对员工素质的依赖性

酒店产品生产、销售、消费同时性的特点决定了酒店服务质量与酒店员工的表现的直接关联性。酒店服务质量是在有形产品的基础上，通过员工的劳务服务创造并表现出来的。这种创造和表现能满足客人需要的程度，取决于服务人员的素质高低和管理者的管理水平高低。所以，酒店服务质量对员工素质有较强的依赖性。

因为酒店服务质量的优劣在很大程度上取决于员工的表现，而这种表现又很容易受到员工个人素质和情绪的影响，具有很大的不稳定性。所以要求酒店管理者合理配备、培训、激励员工，努力提高他们的素质，发挥他们的工作主动性、积极性和创造性；同时提高自身素质及管理能力，从而创造出满意的员工，而满意的员工是满意的客人的基础，是不断地提高酒店服务质量的前提。

资料链接

傅女士与丈夫在某酒店过生日，傅女士半夜醒来，准备上卫生间时发现自己所住客房门突然被打开了，一个穿制服的人正要进入客房。那人见房内有人，赶紧取回钥匙，撒腿就跑。傅女士急忙跟酒店联系。后据该酒店调查，当晚酒店一位保安擅自进入傅女士房间，缘由是酒店保安向前台服务员借客房洗澡，服务员误把傅女士房间当作空房，导致保安进入了傅女士房间。事后，酒店对保安、前台服务员做出了开除处理决定，但是给傅女士造成了极坏的印象，极大地影响了酒店的声誉。

6．情感性

酒店服务质量还取决于客人与酒店之间的关系。关系融洽，客人就比较容易谅解酒店的难处和过错；而关系不和谐，则很容易致使客人小题大做或借题发挥。因此，酒店与客人间关系的融洽程度，直接影响着客人对酒店服务质量的评价，这就是酒店服务质量的情感性特点。

事实上，无论酒店如何努力，酒店服务质量问题还是会出现在酒店的任何时间和空间。所不同的是问题的数量和层次，这是一个无可回避的客观现实。作为酒店管理者所应做的是积极地采取妥当的措施，将出现的服务质量问题的后果对客人的影响降至最小，避免矛盾的扩大化，其中最为有效的办法，就是通过一些真诚为客人考虑的服务赢得客人，在日常工作中与客人建立起良好和谐的关系，使客人最终能够谅解酒店的一些无意的失误。

资料链接

香港丽晶酒店的某任总经理若第·格雷与作家皮特·波维什曾经一起进餐，发现皮特喜欢饮用胡萝卜汁。以后，无论皮特何时进入丽晶酒店，总会有鲜美的胡萝卜汁在等他。皮特深有感触：“尽管十年间房间价格涨了 3 倍，我还是一直住丽晶酒店。”

三、服务质量的构成

酒店服务质量主要由硬件质量和软件质量构成。

硬件质量是指与酒店设施设备等实物有关的并可用客观的指标度量的质量；软件质量则是指酒店提供的各种劳务活动的质量。

（一）硬件质量

酒店产品的硬件质量主要指酒店的服务设施、设备和实物产品的质量，主要满足客人物质上的需求。硬件质量的高低决定着酒店产品供给能力的大小。硬件质量主要包括以下几方面的质量。

1．酒店设施设备的质量

酒店是凭借其设施设备来为客人提供服务的，所以，酒店的设施设备是酒店赖以生存的基础，是酒店劳务服务的依托。酒店设施设备的质量反映出一家酒店的接待能力，同时，酒店设施设备质量也是服务质量的基础和重要组成部分，是酒店服务质量高低的决定性因素之一。

酒店设施设备包括客用设施设备和供应设施设备。

（1）客用设施设备

客用设施设备也称前台设施设备，是指直接供客人使用的那些设施、设备，如客房设备、康乐设施等。它要求做到设置科学，结构合理；配套齐全，舒适美观；操作简单，使用安全；完好无损，性能良好。

其中，客用设施设备的舒适程度是影响酒店服务质量的重要方面。舒适程度的高低一方面取决于设施设备的配置，同时取决于对设施设备的维修保养。因此，随时保持设施设备完好率，保证各种设施设备正常运转，充分发挥设施设备效能，是提高酒店服务质量的重要组成部分。

（2）供应设施设备

供应设施设备是指酒店经营管理所需的不直接和客人见面的生产性设施设备，如锅炉设备、制冷供暖设备、厨房设备等。供应设施设备也称后台设施设备，要求做到安全运行，保证供应。否则也会影响服务质量。

所以，酒店只有保证设施设备的质量，才能为客人提供多方面的感觉舒适的服务，进而提高酒店的声誉和服务质量。

2．酒店实物产品质量

实物产品可直接满足酒店客人的物质需要，其质量高低也是影响客人满意度的一个重要因素，因此实物产品质量也是酒店服务质量的重要组成部分之一。酒店的实物产品质量通常包括以下几类。

（1）菜点酒水质量

酒店管理者必须认识到饮食在客人心目中占有的重要位置以及不同客人对饮食的不同要求，如有的客人为求满足其好奇心而品尝名菜佳肴，而有的客人只为了寻求符合口味的食品而喜爱家常小菜，但无论哪种客人，他们通常都希望酒店饮食产品富有特色和文化内涵，要求选料新鲜，加工烹制精细，产品风味应适口等。另外，酒店还必须保证饮食产品的安全卫生。菜点酒水质量是酒店实物产品质量的重要构成内容之一。

（2）客用品质量

客用品也是酒店实物产品的一个组成部分，它是指酒店直接供客人消费的各种生活用品，包括一次性消耗品和多次性消耗品。客用品质量应与酒店星级相适应，避免提供劣质客用品，给客人留下极其不良的印象。酒店提供的客用品数量应充裕，能够满足客人需求，而且供应及时。另外，酒店客用品的品种还应切实可以满足客人的需要，而不仅仅是摆设，以能够满足本酒店客源需求为佳。最后，酒店还必须保证所提供客用品的安全与卫生。

（3）商品质量

为满足客人购物需要，酒店通常都设有商场部，而商场部商品质量的优劣也会影响酒店的服务质量。酒店商品质量应做到花色品种齐全、商品结构适当、商品陈列美观、价格合理等。更为重要的是注重信誉，杜绝假冒伪劣商品，而且酒店所供商品应符合客人的购物偏好。

（4）服务用品质量

服务用品质量是指酒店在提供服务过程中供服务人员使用的各种用品，如客房部的清洁剂、餐饮部的托盘等。它是提高劳动效率、满足客人需要的前提，也是提供优质服务的必要条件。服务用品质量要求品种齐全、数量充裕、性能优良、使用方便、安全卫生等。管理者对此也应加以重视，否则，酒店也难以为客人提供令其满意的服务。

（二）软件质量

酒店产品的软件质量是指的就是无形的服务，通常包括以下几个方面。

1．服务项目

酒店服务项目的设置有两个原则：一是本店主要客源的普遍需求；二是本店人力、财力与物力的条件，其中以第一个原则更为重要。例如，多数客人有某种需求，而酒店一时无法满足的，应尽可能快地创造条件予以满足，至少应通过各种途径（甚至在酒店外）设法满足客人。

设置项目切忌赶时髦、摆花架子。有些酒店花不少钱增设的服务项目一年内问津者寥寥无几，这些多半是经营者关在办公室内拍脑袋的结果；而有些十分简单的项目，诸如提供充电宝、数据线、转换器等物品，许多酒店却都忽视了，而这些恰恰是客人极有可能需要的。

2．服务效率

服务效率是指员工在其服务过程中对时间概念和工作节奏的把握。它应根据客人的实际需要灵活掌握，要求员工在客人最需要某项服务的时刻及时提供。因此，服务效率并非仅指快速，而且强调适时服务。酒店服务效率有三类。

1）用工时定额来表示的固定服务效率，如清扫一间走客房用30分钟，夜床服务5分钟，宴会摆台用5分钟等。

2）用时限来表示服务效率，如总台入住登记每位客人不超过 3 分钟，办理结账离店手续不超过3分钟，租借物品服务要求服务人员5分钟内送至客人房间，接听电话不超过10秒钟等。

3）有时间概念，但没有明确的时限规定，是靠客人的感觉来衡量的服务效率。如餐厅点菜后多长时间上菜，代购物品何时完成等，这类服务效率问题在酒店中大量存在，若使客人等候时间过长，很容易让客人产生烦躁心理，并会引起不安定感，进而直接影响客人对酒店的印象和对服务质量的评价。

3．服务态度

服务态度是指酒店服务人员在对客服务中所体现出来的主观意向和心理状态，其好坏是由员工的主动性、创造性、积极性、责任感和素质高低决定的，因而酒店要求服务人员应具有“顾客至上”的服务意识并能够主动、热情、诚恳、耐心、周到地为客人提供服务。酒店员工服务态度的好坏是很多客人关注的焦点，尤其当出现问题之时，服务态度常常成为解决问题的关键，客人可以原谅酒店发生过错，但往往不能忍受酒店服务人员恶劣的服务态度。因此，服务态度是无形产品质量的关键所在，直接影响酒店的服务质量。

4．礼仪礼貌

礼仪礼貌包括服饰、服装、仪表、仪容、语言、习俗、礼节等方面。

员工在上班时应穿酒店规定的岗位服装，且须保持清洁挺括，不破损，不掉扣子。男员工不留长发、怪发，勤剃胡须；女员工适度化妆，不浓妆艳抹或珠光宝气。说话时音量适中，语调平顺，用词恰当，讲究礼貌用语，给客人以亲切、友好、热情、真挚的感觉。员工的站、行、坐姿须体现出自身的教养和对客人的尊重，不可漫不经心、随随便便，更不可趾高气扬、盛气凌人。员工对各国、各民族的风俗人情知识应有一定的了解，不要在无意间做出伤害客人感情的事。员工要掌握国际国内已经约定俗成的礼节，如拜访、接待、握手、递送与接收名片、欢迎、道别、介绍、称呼、行礼、送礼、禁忌等。

5．职业道德

职业道德是人们在一定的职业活动范围内所遵守的行为规范的总和。酒店服务过程中，许多服务是否到位实际上取决于员工的事业心和责任感，因此遵守职业道德也是酒店服务质量的基本构成之一，它无可避免地影响着酒店的服务质量。作为酒店员工，应遵循“热情友好，真诚公道；信誉第一，文明礼貌；不卑不亢，一视同仁；团结协作，顾全大局；遵纪守法，廉洁奉公；钻研业务，提高技能”的旅游职业道德规范，真正做到敬业、乐业和勤业。

6．操作技能

操作技能是酒店提高服务质量的技术保证，是指酒店服务人员在不同场合、不同时间，对不同客人提供服务时，能适应具体情况而灵活恰当地运用其操作方法和作业技能以取得最佳的服务效果，从而所显现出的技巧和能力。操作技能的高低取决于服务人员的专业知识和操作技能，因此要求服务人员掌握丰富的专业知识，具备娴熟的操作技术，并能根据具体情况灵活多变地运用，从而给客人以极具艺术美感的服务效果。也只有掌握好操作技能，也才能使酒店服务达到标准，保证酒店服务质量。

7．清洁卫生

尽管酒店有星级之分，但清洁卫生的基本要求是相同的。客人入住酒店的动机可能不尽一致，但他们对酒店的清洁卫生要求却是大同小异的。

酒店的清洁卫生内涵丰富，既包括餐厅、酒吧的食品与饮料的卫生，也包括公共区域、客房以及其他所有区域的清洁整齐状况与员工服装、个人卫生习惯等内容。

酒店清洁卫生直接影响客人的身心健康，是优质服务的基本要求，必须高度重视。

8．环境气氛

酒店的环境气氛主要表现在大堂、餐厅、酒吧、客房楼层、商场和大门外等场所，其中以大堂的环境气氛为最重要。

酒店的环境气氛应当宁静、和谐、舒适、温馨，力求典雅，与酒店星级身份相匹配。

构成酒店环境气氛的要素是建筑结构、装潢装饰、设施设备、员工穿着、员工气质、员工举止、背景音乐、客人结构等。可见，环境气氛既与硬件有关，又离不开酒店管理，同时还与酒店客人的素养高低有关。

优雅、舒服的环境气氛往往是客人决定入住或用餐的主要因素之一，所以酒店应在这方面不遗余力地设法改善。

9．安全保密

促使客人入住酒店的又一个重要原因是酒店较之旅馆、招待所更为安全。因此，酒店必须保障客人、员工及酒店本身的安全。酒店应制定严格的安保制度，创造出一种安全的氛围，给客人心理上以安全感。

第二节　客人对服务质量的评价

有的人总认为，以人的活动作为产品的质量是难以度量的。其实不然，在经过大量的调查研究后，人们发现，服务质量特别是软件质量并不只是一种主观感受，它同样客观存在。客人通过在接受服务过程中的感受，对于服务质量有其一定的评价标准。

一、客人对服务质量的感觉

近年来，国内外不少服务营销专家指出，客人感觉中的服务质量不仅与服务结果有关，而且与服务过程有关。对于服务结果的质量，客人通常能够比较客观地评价，而对于服务过程的质量，由于提供服务的过程就是客人消费的过程，所以对其质量的评价往往带有主观色彩。

1．客人期望的服务质量

客人实际经历的服务质量和他们期望的服务质量之间往往存在差异。如果前者超过后者，他们感觉中的服务质量便高。为提高客人感觉中的服务质量，须从两个方面着手：一是尽量提高客人实际经历的服务质量，即服务结果与服务过程的质量；二是不要随意提高客人期望的服务质量。

客人对酒店服务质量期望值的大小与酒店的自我宣传、市场形象、别人的口头宣传等因素有关。良好的市场形象和别人的口头宣传均有助于增强客人对酒店的信任感，有助于客人接受社会公众对酒店的宣传，也有助于提高酒店对外宣传的效果。然而，酒店的市场形象和别人的口头宣传本身便是酒店服务质量的体现，酒店只有从真正提高服务结果与服务过程的质量着手，才有望在社会上树立良好的市场形象并获得理想的宣传效应。另一方面，良好的社会形象必然会提升客人对酒店服务质量的期望值，这对酒店提出了更高的要求，酒店须全方位、时时刻刻地保持与市场形象相适应的服务质量。

2．影响客人感觉中的服务质量的四个差异

服务的提供与接受是在员工与客人一起参与的情况下完成的。服务质量的高低既取决于员工的服务意识、服务素质和服务技能技巧，又取决于客人的主观感受。影响客人感觉的服务质量因素主要表现在以下四个差异上。

（1）客人的期望与酒店经营管理者对客人期望的认知之间的差异

酒店应该经常了解客人的期望，至少应该了解目标客源和常客的期望，使酒店的产品与客人的需求尽量吻合。我国大多数酒店利用电脑建立了客史档案，记录客人生活习惯等方面的信息，以便提供个性化服务，就是努力缩小这一差异的有效措施。

（2）客人期望与酒店服务质量标准之间的差异

酒店服务质量标准的确定，必须以满足客人需求为依据。但有些酒店盲目搬用别家酒店的质量标准，不愿或不知道做客人需求调查，致使质量标准与客人需求之间存在明显差异。员工越是一成不变地执行质量标准，客人越是感觉不满意。另外，有些酒店虽也做客人需求调查，但不愿及时修改或补充与客人需求有差距的质量标准同样无助于提高客人满意度。

归纳起来讲，造成这一差距的根本原因，在于酒店经营者对客人的期望认识不足。酒店经营管理者必须以“顾客至上”为服务宗旨，把满足客人合情、合理、合法的期望视为天职，把客人中带有普遍性的特殊需求作为修改或补充服务质量标准的依据，并把满足个别客人的特殊需求作为个性化服务来提供。

（3）酒店经营者对客人期望的认知与酒店服务质量标准之间的差异

对客人期望的认知，是制定及修改服务质量标准的主要依据。如果认知有误，那么以此为据制定或修改的标准，极可能导致南辕北辙的结果。

（4）客人对酒店服务质量的期望与客人实际感受之间的差异

客人感受到的服务质量与酒店实际提供的服务质量往往不一致。原因主要有以下三个。

1）酒店失实的宣传提高了客人的期望。

2）酒店服务质量不稳定，有些客人在酒店内曾享受过较优的服务，但服务质量时优时劣。

3）酒店的软件质量低于硬件质量。有些客人对酒店情况不甚了解，只是受到酒店的建筑结构和陈设布置的吸引才做出消费决定，而实际获得的服务质量与因良好硬件导致客人形成的高期望之间产生差异。

二、客人对服务质量的评估标准

客人是服务质量的主要评估者。客人在评估酒店产品时不会以国际或国家规定的标准为依据，他们通常以自己的感觉为评估尺度，因此了解与掌握客人感觉中的服务质量以及他们的评估方式，对于稳定与提高酒店产品质量有非同寻常的意义。

客人对酒店服务质量的感觉标准，由以下五点组成。

1. 可感知性

这是就服务产品的有形部分而言的，如各种服务设施、服务人员的服装仪表、促销资料等，都是可以感知的。

服务从本质上说是一种活动过程，具有非实体性，客人通常是借助服务产品的有形部分来对服务质量做出相应的认识与评价的。为此，酒店经营者常常在服务设施、酒店建筑等硬件上下功夫，力求给客人以美感。但是，如果过分追求形式美，不充分考虑硬件与软件的有机结合，酒店服务质量依然得不到提高。

2．可靠性

这是指酒店在服务中履行自己事先做出的各种承诺，为客人提供正确、安全、可靠的服务。可靠性要求酒店严格按照服务规程操作，减少发生差错的可能性，确保客人的消费权益不受损害。

可靠性是客人评价酒店服务质量的又一重要标准，凡经营业绩突出的酒店都十分重视这一点，如在世界各地出售的麦当劳的汉堡包，其大小、分量、规格、味道是完全一样的。品牌酒店在世界各地的服务模式、服务标准也是一致的，这也是异地客人常常选择品牌酒店的主要原因之一。星级酒店也是如此。

3．反应性

这是指酒店对于客人服务需要的反应速度，其度量标准是酒店的服务效率。

研究表明，等候服务的时间长短是关系到客人感知服务质量优劣的重要因素之一，尤其在时间就是财富和生命的当今社会，服务效率低下可能会让酒店失去已有的客人。因此，酒店应当在如何尽可能减少客人等候时间上下功夫。

4．情感性

这是指酒店对客人的关心体贴与尊重程度。服务员态度友好，对客人关怀备至，就能够最大限度地满足客人情感上的需要；反之，则会让客人感到不快与失望。

从酒店是客人的“家外之家”开始，酒店经营者应一直倡导服务的情感色彩。

5．可控性

这是指服务人员的知识、技能和礼节使客人产生信任感的程度。

需要指出的是，服务质量并不直接等于客人的主观感知质量，它还与客人对服务产品的质量预期有关。预期质量受客人的个人需求、消费经验以及服务价位等因素的影响。所谓服务质量的优劣其实是客人将自己的质量感知与质量预期相比较的结果。

服务质量=感知质量−预期质量

如果感知质量低于预期质量，客人就会对服务表示不满意，这样的服务可以视作劣质服务；反之，当感知质量超过预期质量，客人对于服务就会表示满意，此时的服务就是优质服务。

优质服务，究其实质就是一种超值服务。

第三节　服务质量管理

酒店的服务质量管理是从系统的角度，把酒店作为一个整体，控制酒店服务的全过程，以提供最优服务为目标，运用一整套质量管理体系、手段和方法，以服务质量为对象而进行系统的管理活动。

酒店要更好地进行服务质量管理，首先须制定酒店服务规程；其次要建立酒店服务质量管理保证体系；再次要采取有效的服务质量管理方法；最后要做好服务质量控制工作。

一、酒店服务规程制定

在酒店服务质量管理过程中，通常是通过对服务标准和规程的制定和实施，以及各种管理原则和方法的运用，达到服务质量标准化、服务形式规范化、服务过程程序化，最终以优质服务赢得客人。酒店服务规程是酒店进行质量管理的依据和基础，是酒店根据各自的等级而制定出的适合本酒店实际情况的管理制度和作业标准。

1. 酒店服务规程的定义

酒店服务规程是指以描述性语言对酒店某一特定的服务过程所包含的作业内容和顺序及该服务过程应达到的某种规格和标准所作的详细而具体的规定。简单地说，它是指某一特定服务过程的规范化程序和标准，包含四个方面内容：①服务规程的对象和范围；②服务规程的内容和程序；③服务的规格和标准；④服务规程的衔接和系统性。

资料链接

丽思·卡尔顿酒店的的黄金服务标准

丽思·卡尔顿酒店相信只有以磐石般坚定的卡尔顿信条和传奇式服务，让客人体验宾至如归的温馨氛围，才能获得他们的信任。它将客人对产品和服务的要求作为该酒店服务的最重要的黄金标准，包括信条、格言、分三步的服务程序和20条基本准则。

1. 信条

对丽思·卡尔顿酒店的全体员工来说，使客人得到真实的关怀和舒适是其最高的使命。员工保证为其客人提供最好的服务和设施，使客人始终享有热情、轻松和优美的环境与气氛。使客人在里兹·卡尔顿酒店的经历充满愉快和幸福，甚至要尽量做到使客人未表达的愿望和需要都得到满足。

2. 格言

“我们是为女士和绅士提供服务的女士和绅士。”（We are ladies and gentlemen，serving ladies and gentlemen）这一座右铭表达了两种含义：一是员工与客人是平等的，不是主人与仆人或上帝与凡人的关系，而是主人与客人的关系，这改变了酒店业务中存在的“顾客永远是对的”，“顾客是上帝”等传统的纯顾客导向的服务文化，并建立起全新的、基于平等基础的服务观念；二是酒店提供的是人对人的服务，不是机器对人的服务，强调服务的人性化与人情味，而这一点使得丽思·卡尔顿酒店有别于其他美国式注重效率及标准化运作程序（SOPs）的大型集团，并保持了其欧洲式的经营风格。这表明了公司以人为本，注重人在公司中的作用以及人对公司生死存亡的重要性。

3. 分三步的服务程序

（1）热情和真诚地问候客人，如果可能的话，使用客人的名字问候客人。

（2）对客人的需求做出预期并积极满足客人的需要。

（3）亲切地送别，热情地说再见，如果可能的话，做到使用客人的名字向客人道别。

丽思·卡尔顿酒店告诉员工：“我们不希望你们为本公司工作，而是希望你们成为公司的一部分。我们共同的目标是建立卓越的酒店，控制世界酒店业的高档细分市场，这需要你们大家的帮助，酒店的未来掌握在你们手中。”

4. **基本准则**

（1）要做到使每一位员工都知道、拥有和履行酒店的信条。

（2）我们的座右铭是：“我们是为女士和绅士提供服务的女士和绅士。”实施互助合作的团队工作和侧面服务，即员工与员工互相联系沟通，共同创造一种积极的工作环境。

（3）全体员工都应该遵循三步走的服务程序。

（4）所有员工都要完成培训证书课程，来保证他们懂得如何在他们自己的岗位上履行丽思·卡尔顿酒店的标准。

（5）每一位员工要掌握制订在每一份战略计划里有关他们的工作范围和酒店目标。

（6）所有的员工要知道他们的内部客人——同事和外部客人——顾客的需要，这样就可以保证按照他们的期望来提供产品和服务。并要注意使用客人所喜欢的便笺来记录他们的需要。

（7）每一位员工要不断地认识整个酒店存在的缺点，这些缺点可以称为比佛先生（Mr.BIV），即错误、重复做的工作、损失、无效率行为和差距。

（8）任何员工接到客人投诉以后应该接受投诉并进行处理。

（9）全体员工要保证使投诉的客人立即得到安抚。要快速行动，立即解决问题，并要在处理好问题后的 20 分钟内再打一个电话给客人核实一下问题是否已经解决到使客人满意的程度。要做一切你可能做的事，决不要失去客人。

（10）要用《客人问题一览表》来记录和处理客人不满意的每一件小事。每一位员工被授权去解决问题和防止问题的重复发生。

（11）严格遵循清洁卫生标准是每一位员工的责任。

（12）“要微笑，因为我们是在舞台上表演。”要使用适当的语言与客人沟通。如使用下列语言：“早晨好”，“行”，“我很高兴这样做”和“我很乐意这样做”。

（13）在工作场所内外，每一位员工要成为自己酒店的大使，始终说积极的话题，不应有消极的评论。

（14）要陪同客人到酒店内的目的区域去，而不应仅指明如何到那个区域去的方向。

（15）每一员工要掌握回答顾客询问所需要的有关酒店的信息，如不同设施经营的时间等。要始终先介绍酒店内的零售、食品和饮料设施，然后再介绍酒店外有关的设施。

（16）在接听电话时要注意礼节，要做到铃响三声内接听，并伴随微笑。在需要时，要对打电话者说：“请您等一会儿好吗？”不要筛选电话。在可能的情况下要尽量接通电话，而消除再转的电话。

（17）制服要干净整洁、没有污点，要穿合适、干净、锃亮、安全的鞋子，佩戴好自己的名牌。要以自己的容貌为骄傲，遵循所有的修饰标准。

（18）要十分清楚在紧急情况下员工的角色作用，知道在火灾等危险情况下的反应程序。

（19）当发现存在危险情况和设备受到损坏需要各种帮助时，应该及时通知主管。要注意节约能源，维护、保养好酒店的财产、设备。

（20）保护好丽思·卡尔顿酒店的财产是每一位员工的责任。

2．酒店服务规程的制定依据

酒店服务规程直接影响着酒店服务质量的优劣，所以必须建立在科学合理的基础上，能够真正符合客人的需要。由此，制定酒店服务规程必须考虑以下因素。

（1）酒店星级的划分及评定

星级评定标准是各星级酒店制定酒店服务规程的基础，它提出了酒店服务基本原则和基本要求，并规定了星级酒店的服务质量保证体系，即具备适应本酒店运行的有效的整套管理制度和作业标准。

（2）客源市场需求

酒店服务规程的制定应以客人需求为依据，应能适应本酒店特定客源市场的需求。因此，酒店在制定规程前，必须对市场需求进行详细的调查和分析，寻找客人真正需要的服务和对服务的要求，使所制定的酒店服务规程真正成为酒店服务质量的保证。

（3）本酒店的特点

酒店服务规程的制定还要结合本酒店特点，如客源特点、饭店组织特点、业务特点、员工素质特点以及周围环境特点等，扬长避短，最终要能够突出本酒店的特色。

（4）国内外酒店管理的最新信息

酒店应了解国内外酒店管理的最新信息，制定酒店服务规程时，要在力所能及的范围内，结合国内外酒店业的现状和趋势，力求使规程更加合理和符合客人的需求，且具有一定的时代感。

3．酒店服务规程的制定方法

酒店服务规程的制定有两种方法：一种是由集体讨论，一人执笔编写成文；一种是由一人或数人拟出规程草案交相关人员讨论定稿。不管采用哪种形式，酒店服务规程的制定过程如下。

（1）提出目标和要求

由酒店决策层管理人员根据酒店基础、市场、特色，经深入的分析研究后，提出本酒店服务规程应达到的目标和具体要求，并将其布置落实到酒店每一相关部门。

（2）编制服务规程草案

各部门管理者召集下属主管、领班和资深服务人员讨论确定本部门的所有服务内容和服务过程，并制定出每一服务过程的规程草案。

（3）修改服务规程草案

首先，应将草案交该服务过程所在班组的全体员工进行讨论，修改其中不合理、不可行、不必要或不符合标准和要求的内容部分，使其更趋可操作性。其次，将规程草案在小范围内试行，在实践中进行修改，删除不现实的部分，补充应做的内容，使其更具可行性。最后，将规程草案交酒店决策层审定。

（4）完善服务规程

酒店应随时调整服务规程，并定期修订，使之更趋于适用和完美。

二、建立酒店服务质量管理体系

酒店服务质量与各个部门的工作质量以及服务过程中的每一环节的服务质量紧

密地联系在一起，因此，优质服务要求酒店内每位员工树立质量意识，关注客人的需求，并努力提高各自的工作质量，以给客人带来满足感。酒店服务质量管理体系正是酒店为提高其服务质量而建立的，由质量管理各要素组成的一个管理系统。其主要内容如下。

1．建立服务质量管理机构

酒店应建立以总经理为首的服务质量管理机构和网络，全面负责酒店的服务质量管理工作。酒店各级管理者在总经理的直接领导下，根据本部门工作的实际情况，组建以各级管理者为首的服务质量管理小组，全面控制本部门或班组的服务质量。

2．进行责权分工

在酒店服务质量管理过程中，应明确规定酒店总经理、质管部、各业务部门和职能部门、各班组及岗位员工服务质量应尽的责任和权限，做到责、权、利统一。

3．制定并实施酒店服务规程和服务质量管理制度

制定和实施酒店服务规程是提高酒店服务质量的关键，也是酒店服务质量管理体系的中心内容。服务质量管理制度的内容主要包括：服务质量标准及其实施工作程序、服务质量检查制度、信息管理制度、投诉处理程序以及服务质量考核（奖惩）制度等。

4．重视质量信息管理

服务质量信息是酒店进行服务质量决策的基础与前提，是计划、组织服务质量管理活动的依据，更是质量控制的有效工具，因而也是酒店服务质量管理体系的组成部分。所以酒店管理者必须高度重视质量信息的管理。

三、服务质量管理方法

酒店全面质量管理的特点可归纳为以下四个方面。

（1）全方位的管理

酒店服务质量包括酒店工作的各个方面。全面质量管理就是针对酒店服务质量全面性的特点，对所有服务质量的内容进行管理，而不只是关注局部的质量管理。

（2）全过程的管理

因为酒店服务质量构成内容的全面性，且酒店服务质量是以服务效果为最终评价的。所以，影响服务质量的因素是全过程的，既有服务前的组织准备，又有服务中的对客服务，还有服务后的善后处理，而这三者又是一个不可分割的完整的过程。

（3）全员参与的管理

尽管酒店智能化得到了一定程度的应用，但酒店服务基本上是通过员工的手工劳动来完成的。因此，酒店中的每位员工及其工作都与服务质量密切相关。而且酒店所提供的优质服务也不仅仅是前台人员努力的结果，同时也需要后台员工的配合才有保障。所以，全面质量管理要求全体员工都参加质量管理工作，并把每位员工的工作有机地结合起来，从而保证酒店的服务质量。

（4）方法多样化的管理

酒店服务质量的构成丰富，且影响质量的因素复杂，既有人的因素，又有物的因素；既有客观因素，又有社会、心理因素；既有内部因素，又有外部因素。要全面系统地控制这些因素，就必须针对具体情况采取灵活不同的管理方法，才能使客人全面满意。

只有采取有效的服务质量管理方法，才能真正提高酒店服务质量，为客人提供令其满意的服务，使酒店取得良好的经济效益。目前，酒店通常采用的服务质量管理方法有如下几种。

1．PDCA 工作循环

在推行服务质量管理的方法时，运用较普遍的是 PDCA 工作循环。

PDCA 循环共和四个步骤：

第一步是计划阶段（Plan）。具体内容包括明确质量管理的任务，建立质量管理的机构，设立质量管理的标准，设计质量问题检查、分析和处理的程序。

第二步是实施阶段（Do）。具体内容包括完成上述计划制定的各项质量管理任务，主要是实施质量标准，按照质量标准进行作业。

第三步是检查阶段（Check）。对实施后产生的效果进行检查，并和实施前进行对比，以确定所做的是否有效果。

第四步是处理阶段（Action）。对现存的质量问题立即进行纠正，同时，对未来质量的改进方案不断提出建议，并将未解决的问题转入下一轮 PDCA 循环。

计划、实施、检查、处理是一个不断循环往复的动态过程，每一次循环后都应该进入一个新的质量阶段。

运用 PDCA 循环来解决酒店服务问题，可分成八个程序。

（1）计划阶段

程序一：对酒店服务质量的现状进行分析，运用 ABC 分析法找出主要的质量问题。

程序二：运用因果分析法分析产生质量问题的原因。

程序三：从分析出的原因找到关键的原因。

程序四：制定解决质量问题要达到的目标和计划；提出解决质量问题的具体措施和方法以及责任者。

（2）实施阶段

程序五：按已定的目标、计划和措施执行。

（3）检查阶段

程序六：在程序五执行以后，再运用 ABC 分析法对酒店的服务质量情况进行分析，并将分析结果与程序一所发现的质量问题进行对比，以检查在程序四中提出的提高和改进质量的各种措施和方法的效果，同时检查在完成程序六的过程中是否还存在其他问题。

（4）处理阶段

程序七：对已解决的质量问题提出巩固措施，以防止同一问题在下次循环中再出现。对已解决的质量问题应给予肯定，并使之标准化，即制定或修改服务操作标准，制定或修改检查和考核标准以及各种相关的规程与规范。对已完成程序五，但未取得成效的质量问题，也要总结经验教训，提出防止这类问题再发生的意见。

程序八：提出程序一发现的但尚未解决的其他质量问题，并将这些问题转入下一个循环中去求得解决，从而与下一循环步骤衔接起来。

2．ABC 分析法

ABC 分析法以“关键的是少数，次要的是多数”这一原理为基本思想，通过对影响酒店服务质量诸方面问题的分析，以质量问题的个数和质量问题影响度为两个相关的指标，进行定量分析。先计算出每个质量问题在问题总体中所占的比重，然后按照一定的标准把质量问题分成 A、B、C 三类，以便找出对酒店服务质量影响较大的一至两个关键性的质量问题，并把它们纳入酒店服务质量的 PDCA 循环中去，从而实现有效的服务质量管理。既保证解决重点服务质量问题，又照顾一般服务质量问题。

ABC 分析法采取如下步骤。

（1）确定服务质量问题的收集方式

具体方式有：服务质量调查表、客人投诉、批评意见单和各部门的检查记录等。

（2）对收集到的有关服务质量问题的信息进行分类

根据服务质量构成因素，将有关这些方面的问题分成几类，然后统计出每类质量问题出现的次数，并计算出每类质量问题在总体中所占的百分比。

（3）根据 ABC 分析示意图进行分类

ABC 分析示意图是有一个直角坐标图，见图 4-1。横坐标轴上标以分类后的服务质量问题的个数比例，纵坐标轴是出现这类质量问题对经营的影响程度。

（4）进行分析，找出主要质量问题

A类服务质量问题是酒店存在的主要问题。这类问题在酒店服务质量影响面占了 60%～80%。由图 4-1 可知，A 类问题的个数虽然很少，只占 15%，但这一个问题却在酒店服务质量影响面占 70%，说明是关键的少数问题。如果这类问题得以解决，则酒店的服务质量将有较大幅度的提高。因此，酒店管理人员对 A 类问题必须给予充分的重视，把它作为当前的服务质量 PDCA 循环的对象。

B类问题属于一般的质量问题。这类问题虽然问题相对较多，占 25%，但影响面只占 20%～30%，图 4-1 中占 20%。这类问题尽管没有列入当前服务质量的 PDCA 循环，但管理人员也应给予足够的重视，以防止其上升的趋势。

C 类服务质量问题是次要的问题。虽然这类问题最多，占 60%，但影响面不大，只占 5%～15%，图 4-1 中为 10%。管理人员只要提供一些防范或改进措施就可以了。

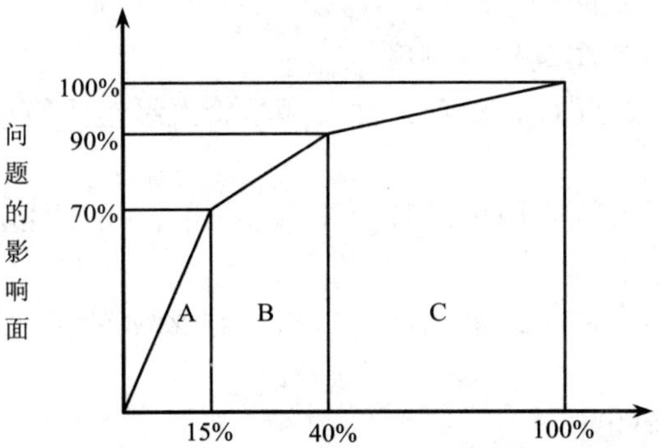

图 4-1　ABC 分析示意图

上述分类标准不是绝对的。ABC 类划分的范围可以根据酒店实际情况进行一定幅度的升降。这里无非是为了说明一个原理。

3．因果分析法

用 ABC 分析法可以找到酒店的主要服务质量问题。可是这些主要的质量问题是怎样产生的呢？原因是什么？因果分析法是分析质量问题产生原因的简单而有效的方法。

在酒店经营过程中，影响酒店服务质量的因素是错综复杂的，并且是多方面的。因果分析对影响质量（结果）的各种因素（原因）之间关系进行整理分析，并且把原因与结果之间的关系可用带箭线的图形表示出来。

因果分析法采用以下程序：

1）确定要分析的质量问题，即通过 ABC 分析法找出 A 类质量问题。

2）分析 A 类质量问题产生的原因，找出质量问题产生的各种原因是用好这个方法的关键。

3）将找出的原因进行整理，按结果与原因之间的关系画出因果分析图。

4．ZD 质量管理方法

“ZD”是英文 Zero-Defects 的缩写，ZD 质量管理方法又称零缺点质量管理法，即无缺点计划管理。无缺点管理并非绝对无缺点，而是要将缺点和差错减少到最低限度，它包括三个含义：①以“无缺点”为酒店服务质量管理目标；②酒店每位员工都是主角；③充分挖掘酒店每位员工的内在潜力。

酒店 ZD 质量管理方法的特点如下。

（1）一次性

要求酒店员工第一次就要把事情做对做好，不再返工或重做，这是“零缺点”管理的核心。

（2）超前性

要求酒店每位员工做每项工作之前都要以预防为主，防患于未然，做到事前控制。

（3）全员性

酒店全体员工都应该将每一项工作中可能发生的缺点和错误降到最低点。

酒店 ZD 质量管理方法的步骤如下。

（1）建立健全酒店服务质量检查制度

大多酒店建立了自查、互查、专查、抽查和暗查五级检查制度。

（2）DIRFT

酒店每一位员工第一次就要把事情做对（Do It Right First Time）。

（3）开展零缺点活动竞赛

定期进行、定期总结、定期表彰，使员工养成 DIRFT 的工作习惯。

四、服务质量控制

酒店服务质量控制是指采用一定的标准和措施来监督和衡量服务质量管理的实施和完成情况，并随时纠正服务质量管理目标的实现。酒店服务质量的控制有三个特点：①全方位，它是指酒店的每一个岗位都要参与服务质量管理；②全过程，它是指酒店每一岗位的每一项工作从开始到结束都要进行服务质量管理；③全体人员，它是指酒店所有员工都要参与服务质量管理。

在实际工作中，主要是从三个方面来对酒店服务质量进行控制的。

1．事前服务质量控制

事前服务质量控制是提高服务质量的前提条件，其根本目的是贯彻预防为主的方针，为提供优质服务创造物质技术条件，做好思想准备。酒店各部门的服务性质不同，事前准备工作的内容、形式、时间也不同，因此要根据各部门的不同情况来控制事前服务质量。这主要包括四个方面内容。

（1）设施质量控制

包括酒店设施、设备的安全程度、舒适程度以及配备的合理程度。

（2）物品供应质量控制

包括各种生活用品、服务用品的数量，质量，规格，供应时间，保证程度等。

（3）食品原材料质量控制

包括食品原材料的采购时间、品种规格、储存保管和加工质量等。

（4）服务人员的思想准备

包括职前培训、岗位培训、重要接待任务前的思想动员等。

事前准备阶段的检查是控制服务质量的重要环节。只有做好上述工作，才能为提高服务质量提供前提条件和物质技术支持，这是酒店服务质量控制的重要内容。这些工作做得越好，越细致，提高服务质量就越有保证。

2．服务过程质量控制

服务过程中的服务质量控制贯穿于酒店业务管理的全过程。其重点包括两个方面。

（1）层级控制。

层级控制即通过各级管理人员一层管一层地进行。它主要是控制重点程序中的重点环节。

（2）现场控制

酒店服务质量的偏差往往是一瞬间发生的，有些偏差需要立即纠正，因此要加强现场控制。各级管理人员要尽可能深入第一线去发现服务质量中的问题，及时处理。

3．事后服务质量控制

事后服务质量控制是指及时收集各种信息，并对各种信息进行分析，发现问题，找出原因，从而有针对性地采取措施，保证酒店服务质量目标的实现。事后服务质量控制主要是找出经验教训，这与传统的事后质量检查是相类似的。但它又有更进一步的方面，因为这种事后服务质量控制是面对未来的，它和 PDCA 循环融为一体。对事后控制中发现的问题，必须循环到下一个 PDCA 循环中去，提出更高的目标，由此不断提高酒店的服务质量。

第四节 客人投诉处理艺术

酒店工作是人对人的服务，客人与酒店的关系是购买和出售的关系，客人以双方商定的价格来购买特定的服务产品，从而满足自身在物质上和精神上的需要。当客人认为所付出的费用与得到的服务产品质量不成正比，即认为所购买的酒店产品物非所值时，就会产生投诉。

一、客人投诉利弊分析

国内外许多酒店公开亮出“向客人提供无差错服务”的口号，在把服务质量视作企业生命线的酒店业，这类口号是酒店参与市场竞争的重要手段之一。无差错服务（也称零缺陷服务）是否真正能够在酒店业做到是一回事，而无投诉则是另一回事。无差错服务不等于无投诉，因为客人投诉的起因多种多样，纵然酒店经过十二分努力，的确已经做到服务100%无差错，甚至上佳，客人仍有可能投诉。

客人投诉，不仅仅意味着客人的某些需要未能得到满足，实际上，投诉也是客人对酒店、对酒店员工服务工作质量和管理工作质量的一种劣质评价。任何酒店任何员工都不希望有客人投诉，这是人之常情。然而，即使是世界上最负盛名的酒店也会遇到客人投诉。成功的酒店善于把投诉上的消极面转化成积极面，通过处理投诉来促进自己不断提高工作质量，以防止投诉的再次发生。

正确认识客人的投诉行为，把握投诉所隐含的对酒店的有利因素，变被动为主动，为酒店挽回声誉，使客人满意而归，这对于酒店来说至关重要。

“闻过则喜”是对待客人投诉的基本态度。

1．客人投诉的利处

（1）投诉是酒店管理工作质量和效果的晴雨表

通过投诉，酒店可以及时发现自己发现不了的工作漏洞，可以及时堵塞漏洞，对症下药，解决可能是长期以来一直存在着的严重影响酒店声誉却一直不被发现的工作质量问题。

即使是客人有意挑剔、无理取闹，也可以从中吸取教训，为提高经营管理质量积累经验，使制度不断完善，服务接待工作日臻完美。

没有批评就难以有飞跃性的提高。客人投诉是使酒店保持稳定的工作质量，不断改进、提高自身工作水平的推动力之一。

（2）客人直接向酒店投诉，给酒店提供了挽回自身声誉的机会

客人在酒店消费过程中不满、抱怨、遗憾、生气动怒时，可能投诉，也可能不愿去投诉。不愿投诉的客人可能是不习惯以投诉方式表达自己的意见，他们宁愿忍受当前的境况；另一种可能是认为投诉方式并不能帮助他们解除、摆脱当前不满状况，得到自己应该得到的，一句话，投诉也没有用。还有一种可能是怕麻烦，认为投诉无济于事只会浪费时间，使自己损失更大。这些客人尽管没有去投诉，但他们会在酒店消费结束后通过其他途径来宣泄：或自我告诫，以后不再到该酒店消费；或向亲朋好友诉说令人不快的消费经历。而这一切，意味着酒店将永远失去这位客人，酒店连向客人道歉的机会也

没有了。

客人向酒店直接投诉，酒店可以当面跟客人沟通，通过处理客人投诉提高服务质量，不让客人带着不满离开酒店，重新吸引客人来酒店消费，挽回酒店的声誉。

2．客人投诉的弊端

客人对酒店的投诉有时候并不一定直接面向酒店提出，客人也可能采取其他方式投诉。客人采取的其他投诉方式有如下几种。

1）向旅行社代理商、中间商、网络平台投诉。

2）向消费者协会等社会团体投诉。

3）向工商局、文旅局等有关部门投诉。

4）向新闻单位投诉。

5）运用法律方式起诉酒店。

客人采取以上的投诉方式，会使酒店的形象和声誉受到极大影响，也会影响酒店与重要客户的业务关系，误导酒店潜在客户、客人的消费选择。这些对酒店的经营管理是非常不利的。

由此可见，客人投诉对酒店日后的经营有利也有弊。然而，我们深入探究下去，便能发现，纵然投诉会给酒店声誉带来负面影响，但如果酒店借此机会对自身各项工作来一次大透视，认真总结经验教训，完善规章制度和服务规范，堵塞漏洞，强化质检与培训，坏事成了好事，原先的弊端转变成了利益。因此，客人投诉从总体上讲对酒店是利多弊少的。

二、客人投诉类型

不管客人由于哪个原因生气或向酒店投诉，有一点可以肯定，即那位客人对酒店产品不满意，怀有失望的情绪。客人投诉往往是因为酒店工作上的过失，或酒店与客人双方的误解，或不可抗力，或某些客人的别有用心等因素而造成的。

就客人投诉的内容不同，客人的投诉类型可分为如下九种。

1．酒店服务项目的设置不能满足客人的需求

服务项目是酒店服务质量的重要组成部分。酒店服务项目的设置受制于酒店的规模、等级、可用资金、主要客源市场、设施设备、地理位置、员工素质等因素。

客人对酒店服务项目感到最不满的是他们所需要的而且是他们认为酒店理所当然应该设置的项目并没有设置；或者虽已设置，却形同虚设，实际上不能发挥作用，于是客人失望了。如热水供应，客人要用热水淋浴，但打开龙头却只有冷水；或虽有所谓的热水供应，实际上却不比冷水热多少，客人怕着凉不敢淋浴。这两种情况都会使客人失望。

2．酒店设施设备出差错

因酒店设施设备使用不正常、不配套而让客人感觉不便造成投诉，如客房空调失灵、大厅电梯无法正常运转、排水系统不畅，等等。

相关案例

噪声太大了

五一期间，上海钱先生偕全家人去杭州旅游，入住某三星级酒店。由于钱先生有神经衰弱症，对外界的噪声很敏感，晚上9时在客房休息时，立即被酒店冷却塔的噪声所扰。为了获得安静的休息空间，钱先生向前台服务人员提出更换客房的要求。前台服务员表示该客房确实存在噪声问题，但酒店客房已经全部出售，无法满足钱先生的换房要求。服务员提出了两个解决方案：钱先生继续在客房住宿，给予当晚房价7折优惠，第二天为他调换其他客房；或者钱先生退掉客房，酒店不收房费。钱先生表示此时难以找到其他酒店，愿意继续住宿在酒店，但是噪声太大，要求给予房费5折优惠。双方未能达成协议，钱先生为此向当地旅游管理部门投诉。

3．酒店员工的服务态度与客人期望存在较大差异

从心理学角度分析，酒店员工的服务态度由以下三部分构成：员工对客人和自身工作的认知、情感与行为倾向。新进酒店的员工往往对服务工作的认识比较肤浅，他们图的是令人羡慕的环境、氛围，还有挺括、神气的服装。酒店严格的纪律、日复一日近乎机械、重复的简单操作以及客人对酒店服务质量的高期望，都与员工进店前的想法相距甚远。于是，他们在工作中投入的热情渐减，敷衍塞责，得过且过，表现懒散、冷漠、消沉、急躁。

酒店客人普遍有较强的尊重需求，他们对服务态度的不满常缘于员工对其不够尊重。因此，十分重要的一环是强化员工对客人尊重需求的认识，在服务过程中员工应尽一切可能避免有伤客人自尊心的言行，努力提供个性化服务，以满足他们的尊重需求。

4．酒店服务质量标准太低，达不到客人的需求水平

酒店的工作程序、操作规范和规章制度是在实践中逐步完善的。酒店的最根本目标是通过令客人对酒店产品质量满意而实现社会效益和经济效益，因此酒店的各种程序、规范与规章制度都必须接受客人的检验。

相关案例

啤酒要付费

王先生和几个朋友到一家新开张的酒店吃饭，点酒水时候，服务员告知由于酒店新开业，有许多优惠措施，其中吃饭点啤酒是免费的。王先生和朋友一听马上就要了8瓶百威啤酒。结账时发现，啤酒被计入账。王先生叫来告诉他酒店给予客人优惠的服务员询问，服务员解释说酒店给予免费的仅仅是某品牌的啤酒，而不是所有的啤酒且酒店拥有最终的解释权。既然王先生所点的啤酒不属于免费之列，就应当按照酒店明示价格支付。王先生承认自己在询问时候过于粗心，没有全面了解酒店优惠措施，但同时指责酒店服务员误导，要求酒店承担部分责任。

5．员工服务语言使用不当

语言是酒店员工向客人提供服务的必要手段。据投诉统计资料，因员工语言使用不当刺伤客人自尊心而导致投诉的比例不低。下列几种情况都不应出现在对客服务过程中。

1）过于随便。

2）不合时宜的殷勤。

3）硬搬礼貌用语。

4）忽视或不理解中西方文化差异。

5）无意间触犯客人的忌讳。

6）当着客人的面用方言交谈。

7）伴随说话的不恰当肢体语言。

6．服务技能技巧

客人的失望还可能起因于员工生疏、笨拙的服务技能技巧。

7．服务效率低

员工良好的态度只能给客人以一般的印象，客人是否真正满意还与他们的需求获得满足所花费的时间有关。酒店客人对服务效率低下的意见较大。

8．酒店与客人之间存在误会

来自世界各地的海外客人，其生活习惯、文化渊源与我国有较大不同；来自五湖四海的国内客人，东西南北的生活习惯和方言土语也是大相径庭，这些差异都可能成为误会的原因。此外，人的生理和心理状况、处境都在不断变化，又可能导致其他误会。酒店员工对待误会的态度应是两条：一是尽量避免误会的发生，特别应避免可能导致严重后果的误会的发生；二是发生误会后应尽快予以纠正，努力不让误会升级。

9．客人方面的问题

客人心情不佳，或个性怪癖，或性格暴躁，对酒店员工并无差错的服务百般挑剔或乱发无名火，最后还以“上帝”的角色向酒店投诉。

相关案例

10份荷包蛋

早晨，自助餐厅，浙江西部某家四星级酒店，一桌客人正在大声训斥餐厅服务员。原来，酒店开房率较高，餐厅就餐客人很多，该客人要求服务员立即给他煎2份荷包蛋，服务员当即提供了1份荷包蛋，但另一份荷包蛋客人等了10分钟还未提供，客人指责酒店服务效率低，服务员的耐心解释未能获得客人的谅解。客人突然要求服务员给他再煎10份荷包蛋，因为他有朋友要来就餐。当酒店餐厅为他送上5份荷包蛋时，客人并没有吃已经煎好的荷包蛋而扬长而去，并且向酒店大堂经理投诉，要求酒店餐厅服务员向他赔礼道歉，否则向媒体投诉。

对于这类投诉，酒店只要坚持“客人总是对的”原则，以真挚诚恳的态度道歉，在通常情况下可以缓解这些客人的不满。从另一方面分析，酒店碰上这类客人，正是酒店向社会显示其高明服务技巧和优良服务态度的绝好机会。

客人投诉是有不同的表达方式的，一般可分为三种：①理智型。这类客人在投诉时情绪显得比较压抑，他们力图以理智的态度、平和的语气和准确清晰的表达向受理投诉者陈述事件的经过及自己的看法和要求，善于摆道理。这类客人的个性处于自我状态。②火暴型。这类客人很难抑制自己的情绪，往往在产生不满的那一刻就高声呼喊，言谈不加修饰，一吐为快，不留余地。动作有力迅捷，对支吾其词、拖拉应付的工作作风深恶痛绝，希望能干脆利落地彻底解决问题。③失望痛心型。这类客人情绪起伏较大，时而愤怒，时而遗憾，时而厉声质问，时而摇头叹息，对酒店或事件深深失望，对自己遭受的损失痛心不已是这类客人的显著特征。这类客人投诉的内容多是自以为无法忍耐的，或是希望通过投诉能达到某种程度的补偿。

三、客人投诉处理原则与程序

投诉处理就是向失望且采取投诉行为的客人提供的一种补救性工作，它实际上是对客服务的组成部分，因此也存在质量的好坏，投诉处理应力求优质。

1．投诉处理的原则

（1）客人永远是对的

如前所述，客人采取投诉行为，基于九个主要原因。对于前八种原因，依“客人永远是对的”原则去处理，比较容易令客人满足，在处理过程中思想阻力较小。如属客人“无理取闹”，大发无名火，然后再“倒打一耙”，向酒店投诉，用人们通常的是非标准来衡量，恐怕难以理解了。酒店应强调，即使客人是“百分之百的错”，他们一旦投诉了，酒店在处理过程中必须义无反顾地遵循“客人永远是对的”原则。这也是酒店体现至高无上服务理念的具体展示。

（2）宾客至上

接待投诉客人，受理投诉，处理投诉，本身就是酒店是服务项目之一。应对客人投诉持欢迎态度，不与客人争吵，不为自己辩护，表达出愿为客人排忧解难的诚意。

（3）兼顾客人和酒店双方的利益

管理人员在处理投诉时，身兼两种角色：既是酒店的代表，代表酒店受理投诉，必须考虑酒店的利益；同时，只要受理了客人的投诉，也同时成了客人的代表，为客人追讨损失赔偿。管理人员必须以不偏不倚的态度，兼顾客人和酒店双方的利益，公正地处理投诉。

2．投诉处理的程序

在一般情况下投诉处理有如下程序。

（1）热情接待

如果接待投诉客人的员工不是有关部门的负责人，也不是有权直接处理的人，他首先应向客人讲一些表示同情、理解与道歉的话，使客人的火气先降一下温，然后把客人引领至能够处理该事的管理者处，或先安排客人休息，递上毛巾，送上茶水，再把有关的管理者请过来。任何推诿或冷漠都是决不容许的。

如果客人直接投诉到大堂副理或有关部门的负责人那儿，则首先应抚慰客人，然后告诉客人，他的投诉是对酒店工作关心和支持，也是对酒店寄予希望的具体行动，这对稳定客人的情绪极有用处。切记不要对客人的投诉来个一分为二或“三七开”，任何“不过”“但是"之类口头肯定、实则否定的转折词只会惹得客人火气更大。

（2）耐心倾听

接待者须以极其耐心的态度听完客人的叙述。这期间应不时点头称是，说一些同情、理解安慰之类的话。最好在笔记本上记下要点，以示对客人投诉的重视。接待者还可以提些问题，了解对方的态度与要求，同时也再次向对方显示自己是在认真地听、认真地思索，并将认真地处理。

（3）表明态度

通常情况下，接待者不可能立刻给对方一个明确的结论，但必须向对方表明自己将尽最大的力量，以尽快的速度，给对方以尽可能满意的答复；同时，接待者应尽可能明确讲清，什么时候他将把处理意见告诉对方。如果是住店客人，先请其到房间休息；如果是离店客人，请他留下联系方式。

（4）表示感谢

在分手时向客人道歉，对客人的合作理解表示感谢。

（5）部署处理

与客人分手后接待者须即刻部署处理程序。

（6）征求意见

将酒店的处理意见以最快的速度告知客人，征求客人对处理结果的意见。

（7）吸取教训

记录存档，总结经验教训，以利于今后改进工作。

（8）跟踪访问

跟踪客人的反映，过一段时间跟客人联系，打一个电话或写一封信，对客人的宽容和合作再次表示感谢。这也是酒店有效的营销手段之一。

案例分享

近几年来，湖南长沙某酒店高星级酒店每年都会与上级酒店管理公司签订《年度经营管理目标责任书》，酒店管理公司每季度都会对酒店的经营管理做一次全面检查，肯定成绩、查找不足，以期酒店保持成绩、改正不足，从而不断地推动和提高酒店经营管理水平。这种"一季一检查、一季一评估，一季一回头"的工作方法和有效措施，确实让公司和酒店都尝到了甜头，从酒店以前的抵触和不接受，到现在的欢迎和主动寻求酒店管理公司的监督和检查，完全是两个不同的情形。2020 年 7 月，上半年的时间已经过完，酒店管理公司如期下发了对酒店将进行全面的经营和管理工作的检查通知，酒店管理公司进行半年度工作检查的依据是：

（1）《旅游饭店星级划分与评定》。

（2）《星级饭店访查规范》。

（3）《旅游饭店星级的划分与评定》附录 C《饭店运营质量评价表》。

（4）《管理公司经营管理目标责任书》。

酒店管理公司将采取明察暗访以及找员工座谈的方式进行检查，最后综合评价酒店的经营管理，出具半年度工作检查作通报，并召开工作检查通报会。

事实上，这家酒店在抓品质和经营上面，始终“一以贯之”，酒店制定了月度“五专”检查工作制度；月度卫生大检查；月度档案管理检查；月度服务技能检查；月度设备设施维保检查；《目标责任书》执行情况检查。同时为强化酒店的服务质量，保证服务质量的稳定性和延续性，也是更加方便员工操作，酒店根据《星级饭店访查规范》制作了“三卡一表册”（随身卡、台面卡、随车卡、流程表），让员工在实际工作中能够“死扣”标准和依据，使标准和依据“不走样”。酒店还全年开展“人人都是VIP”服务活动，让酒店的每一个客人都能享受到酒店的标准和规范服务等。正因为酒店一直“高标准、严要求、重实效”地对待酒店的每一项工作，所以对酒店管理公司的半年度检查成竹在胸、从容应对，酒店管理公司的半年度检查结束后，对酒店的经营管理给予了极高的评价。

[对管理者的启迪]

1.酒店管理公司(集团)对下属酒店的检查应该常态化。

2.下属酒店应制定非常严谨的、细致的工作方案，确保各项服务和管理工作到位，这样才能经得起检查。

本章小结

（1）酒店的软件服务质量不只是主观感受，也客观存在。宾客评价服务质量有五项标准：可感知性、可靠性、反应性、情感性、可控性。

（2）服务质量管理方法有酒店全面质量管理方法、PDCA工作循环、ABC分析法、因果分析图法和ZD质量管理法。

（3）客人投诉不仅仅是其需求未得到满足，同时也是客人对酒店服务质量的一种评价。

思考与练习

（1）简述酒店服务质量的特点。

（2）简述酒店服务质量、硬件软件构成的内容。

（3）简述服务质量的PDCA工作循环方法。

（4）如何理解客人的投诉行为？

（5）案例分析：

张先生入住酒店，当晚将一套黑色西服送到酒店客房部洗烫，并要求第二天早上10点送回他的房间。第二天，张先生准时收到了干洗后的衣服。当时，张先生并没有仔细检查，后来发现客房部送还的西装并不是自己的。酒店洗衣房经过查证发现，由于两套西装非常相似，洗衣房在钉吊牌时不小心调换了。不巧的是另一位客人并没有发现问题并一早退房离开了酒店。张先生为此向大堂经理投诉。请谈谈此投诉处理的流程。

第五章 基层培训

课前导读

美国著名经济学家舒尔茨在其创立的人力资本学说中指出："人类的未来不取决于空间、能源和耕地，它取决于人类的智力开发。"他估算，物力投资增加 4.5 倍，利润相应增加 3.5 倍；而人力投资增加 3.5 倍，利润将增加 17.5 倍。日本的一份研究报告也表明，企业一般工人的建议可使成本下降 5%；经过培训后，工人的建议能使成本下降 10%～15%；而受过良好教育的工人的建议能使成本下降 30%。这表明教育培训会给企业带来丰厚的回报。

教学目标

（1）了解培训的意义，熟悉基层培训流程。

（2）能够制订完整的培训计划。

（3）熟悉培训的技巧和方法。

（4）掌握培训需求分析和效果评价的方式方法。

第一节　基层培训概述

一、培训的概念

所谓培训就是通过教学或试验的方法，使一个人的行为方式在知识、技能和工作态度等方面有所改进，从而使他能够在预期的标准和水平上完成工作。

培训实质上就是经验分享，即培训者与受训者相互之间分享彼此的经验，从对方的经验中学习、借鉴、吸收有用的东西，从而完善和提高自己，而不是单向的施训与受训关系。

培训主要通过活动、反思、理论、应用这四个过程得以实现。

（1）活动

活动是指课堂讲授、研讨、案例分析、参观考查等与培训相关的教学活动。

（2）反思

反思是指通过培训活动、触动受训者、引发受训者思考。通过培训活动，受训者引发的思考越多，触动就越大，收获也就越大。

（3）理论

理论是指把受训者零散的、紊乱的、无规则的感受和认识，通过培训提升为系统的、理性的、规则的认识，即从感性到理性、从现象到本质、从混沌到清晰。

（4）应用

应用是最为重要的一个环节。培训的最终目的是应用，要将学习到的知识转化为能力，这是培训工作的难点。因此，衡量培训的成果就是看受训者的动手能力、分析问题的能力、管理能力、理论与实践相结合的能力是否得到了提高。

基层培训指面向酒店员工及基层管理人员的培训，它是酒店全员培训的重要组成部分，也是酒店整个培训工作的基础，基层培训工作完成得好坏决定了酒店的生存与发展。

二、培训的意义

1．培训对酒店的意义

（1）提高员工文化、技术素质

无论是管理人员还是基层员工，都应具备完成本岗位工作任务所应具备的专业知识和相关知识；同时，还应具备在酒店工作的敬业精神和对客人亲切热情的友好服务态度。通过对员工不断的培训— 工作— 再培训— 再工作等，为提高员工队伍奠定了基础，而员工的高素质迟早会在酒店经济效益指标上反映出来。

（2）改善服务质量，提高劳动效率

培训是根据酒店的操作标准和规范进行的，员工通过酒店各种类型和方法的培训，可以纠正错误或不良的工作方法，从而掌握正确有效的工作方法，使工作技能和知识由低水平提高到中、高级水平。随着员工身上人力资本存量的增加，服务质量得到相应的改善和提高，必然会创造出更高的劳动效率。

（3）降低消耗，以最小成本获取最大收益

经过培训，达到合格标准的员工，在工作中按正确的操作程序和方法去服务，可以减少或避免在工作中的人力、物力浪费，从而有效地降低成本，使饭店收益最大化。

（4）减少工作事故，保护员工安全。

员工缺乏甚至不懂机器设备操作，工作技能不熟练、安全管理和工作岗位意识不强等都是导致事故发生的原因。资料表明，未经培训的员工的事故发生率几乎是经过培训员工的 3 倍。培训可以使员工养成良好的职业习惯，增强安全意识和掌握安全操作规程，以保护机器设备和员工安全，防范事故发生。

（5）有利于酒店永葆活力，打造优秀的酒店文化，美化企业形象

在知识经济浪潮的猛烈冲击下，酒店要想永葆生产经营的活力，就要不断创新，不断适应新形势的发展要求，不断提高员工的知识与技能，才能赢得和保持竞争优势。而对酒店有效的培训与开发，是起创新作用的唯一因素。

在优秀酒店文化塑造过程中，培训起着不可低估的作用。酒店员工作为企业文化塑造的主体，经过培训后其自身素质得到进一步提高；也能获得与酒店要求一致的价值观和行为标准。这样就必然构建出高水平的优秀的企业文化，树立酒店企业的良好形象。

2．培训对员工个人的意义

（1）提高员工的综合素质

酒店对员工进行培训的目的就是要训练员工成为能适应工作和具备较强工作能力的人。员工在酒店培训中，不仅要加强对本职工作的办事能力，而且还要接受酒店职业道德、礼节礼貌、消防安全、食品营养与卫生、酒店管理基础知识、营销知识等培训，使员工的综合素质得到提高。

（2）增强员工的自信心和安全感

培训具有很强的目的性、针对性。员工不断地接受培训，具备了胜任工作的能力，专业技能水平也不断向前发展，这样不仅能使员工在工作中充满自信心，更能增强员工工作的稳定性和安全感。

（3）为员工晋升创造条件，促进职业发展

员工经过培训后，不仅能胜任本职工作，在现工作岗位上出色地工作，还可以承担更重大的责任，为获得更大发展创造了条件，如有利晋升到酒店管理层。而且还可以扩大员工知识面，拓展工作领域，为员工实现自己的职业理想、求得新的职业发展打下坚实的基础。

资料链接

麦当劳培训铺就成长之路

麦当劳一直坚信，“人才是我们最重要的资产”，而学习是成功的必要条件。通过学习、训练和发展，员工可以在提升岗位技能、领导能力和管理技巧的同时，获得更多的发展机会。很多人在麦当劳获得了第一份工作经验，并踏上了通往成功的道路。

麦当劳的训练、学习和发展系统涵盖了企业所有的员工，同时针对员工核心能力、领导能力和专业能力的提升，设计了一系列符合使用者需求的训练课程和训练实践。在每一个不同的工作职责阶段，结合“绩效发展系统”为员工提供相适应的培训活动。

这些训练课程在全国各个训练中心展开，每年接受培训的人员近万人次。训练活动的设计都是由麦当劳公司或和外部专业训练机构合作开发的。从新员工加入餐厅的第一天起，学习、训练和发展就贯穿于员工的整个职业生涯。在麦当劳，从餐厅计时员工发展进入餐厅月薪管理组，再晋升为公司的中高层管理者，甚至成为总经理，每一个发展阶段都有清晰的培训方案和实施步骤，保证每位员工在每次的职责变换和职业生涯发展时都有配套的学习和发展的机会。

三、培训原则

1．组织保证原则

作为实施全员培训的酒店，一般应从三方面建立培训机制。首先是由一名酒店领导负责培训工作，承担制订酒店长远培训目标和计划的工作，审批具体的培训计划，监督与指导培训计划的实施，规划与拨付培训经费。其次是酒店有专门的培训部门，负责全酒店的职工培训具体事务。最后是酒店的每一个基层部门均有教育培训的职能，它们是酒店职工培训的基础和落实点。

2．学习动力原则

在日常社会活动中，动力泛指推动工作、事业和各项事务前进与发展的力量。学习动力原则是指酒店根据自己的管理目标，希望员工认真、积极地参加培训，以提高其工作能力和效率；另一方面，员工则希望通过培训来实现自己的事业以及职业安全、交际、受尊重、自我价值等需要。在员工培训过程中，学习动力和意愿一般来自酒店组织及员工个人两方面的需要。因此，可以运用激励的措施和方法促使双方产生培训需求。

3．因材施教原则

因材施教原则是指酒店培训要从受训者的实际出发，有的放矢地进行有差别的培训，使每个受训者都得到应有的发展。酒店员工所从事的工作不同，所要求具备的应知、应会和应具备素质，既有共同的要求，也有不同层次的不同要求。所以，基层培训应充分考虑他们各自的特点，针对不同的知识水平、不同技术技巧、不同的岗位职责要求以及其他个别差异，来区别对待，既要掌握集体培训的总原则，又要做到因材施教。

4．循序渐进原则

循序渐进原则是指在酒店培训过程中，培训要按照一定的认知顺序和教学知识逻辑体系进行，使受训者能稳扎稳打地、系统地掌握酒店基本知识和基本操作技能。学员学习的过程应该是从简单到复杂、从浅显到深入、从基础到高级阶段的一种程序关系。

5．有效性原则

有效性原则就是要求被管理的系统（管理对象）的组织结构和活动是富有成效的，有助于（而不是有碍于）系统目标的实现。培训管理的有效性原则要求：培训管理组织本身的工作活动、机构必须是有效率的；管理的组织机构是精干的，人员是优秀的；要讲经济效益，不要把培训视为消耗性投资，只管投入不管产出，要提高培训投资的使用效率，在保证培训质量的前提下，用尽可能少的投入，培养尽可能多的人才；要把培训对象、培训目标与酒店需要结合，使员工培训直接有效地为工作服务，为提高酒店企业的经济效益服务。

资料链接

香格里拉的选人、育人、用人和留人体系

从 1971 年新加坡第一个香格里拉酒店开始，香格里拉不断向国际迈进。以中国香港为大本营，今天的香格里拉已成为亚洲地区最大的豪华酒店集团。

在香格里拉酒店，人力资源管理的态度是：大家都是领导者。即使不领导别人，也在领导自己。员工是酒店最重要的资产，是酒店的内部客人，只有快乐服务的员工才能使客人满意。

（1）获取（选人）

1）层层筛选：在香格里拉，员工被分为 5 个级别，1-3 级都是中高层的管理人员，他们的面试分为 3 轮，浦东香格里拉区域人力资源总监刘楚章透露：“面试的时候，会给他们一些案例进行分析，主要是观察他们的反应能力。然后会通过电话求证其跳槽原因以及前老板对他的评价。香格里拉不希望拥有一个频繁跳槽和不忠诚的员工。”4-5 级为基层员工，他们中除了厨房和客房人员外，其他各部门的员工必须熟练掌握英语。这些人员主要来自应届毕业生。

2）长期考核：专门的指导老师对实习生进行带教和考核。每月或者每两个月，老师会将所有学员的表现向人力资源部作汇报。基本上 80%的学员能够期满转正，然后正式进入酒店工作。公司新进的每个员工，都会经过总经理的亲自审查，主要是通过交谈观察他们是否热情。

这样长期考核、层层筛选的选人优势在于不仅考察了员工的忠诚度和热情度，同时全方位地对员工进行评分，为公司高层管理层选拔了一批优秀又忠诚的员工。

（2）激励（用人）

1）人尽其才：让员工看到自己在集团内的职业发展前景，若有职位出现空缺，酒店会优先考虑内部员工，从内部调整或晋升。这样使员工的工作充满无穷的动力，对员工有明显的激励作用。

2）才适其位：香格里拉中国 90%的管理层都是通过酒店内部晋升或调动的，本着公平公开的原则，合理进行合理的人员调配，使得有才的员工能力得以发挥。

（3）开发（育人）

香格里拉酒店十分重视企业文化的培训，基层培训采用老带新的方式，中高层培训采用导师制的方式。

1）基层：老带新——香格里拉集团每位即将上岗的新员工，都会得到所在部门为其指派的一名老员工的帮助，并结成工作伙伴关系。

2）中高层：导师制——如果新入职的是一个主管级别的员工，部门也会为这位员工安排一名同部门同职级但入职比较久的“伙伴”。

“老带新”“导师制”这两种培养模式共存且互为补充，有针对性地对各层级员工进行培训，为香格里拉酒店培养了大量的高素质人才。同时，每个酒店都会给员工以英语培训和网上学习的机会，酒店的网络课程与美国康奈尔大学挂钩，到学员毕业时候会颁发证书。北京的香格里拉集团还设有一个香格里拉学院，学院里提供一些证书类学习课程，如英语、前台、餐饮服务、厨房、客房服务等，也有高级人员的培训证书。这些证书在所有香格里拉酒店内通用。

（4）保持（留人）

香格里拉将员工视为酒店的第一资产，酒店分三方面来给予员工归属感：尊重员工、有竞争力的福利以及全方位的培训。

1）尊重员工：每月一次的员工大会，每个基层部门的代表都会在会前统计好本部门员工的意见和建议，有时甚至是一些很琐碎的事情。管理层也会通过这些会议让基层员工知道公司的决策，下一步该做些什么。

2）有竞争力的福利：香格里拉的薪水和福利在行业中比较具有竞争力和吸引力，能排在国内同行业的前 25 位。此外，公司也给员工额外的福利补贴：如每天有定时的班车接送、晚班车费补贴等。

基于优良的选人、育人、用人和留人体系，香格里拉集团建立员工发展机制并开展各种活动，将酒店的事业与人力资源管理、发展更紧密地联系在一起。

四、基层培训者

培训者又称培训主体，它包括组织、管理培训活动的培训管理人员和承担培训教学任务的培训教师。在培训过程中，培训者处于主导和支配的地位，对受训者起组织和指导的作用。培训者根据培训目标的要求和自己的知识、经验，预见和掌握培训进程，用最有效的方法，按照培训计划和大纲，使受训者掌握知识，并在此基础上形成技能、技巧，发展认识能力，形成正确的工作态度。

1．工作职责

1）按照酒店经营管理的方针政策，负责计划、组织、检查及督促本部门的各项培训工作。

2）负责制订本部门的年度培训计划、培训活动的实施方案，并组织实施。

3）组织编写、翻译培训教材及资料，负责师资安排。

4）监督、检查、反馈培训情况，提出可行性建议，促进部门培训。

为了适应现代酒店对人才培训的需要，基层培训者应该具有多方面的素质，主要包括政治素质、专业素质、智能素质。政治素质要求具有强烈的事业心、责任感和高尚的职业道德。专业素质指培训者应掌握较多的科学文化知识，一般要求具备比较扎实的文化基础知识，具有大专以上学历；要有良好的教育学、心理学等专业知识；了解和掌握管理理论和酒店管理方面的相关知识。智能素质则指基层培训管理的工作人员必须具备一定的决策指挥能力、组织协调能力和宣传鼓动能力。

管理者都是培训者。从管理学角度讲，谁直接负责管理一些人的工作，谁就应该组织并让这些人得到充分的培训。一个有效的管理者，应该重视培训，亲自抓培训，他本身就应是一个合格的培训者。

2．应承担的责任

1）对新员工进行入职培训，指导新员工工作。

2）组织制定本部门岗位的服务规范和标准。

3）组织对在岗职工不同类型的提高培训。

4）对于员工的培训需求，凡自己无法解决的，应及时向上层管理部门反映。

5）承担大量的培训任务，亲自当培训师。

第二节　基层培训流程

培训是一个过程，培训工作是有系统的。任何一项培训活动必须先确定培训需求，制订培训方案，再实施培训，最后再回顾、评估，循环往复。基层组织培训活动一般通过以下程序进行（见图 5-1）。

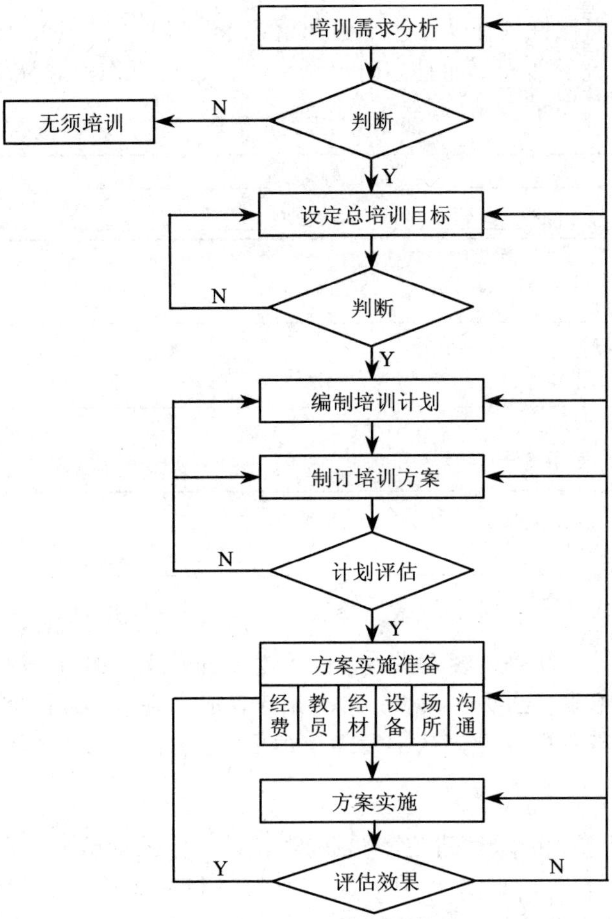

图 5-1　基层组织培训活动的程序

一、培训需求

培训需求，就是特定工作岗位的实际要求与任职者现有能力之间的差距，用一个等式表示就是：

培训需求=理想的工作绩效-实际工作绩效

培训需求来自两方面：一是受训者个人，二是团队。全面、正确地了解培训需求是为制订切实可行的培训计划做准备的必经步骤。

个人和团队的培训需求是多样的、多层次的，而且还是不断发展变化的。基层培训者要善于从中发现和判断哪些是可以通过培训来解决的培训需求，这就要借助于科学的方法和手段。确定培训需求常用的方法有以下几种。

1. 观察法

通过私访、日常巡视或工作检查获得培训需求。观察是发现问题、证实问题最原始、最基本的工具之一。作为培训管理者，应该善用此项工具。与员工一起工作应是最恰当的观察方法，这样可以从中发现他们的长处、面临的困难以及经常出现问题的各个方面。

为了取得良好的可比性，可以设计一份观察记录表（见表 5-1），用来核查各个要了解的细节。这样，既不流于形式，而且当研究结束时，还可以作为选择培训内容的参考。

表 5-1　观察记录表

观察项目：＿＿＿＿＿＿＿＿　员工姓名：＿＿＿＿＿＿ 编号：＿＿＿＿＿　日期：＿＿＿＿＿　类别：＿＿＿＿＿
1．时间安排：
2．工作完成情况：
3．存在的不足：
4．拟改善内容：

2．间接反馈法

通过员工的流失率、缺勤，客人投诉，员工过多的旷工、加班、流动，员工士气低落，内部混乱，员工盗窃增多，回头客减少，常客出走，成本突增、破损增加，业务情况报告、有关报表等了解酒店存在的问题，从中发现培训需求。

3．问卷调查法

设计有关需求问卷，征求管理者、员工对培训工作的建议。这种方法有两个好处：一是可节省时间；二是可同时针对很多人，所得资料来源广泛。问卷调查已成为收集资料最流行且有效的方式之一，但是这种方式对问卷质量要求较高，由专家主持或设计效果会更好。

4．面谈调查法

培训管理者与员工面谈，了解他们对于工作或对培训的态度和建议。面谈一定要注意技巧，才能获得有用的信息。

面谈可分为个别面谈和集体面谈两种。

（1）个别面谈

个别面谈可以采取正式或非正式的方式约见员工代表，可以到工作现场，可以召集会议等形式进行。但不管方式如何，主持人首先必须自问：在面谈之中，我究竟想要得到哪些有用的培训资料。在面谈过程中，要记录所得的资料。不管用什么方法，都要避免令对方紧张或心生警惕，因而影响资料的可靠性。

（2）集体面谈

在畅所欲言的情况下，集体面谈比个别面谈更有效果，大家集思广益，充分发表意见，会更有启发性，得到的资料会更全面。如面谈的内容涉及个人缺点或隐私，则宜进行个别面谈。

5．客户调查法

征求客户对酒店产品、员工素质、服务等方面的意见，从中能获取有用的培训资料。首先要向客户说明酒店正在制订一份培训计划，并对于他们给予的合作和帮助十分感谢，表明自己的目的是想为客户提供更好的服务，因此他们的任何帮助都是有用的。

6．关键人物访谈法

征求董事长、总经理、主要部门经理对培训工作的建议。酒店决策层对培训工作的看法是制订培训计划最重要的依据。

7．测试法

按工作标准对相关人员进行测试，如对新员工进行岗前培训考核，发现培训需求。

8．检查法

通过检查工作，发现组织、个人方面的差距，找到培训需求。

寻求培训需求的方法是多变的，切忌只使用以上介绍的某一种方法。在不同情况下要使用不同的方法，最好把这些方法综合使用。

二、培训计划

确定培训需求是培训过程的第一步，培训需求是制订培训计划的前提条件。培训计划就是对一定时期内（年、季、月、周）将要进行的培训工作事先进行的安排。

资料链接

酒店员工职业生涯规划

酒店应对每一位员工设计其职业发展规划，尤其是对大学毕业生等高素质人才的职业发展要有一套明确的规划方案，使其能够看到未来发展的方向和目标。在招聘时，应该选择有潜质并热爱酒店工作的大学毕业生，按照其性格特点和兴趣爱好，分配到某个部门，给予其一段时间的基层工作锻炼，如果达到了特定的指标并通过评审，可以提升到一定的职位，这样，通过不断的磨炼和培养，将能为酒店创造出优秀的管理人才。外方管理公司还可以提供一定的海外培训经历，这样的职业生涯发展规划一定会受到员工的欢迎。例如，美国假日集团在孟菲斯市设假日酒店大学，假日集团的经理们都得在这里进行为期 2 至 5 周的学习。喜来登集团在全世界 3 个大洲设有 5 个培训中心用以训练中高级管理人员。这样的培训将有助于留住人才、激励人才。

1．制订培训计划的依据和原则

（1）制订培训计划的依据

1）酒店经营总目标。经营是企业一切工作的核心，是各项工作的龙头，企业一切工作的开展都应紧密配合这一中心工作。员工培训当然也不例外。

2）员工的素质状况。员工是实施培训的主要对象。通过培训需求分析，找出企业发展对人力资源素质的要求，与员工队伍现有素质之间的差距，为制订培训计划确立起点。

3）现有的培训资源。现有的培训资源包括酒店人力、物力、财力、时间和场地五个方面。在考虑以上这些因素时，一定要兼顾培训需求与培训可能，以可能为基础。

4）上级单位的要求。劳动、消防、旅游等行政部门对酒店有关岗位的人员持证上岗有明确要求，因此，在制订培训计划时，要充分考虑这些因素。

（2）制订培训计划的原则

1）需要原则。要从实际需要出发，充分考虑企业的生产经营和发展需要，充分考虑企业对员工素质的要求。

2）可行原则。要考虑培训计划的可操作性，工学矛盾能否克服、经费能否得到保障、领导是否重视、学员的学习热情等，这些都是制订培训计划时要充分考虑的因素。

3）协作原则。酒店培训涉及酒店各部门的全体员工，为此，在制订培训计划时，应与有关部门进行沟通和协商。只有调动起员工的培训积极性，发挥部门的作用，才能保证培训计划的实施。

4）效益原则。培训也要注意效益，考虑投入产出。要充分认识培训是一种直接的人力资源投资。

5）不断完善原则。现实情况总会不断发生变化。因此，必须把培训计划的制订看成一个动态的过程，在实施中不断总结、完善和调整。

2．制订培训计划的步骤

酒店培训计划的制订过程一般可划分为三个阶段。

（1）需求分析阶段

需求分析是培训部门分析培训需求、了解培训可能性的过程。

（2）要素确定阶段

1）培训目标。培训目标指通过学习实现预想变化的期望或受训者经过富有成效的学习后所应具有的特征。受训者所需达到的工作要求、完成工作要求所需的素质与技能、受训者应达到的合格成绩标准，这三方面是构成培训目标不可缺少的。

2）指导思想。用什么理念指导培训工作，这对培训计划的实施非常重要。

3）培训对象。谁需要参加培训、培训的重点是什么，在培训计划中要有明确的规定。

4）培训项目。在相应的时间段中需要做哪些类型的培训，培训计划要有安排。

5）培训方式。培训方式很多。按照不同的培训目的，可划分为：岗位资格培训、晋升培训、提高培训等；按照受训者是否在岗，可分为岗位培训和脱产培训两种；按培训内容是否系统，可分为专题性培训和系统性培训。培训项目不同，培训方式也要有所差异。

6）经费预算。培训经费应纳入酒店的总预算中。

7）培训管理。通过何种手段、采取什么措施才能达到培训目标，这就是培训管理问题。

（3）汇总成文阶段

根据确定的各培训要素的情况，制订出切实可行的培训计划。

相关案例

某酒店2020年度培训计划

酒店计划2020年下半年二期工程全面开业，将以新的设施、新的形象迎接客人，还有许多新员工加入到我们的团队中，从三星准备升四星的现状，特提出今年的培训计划具体如下。

一、培训目标

培训工作要紧紧围绕二期开业后对员工知识、技能方面的新的要求进行。通过对一线员工服务意识、服务标准、外语的强化培训，对主管、部门经理的管理技能培训，为二期开业奠定良好的人才基础，为本店三星升四星做好培训准备。

二、培训对象、主要项目和培训安排

（一）培训对象

1．管理人员

（1）岗位培训：安排 12 位新提拔的部门经理参加当地四星级酒店的挂职培训，为期三个月。

（2）交叉培训：安排营业部门管理人员到交叉部门见习，培训一专多能人才。

（3）管理技能培训：培训重点是督导层，6 月中旬，请有关专家对主管进行“督导管理”的系统培训。

2．服务人员

（1）强化酒店意识培训，重点放在服务意识、标准意识、团队意识、成本意识、竞争意识。7 月份请一位专家作“酒店意识”讲座，将酒店意识贯穿在服务工作中。

（2）规范服务流程、服务标准培训。这项培训贯穿在服务全过程中。

（3）岗位交叉培训。上半年开展部门内部岗位交叉培训，下半年由人事培训部安排优秀员工到外部门的交叉培训。

（二）内容安排

1．英语培训

2020 年开始实施酒店英语等级初、中、高三级考试，考核与严格的使用、奖惩挂钩，具体见《酒店英语等级考试方案》。通过英语等级考试，提升全店员工的英语水平，为升星打下良好的英语基础。

2．电脑培训

针对二期工程开业后，前、后台都要实行电脑管理、管理软件系统要进行新的调整，配合电脑公司，于 7—8 月对营业部门的员工、管理人员、后台有关员工进行系统电脑培训。

3．星评标准培训

（1）三星升四星上硬件易，上“软件”难，今年要围绕上四星做好星评标准培训工作。请省级酒店星评员于 6 月到酒店进行“三星与四星标准的差异”“四星酒店的服务标准”的专题讲座。

（2）9 月，组织部门经理、骨干主管到本市管理优良的三星或四星酒店参观、座谈；组织主要部门经理到北京、上海进行为期一周的考察。

此外，还要做好“五一”、“十一”、圣诞节相关内容培训，认真执行酒店《淡季培训方案》。要求餐饮部在作菜单调整或推出新菜前将英文菜单交培训部，以便及时安排培训。

三、培训教员

（1）各部门经理、训导师。

（2）培训部人员。

（3）外聘专家。

四、培训管理

（1）管理人员的培训。从培训方案的制作、实施到考核，由人事培训部全面负责。

（2）服务人员的培训。各部门根据酒店总的培训计划要求，将业务技能、服务标准等采取讲授、看录像、小组专题讨论、角色扮演、实际操作等多种形式进行，力求实效。要求各部门将每月的培训方案于每月5日前报人事培训部备查。

（3）英语培训课。由人事培训部统一安排，各部门业务培训要与英语培训时间错开。英语培训考核方案另行安排。

五、考核

采取阶段考核、结束期考核、取证考核等办法进行，成绩记入员工档案。

六、培训预算

培训费用包括购买教材、外请教员的食宿、课酬、外出参观考察等，共计××万元。

三、培训内容

酒店基层培训内容，总的来说，可以分为“职业基本要求”和“特别要求”两大类。

职业基本要求包括：职业态度（Attitude）、职业知识（Knowledge）、职业技能（Skills）、职业习惯（Habbits）。

特别要求包括：特别知识（Special Knowledge）、特别技能（Special Skills）、管理能力开发（Management Development）等。

（一）职业基本要求

1．职业态度

（1）礼节礼貌

根据希尔顿酒店的经验，酒店管理的成功，93%靠礼节礼貌，7%靠知识和技能。

（2）职业意识

酒店从业人员应有以下意识。客人意识：“客人永远是对的”“客人是我们的衣食父母”是酒店的服务宗旨；服务意识：要时时刻刻为客人着想；公关意识：每个员工都要明确自己是酒店的代表，自己的一举一动、一言一行都代表着酒店。

（3）员工的奉献精神

酒店对员工进行敬岗爱业教育，教育员工热爱自己的工作对象和生产资料，乐于为本职工作奉献自己的青春和年华，强化员工的奉献精神。

（4）价值观

酒店应对员工进行本酒店倡导的价值观的教育，并努力让员工相信这是他们所提倡的。价值观的内容包括团队精神、尊重和信任他人、酒店质量观、诚信经营等。

2．职业知识

（1）法律知识

酒店服务人员，特别是酒店的管理人员应熟悉掌握酒店经营的相关法律法规，如第三者责任、住宿登记要求、公共娱乐场所管理规定等。

（2）安全保卫知识

学习安全保卫知识，是为了保障客人生命、财产安全及员工的生命安全、酒店的财产安全。内容包括如何预防抢劫、防盗、客房钥匙的管理制度等。

（3）食品卫生知识

食品卫生知识包括传染病知识、餐具卫生、食品处理与大众健康、员工个人卫生、洗涤和消毒措施等。

3．职业技能

职业技能包括：基本的电脑技能、沟通能力、语言能力、读写能力。

4．职业习惯

微笑：微笑是员工最好的化妆品；良好的记忆力：熟记客人的姓氏，并以姓氏称呼客人；见到客人勤打招呼、问好；多使用敬语、服从性语言等礼貌语言；保持良好的仪容仪表；见到垃圾，随见随捡、谁见谁捡的良好习惯等。

（二）特别要求

1．特别知识

酒店不同部门的基层管理人员需要不同的知识。

2．特别技能

根据岗位职责分析来确定各个岗位所需的专业技能，如餐厅服务员的六大基本技能、客房服务员的客房卫生清扫技能、大堂经理处理宾客关系的能力、管理人员的管理技能、监督技巧、行政能力等。

3．管理能力开发

管理能力开发是一种比较长期的经常性的培训，其目的是解决组织发展中出现的某些问题（如部门间沟通不畅）。

四、培训方法

酒店培训的方法多种多样，须根据培训的目的与需求、培训内容与教材、受训者层次与水平、训练时间、场地与人数等的因素考虑而选用。

资料链接

交叉培训

交叉培训是一种员工通过接受额外服务技巧的培训来满足不止一个工作岗位需要的培训方式，现已被越来越多的酒店作为保持人员素质优势、提高服务质量及竞争力的重要手段。实施交叉培训有助于酒店更加有效地控制成本，在旅游旺季业务量突增或员工生病、休假以及客人额外需求导致酒店内部出现工作缺位时能够及时弥补。同时，还可以降低员工的跳槽率。因为一方面，员工喜欢培训所带来的挑战，减少了长期重复同样工作而产生的厌烦情绪，增加了新鲜感；另一方面，使员工一专多能，效率大幅度提高，从而节约了劳动资本，工资水平上涨。

万豪酒店集团采用交叉培训管理模式后，进行了大规模减位政策，压缩了30%的管理职位，人力资源投资成本减少，每年的净收益增加，并使员工结构达到了最优化。

（一）在职培训的方法

1．针对管理人员的培训方法

（1）工作轮换

让员工在相类似或稍高水平的工作岗位分别工作一段时间，通过实际做某项工作来学会做这项工作。

（2）“助理”方式

这是培训和开发本酒店未来高层管理人员的重要途径，同时也是一种对员工的提升方法。酒店让有潜力的员工在一段时间内担任某职务的助理，让其对这一职务有更多的了解，同时也帮助他增加工作经验与培养胜任这一职务的能力。

（3）“初级董事会”

“初级董事会”是指通过将管理人员受训者组成一个初级董事会，并让他们对整个酒店的政策如组织结构、经营管理、部门之间的冲突等提出建议，将这些建议提交给正式的董事会。

（4）指导法

受训者直接与他（她）将要取代的人一起工作，而这个人就负责对受训者进行辅导。受训者不承担一定的经营责任，这样便为受训者提供了学习的机会。采取这种方法，可保证现任管理人员因退休、提升、调动、辞职等原因离开现在的工作岗位而出现岗位空缺时，酒店能有训练有素的人员顶上，也有助于酒店保证管理人员的长期开发。

2．针对员工的培训方法

（1）师徒制

由一经验丰富的师傅带一名或几名新员工。

（2）员工发展会议

在这类会上，讨论每个员工的工作特点及其应如何提高员工的工作绩效。

（3）指导法

酒店新员工上岗一般都会有某种陌生与局促感。要让新员工感到自己就是酒店的一员，一个较好的办法就是给新员工以专人指导，使之逐渐适应新的环境。专门指导者负责向新员工详细介绍酒店的各种设施；告诉其更衣室、员工餐厅等的位置及各种员工设施的使用及注意事项等；将其他同事介绍给新员工等。

（4）操作示范法

一般由技术能手担任培训员，在现场向受训员工简单地讲授操作理论与技术规范，然后进行标准化的操作和表演，受训员工则反复模仿实习，经过一段时间的训练，使操作逐渐熟练直至符合规范程序与要求，达到运用自如的程度。

（二）脱岗培训的方法

（1）短期课堂学习

短期课堂学习的针对性较强，内容安排紧凑，受训者能在短时间内获得大量的信息。

（2）学历教育培训

酒店鼓励员工参加网络课程学习，专业涉及酒店管理、外语、当地历史文化知识的学习。

（3）酒店外各类会议。酒店外各类会议包括年会、研讨会、行业会议、技术标准会等。

（三）课堂培训的方法

（1）讲授法

这属于传统的培训方法，主要通过培训者讲授知识、受训者记忆知识、中间穿插一些提问的培训方法。

（2）视听技术法

网络学习法：通过互联网终端，如手机、电脑等工具，对员工进行培训。

（3）案例研究法

这种方法是指为受训者提供有关一个酒店问题的书面描述，让其自己分析这个案例，诊断案例问题所在，在与其他受训者一起讨论时提出自己的研究结果和解决问题的一种方法。

（4）角色扮演法

这种方法是指设计一个最接近现状的培训环境，设计一系列尖锐的人际矛盾和人际冲突，要求受训者扮演某一角色，利用“情景置换法”进入该角色去处理各种问题和矛盾。看受训者是否符合角色的身份和素质要求，使他们真正体验到所扮角色的感受与行为，以发现和改进自己的工作态度和行为表现，从而提高积极面对现实和解决问题的能力。

（5）敏感训练法

敏感训练法亦称互动学习法，是一种在培训教师指导下的改善关系小组“实验室”中公开表达情感，提高参加者对自己行为以及他人行为洞察力的方法。让受训者以在培训活动中的亲身体验来提高他们处理人际关系的能力。

（6）商业游戏法

商业游戏法是指受训者在一些商业竞争规则的情景下收集信息并将其进行分析，做出决策的过程。受训者在游戏中所作的决策类型涉及酒店各方面的管理活动，如市场营销、新产品开发、财务预算等。

（7）情景模拟法

情景模拟法是一种代表现实中真实生活情况的培训方法，受训者的决策结果可反映如果其在被“模拟”的工作岗位上工作会发生的真实情况。

五、培训技巧

1．讲授的技巧

课堂讲授是培训者向受训者传授知识或技能最常用的方法之一。一次有效的培训，除了培训内容对受训者有吸引力，令其积极参与培训外，重要的因素还取决于培训者对讲授技巧的运用。课堂讲授技巧体现在以下几个方面。

（1）准备

培训者在授课前应做好充分准备。准备工作包括：①对受训者基本情况了解与分析；②制订授课计划和教案；③准备好视听教具、选择适当的培训场所；④印发提纲、讲义。

（2）开场白

开场白的目的是引发受训者的学习兴趣和学习自觉性。它可以起到下述作用：密切培训者和受训者的关系；消除受训者的紧张感；消除受训者的存在的各种问题。

INTRO 是一种行之有效的开场白使用方法：Interest（启发兴趣）；Need（讲清楚培训的必要性）；Title（阐明授课主题）；Range（范围）；Objective（目标）。

（3）讲授

讲授应掌握以下几点：①授课内容要有逻辑性，循序渐进，由易到难；②承上启下；③总结概括内容中最基本、主要的东西，要求学员掌握；④培训者要有良好的仪容、仪表和表达能力，恰当使用辅助教具。

（4）讲课中的注意事项

注意事项包括：课堂教学的内容难易要适度，学员易于理解；授课的语言技巧至关重要，要抑扬顿挫，风趣幽默，讲课中要注意课堂互动，善于启发学员思维。

2．提问的技巧

提问是培训者在讲授或辅导过程中根据培训内容向受训者发问的一种方法。通过提问可以引起受训者的注意和思考，吸引其注意力，提高其学习兴趣。

（1）提问的目的

①了解受训者已有的知识水平和已经掌握的学习内容，从而有针对性地组织教学；②检查培训效果；③启发受训者自行思考；④促进受训者的学习兴趣；⑤培养受训者之间、受训者与培训者之间的相互了解。

（2）提问的方式

提问常见的方法有以下三种：①测试性提问；②启发式提问；③传递性提问。

（3）提问的要点

1）课堂上的提问，尤其是启发性的提问，培训者应在课堂前准备好。

2）一般而言，凡是受训者可以发挥的“随意性”问题，对教学帮助最大。

3）面对一组受训者，提问应使每位受训者都要思考如何回答。

4）从简单或有现成答案的问题开始。

5）除非必要的时候，不应打断别人谈话而提问。

6）避免在受训者思考时向其提问。

7）提问时不应表现出盘问的态度。

8）在提问时避免夸耀自己。

9）避免在提问时产生对立情绪。

3．运用视听教具的技巧

在基层培训中，适当运用视听教具能提高受训者的学习兴趣，从而加强培训效果。

视听教具是培训者和受训者双方的工具，具有音响和观看的特点。视听教具一般分为两类，即硬件和软件。硬件是指设备，包括投影仪、电脑等。软件是各类APP、网络资源、活页图纸等。培训人员必须了解和掌握上述每一种视听教具的优点、缺点，以及各种设备的使用方法。

运用视听教具有如下作用：它可以帮助培训人员用来证明论点；也可以依靠视听教具说明一个完整的培训过程，使复杂的示范过程简化。使用视听教具，有助于教学活动变得生动活泼，提高受训者的学习兴趣，帮助其加深对理论知识的理解和实际技能的提高。运用视听教具，可以刺激受训者的心理想象，提高受训者的记忆力，减少遗忘。运用视听教具，还可以帮助受训者自学，减少培训人员的工作量（视听教具实际上代替了一个培训人员的作用）。

为了使视听教具在利用上获得成效，培训者对视听教具应正确设计、认真选择、熟练使用。

1）根据需要选择和设计视听教具。视听教具的选择和设计要根据课程设置、讲课内容、参训人数、场地的大小等决定。但不管选择什么样的视听教具，都要求视听教具易懂、简练、准确、现实、富有色彩、耐用和容易安置。

2）培训者要事先做好准备，把视听教具按顺序编号，按课程内容编排组合，最好先试用一遍，熟悉顺序、内容，以操作自如。同时还要先察看培训场地，了解受训者人数，并根据培训内容决定选择何种视听教具。

3）培训者使用时应简明扼要地说明使用视听教具的目的，以及它们的作用；在适当时间显示，在不使用时将直观教具遮盖起来，避免在不使用时吸引受训者不必要的注意。

六、培训评估

培训评估就是根据培训宗旨、培训目标以及培训标准，运用科学的评估手段，对培训活动的全过程及其结果进行评价、鉴别和总结。开展培训评估，对于提高培训质量、培养合格的人才，有着积极的作用。本章第四节将专门阐述。

第三节 培训的关键——需求分析

培训过程中最重要的、关键的一步，是进行培训需求分析。分析和研究培训需求是酒店培训一项需要经常进行的工作。因为，由于外部环境的变化、组织内部工作职能的变化、机构的重组以及人员的更替和发展，都会使酒店产生一些新的问题和工作与人员素质上的矛盾。分析培训需求，就是通过对这些问题和矛盾的研究，确定有哪些矛盾和问题是可以采用培训的方式加以解决的。本章的第二节已对培训需求作了一些简要说明，在此，重点阐述如何分析培训需求。

一、培训需求分析中要考虑的一些基本问题

由于时间、人员、资金、技术、环境等诸因素的影响，酒店的培训需求分析往往进行得很不够，但无论怎样，在培训前，下列问题都应考虑到。

1. 关于受训者

1）有多少受训者参加培训？
2）受训者是干什么的，他们的工作职责是什么？
3）他们向谁负责，他们的工作与谁有联系？
4）受训者工作和生活的哪些方面会运用到培训内容之中？
5）受训者的年龄、性别、专业、学历等自然情况。
6）学员彼此了解的程度如何？
7）他们遇到过何种成功和失败？

2. 受训者的知识、技能和态度

1）受训者对培训中将要讲授的内容熟悉程度如何？
2）对以前他们学到的知识、技能，曾有多大机会去应用和实践？
3）他们对培训的看法、态度如何？

3. 受训者的希望

1）他们对将要参加的培训有什么期望？
2）他们认为这样的培训对工作会有多大帮助？
3）他们有什么特殊的需求？希望课程能涉及哪些内容？

4. 环境因素

1）领导是否支持他们来参加培训？
2）他们对参加培训是否有顾虑？
3）他们是自愿来学，还是为完成任务而来？
4）受训者的领导对这次培训有什么期望？

5. 其他

1）受训者在现有的培训中能学到什么？
2）需要开发什么新的课程？
3）课程的使用周期多长？

4）开发课程的成本是多少？

5）谁来做培训需求调查？

6）培训需求调查的范围、层次？

7）培训要使用哪些资源？使用多少资源？

8）怎样建立培训效果评估标准？

9）谁需要培训需求分析的结果？

10）怎样建立培训需求分析计划？

11）怎样克服各种干扰？

注意：培训不是解决酒店、部门和个人问题的唯一办法，不是所有的问题都能通过培训加以解决的。因此，培训需求分析的结果并不一定都导致培训，对提出的问题，有时需要通过非培训的方式来解决。要善于把培训需求与非培训需求区分开，找到各自的解决办法。有时出于经济的考虑，有培训需求，也不一定导致培训。如当受训者分散，且问题被限制在一个很小的范围内时，为此专门开发培训课程也是不经济的。

二、培训需求分析的步骤

第一步：寻找组织、任务、个人存在的问题。

第二步：寻找产生这些问题的原因。

第三步：确定工作的理想标准。培训能缩短理想与现实之间的差距。

第四步：确定解决方案，是否需要培训。如要培训，确认哪个培训方案最经济有效。

三、如何确定员工的培训需求

1．确定岗位知识和技能

由于不同岗位所从事的工作不同，所以每个岗位所需要的知识和技能也不相同，即便是同一个部门，各岗位对知识和技能的要求也有不同的差异。了解岗位知识和技能可以从分析该岗位的岗位职责和任职资格入手。

完全准确地确定各岗位所需的所有知识和技能是非常困难的。一般来讲，可以要求岗位的直线经理列出他所认为最重要的六项（或者更多）岗位知识和技能。需要注意的是，这些岗位知识和技能应该是与本岗位工作有直接关系的，而不应该是一些泛泛而谈的内容。比如，对于酒店“培训部经理”这个岗位，应该“熟悉”酒店业务管理，“掌握”各类培训方法，这里的“熟悉”“掌握”就可以作为一项技能要求。

2．员工工作状态划分

明确了各岗位对知识和技能的要求之后，就要以此为参照找到现有员工的差距。培训的一个重要目的就是让不符合岗位知识和技能要求的员工通过培训后符合要求。但是，并不是所有员工接受培训以后，都一定有所收获，完全符合岗位要求，因为这和员工的主观意愿有很大关系。如果他没有接受培训的欲望，或者不愿意做好本职工作，培训就很难对他产生作用。

为了使培训有的放矢，真正对员工有所帮助，对员工进行区分是有必要的。根据员工的工作态度和工作技能这两项要求，可以把员工划分在四个区域内（见图 5-2）。第 1 区：工作态度好，岗位知识和技能符合要求；第 2 区：工作态度不好，岗位知识和技能符合要求；第 3 区：工作态度好，岗位知识和技能不符合要求；第 4 区：工作态度不好，岗位知识和技能不符合要求。

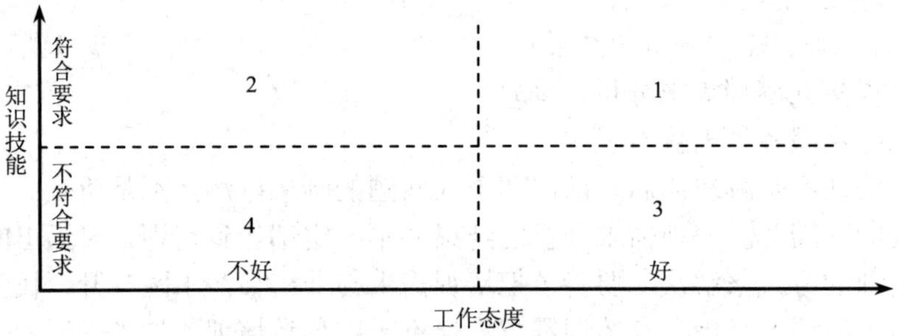

图 5-2　员工工作状态划分

对于第 1 区的员工，他们已经是（或者很快会成为）酒店的骨干员工。对于这些员工，酒店应该积极考虑他们的职业发展问题，并为这些员工规划一条成长的道路。酒店要安排一些相应的培训，帮助员工成长，并达到激励的目的，他们是培训的重点。

对于第 2 区的员工，他们的岗位知识和技能已经符合了酒店的要求，要解决的是工作态度问题。工作态度问题可能是由于员工个人对酒店的组织文化、管理理念和管理方式不认同，或者是没有将自己的未来发展与酒店发展相结合。酒店可以通过座谈或单独沟通的形式，及时地了解他们的想法，如果是属于酒店管理的问题，应该及时解决。如果是属于个人发展的问题，可以给他们提供更多的施展才华的机会。第 2 区的员工主要参加酒店的常规性培训。

对于第 3 区的员工，他们也是酒店培训的重点。与第 1 区不同的是，对他们主要侧重于保健性培训，培训的目的是使他们尽快地适应岗位的要求。由于他们有良好的工作态度，所以酒店有理由相信通过培训，他们能够更好地为酒店工作。

对于第 4 区的员工，酒店要花费很大的精力才能让他们完成自己的工作任务。一般来讲，企业很难容忍这种员工在工作岗位继续存在下去。对于第 4 区的员工，人力资源部门可以先分别与员工和其直接上级进行一次谈话，全面地了解实情。如果情况属实，可以要求员工在一定时间内达到岗位要求，否则要进行转岗或辞退处理。第 4 区的员工主要参加酒店专为他们设计的针对性培训。

3．明确员工差距

通过对员工进行工作状态的划分，可以确定出重点的培训对象（第 1 区和第 3 区的员工）。因为第 1 区的员工是酒店的核心力量，第 3 区的员工有很好的工作态度，热爱团队，只是知识和技能有差距。

对于每一个重点培训对象，都要明确其与目标的差距。

对于第 1 区的员工，其直接上级要与员工讨论在酒店中的职业发展问题，确定出本年度的职业发展目标。目标与现有能力的差距就是培训的需求。对于第 2 区的员工，要明确其知识和技能的不符合具体有哪几项，这个差距就是第 3 区员工的培训需求。

由于每个员工的岗位或具体工作能力不同，所以在明确员工差距方面应该单独进行。人力资源部门要将每个员工的差距记录下来，以便在下一步制订培训计划时进行参考。

4. 编写培训需求调研报告

人力资源部门将所有的信息收集完整以后，要对信息进行整理和分析。分析时要注意对普遍存在的培训需求进行合并。最后在分析的基础上编写《培训需求调研报告》。报告最好以部门为单位进行编写，报告中一般应涉及“各岗位知识与技能要求”“各员工与要求的差距”“部门员工及经理对培训的建议”等内容。

《培训需求调研报告》经酒店讨论后，就可以作为制订年度培训计划的依据。

资料链接

培训部经理如何进行培训需求分析

某家四星级酒店连续搞了几个培训项目，效果都不好，受训者反映教师讲的内容不合胃口，没有用处。培训部经理很纳闷，请的教师是这方面的专家，为什么大家反映不好呢？他向培训专家请教原因。培训专家与他讨论了许久，详细调查了这几次培训的内容，授课教师的背景及学员的经验、学历等情况。最后，培训专家找到了问题的症结，即培训内容与受训者的需求不符。培训专家告诉培训部经理，培训不是选一个题目，找一个教师就能让受训者感兴趣的，关键是先要进行培训需求分析，然后设计培训方案，从而确定一个针对性强的培训主题。专家告诉培训部经理可以从以下途径了解培训需求：工作中仔细观察、进行质量检查、分析投诉缘由、分析住客率、了解市场变化、了解不一样的工作环境、员工反馈、针对不同素质员工确定需求。一旦发现需要培训的信号，就深入细致地分析问题，抓住问题的本质确定培训需求，这样的培训效果才好。

第四节　培训的难点——效果评价

在酒店培训工作中，培训课程是否及时有效是依靠培训的评估和反馈来完成的。如何评价培训效果是整项培训工作的难点。

一般来说，酒店培训效果评估信息收集采取的主要是定性和定量两种方法。定性评估是建立在经验、逻辑推理基础上的；定量评估是建立在数学、统计学、系统论、控制论、信息论、运筹学、计量学等学科基础上的。在评估培训效果时，既需要通过定量法以客观测量，又需要通过定性法以主观判断。

一、定性评估方法

1. 笔试（测验）法

对受训者参加培训前和培训结业时的学识、技能进行测验，如果培训后测验的成绩高于培训前，则表明培训有成效。

2. 工作态度调查法

于培训期间和结束时，用同样的调查表调查受训者的工作态度，如果两次调查的结果相比，结束时工作态度显然大有改变，则表示培训有成效。

3．跟踪观察法

培训结束几个月或半年以后，以书面调查或实地访问的方式，根据受训者工作量有无增减，工作素质有无提高，处理工作是否比以前熟练等方面进行评估。如果受训后的员工在工作热忱、工作态度、责任心、工作成绩等方面表现有所提高，则表明培训有成效。

4．听取意见法

调查或访问受训者的主管或下属，主管是否认为受训后员工的工作能力、工作态度有了提高和改变；所属员工是否觉得受训后的主管领导素质有了提高和改变。

5．面谈法

直接和受训者面谈，可以了解受训者在人格、行为特性、学习程度等方面的变化情况。如受训后的员工在以上各方面均有明显的变化，则培训有成效。

6．论文写作法

对受训者知识、逻辑力、思考力、文章写作等进行检查，评估对其的培训成效。

7．工作标准评估法

如员工受训后，在工作数量、工作质量、工作时效或工作态度上，均能达到组织所规定的工作标准，可认为培训已有成效。

培训效果的评估，必须根据培训课程的内容选择适当的方法。

二、定量评估方法

酒店培训的经济效益分析，就是分析企业开展培训活动是否划算，也就是要计算出它的培训投资收益率。这里有一个计算公式：

$$\text{培训投资收益率}=\frac{\text{培训收益}}{\text{培训成本}}\times 100\%$$

根据上述公式，首先要分析培训收益，其次要分析培训的成本。

1．培训收益

培训收益包括两部分：产量或销售量增加的价值、成本和费用减少的价值。

（1）产量或销售量增加的价值

因培训而增加的产量或销售量的价值，实际上就是增加的这部分产量或销售的利润。而利润的增加额等于产量或销售量的增加额与单位产量或销售量的平均利润的乘积。

（2）成本和费用减少的价值

1）原材料、燃料消耗减少的价值。

2）人工成本节省的价值。

3）因生产的残次品减少而节省的费用。根据估算，在实施一项有效的培训之后，总的残次品可下降 10%。如某企业在生产领域，残次品的年度成本为 145000 元，那么该项成本下降 10%就可为企业节省 14500 元。

4）因员工流失率降低而节省的费用。实施有效的培训至少可将员工的流失率降低。

假如某企业上年度流失 80 名员工，每个员工流失的成本约 5000 元，那么酒店每年员工的流失成本为 80×5000=400000 元。通过培训，流失率下降 20%，每年就可为企业节省 400000×20%=80000 元。

5）生产事故的减少而节省的费用。假如某个企业一年因生产事故而发生的费用为 40000 元，在实施一项强调安全生产的有效培训之后，生产事故发生的比例减少了 25%，仅此一项每年就可为企业节省 40000×25%=10000 元。

6）因机器设备维修费用的减少而节省的费用。许多机器的突发故障与新员工不恰当的操作有关，实施了一项有针对性的培训之后，机器的维修费用每年可减少 10%，假如某企业每年设备维修费用为 97500 元，那么每年可为企业节省 9750 元。

2．培训成本

培训成本包括直接成本和间接成本：间接成本主要指在培训期间，员工如果不参加培训，在工作岗位上为企业创造的价值总额。直接成本包括如下各项。

1）受训者的工资。如果是脱产培训，受训者的工资全部要计入培训成本，如果是半脱产或在职培训，受训者工资的一部分应计入培训成本。

2）其他人工开支。包括培训教师、培训组织管理人员、培训后勤服务人员的工资及外聘教师的费用等。

3）培训设施、设备的折旧费、日常维护与修理费，培训教材、辅导资料的费用及外租培训场地的费用。

4）一切因培训而发生的交通费、水、电、通信等费用。

以上是对培训收益和培训成本的分析，通过这些分析，我们根据公式可以计算出某一培训项目的投资收益率。

假如某酒店一年培训的各项成本之和为 150000 元，各项收益之和为 375000 元，那么该酒店该年的培训投资收益就为 375000/150000×100%=250%。

要精确地核算出培训的成本与收益是很难的，培训的成本与收益在很大程度上是估算出来的，因此培训的投资收益率也不会是一个十分精确的数字。这里主要从理论上阐述了酒店进行培训经济效益分析的一些基本方法和思路。

三、培训反馈

反馈的作用在于巩固学习技能，及时纠正错误和偏差，反馈的信息越及时、越准确，对改进和加强培训的效果就越好。

反馈的方式有如下几种。

1．对培训课程的反馈

（1）培训者反馈

参加培训的教师对课程的有效性、可信性加以评价。教师直接参与培训项目，又亲自授课，他们全面了解课程的教学情况和内容，他们在传授和安排课程内容上、技术上有一定的专长。他们知道哪些内容是有效的，哪些内容是有问题的或是无效的。在培训结束时当面向培训者请教有关意见，就课程修改提出具体建议。

（2）受训者反馈

参加培训的员工在提供课程反馈信息方面最有发言权。受训者可在评分表中对课程中各个小项目如内容、方法等方面逐一打分做出评价。此外，受训者还可以对课程中的教材质量做出评价。受训者反馈的信息可帮助课程设计者修改课程内容和编写体系，使下一次培训时更大程度地发挥课程的作用。

（3）专家反馈

请课程开发专家对课程的设计、内容、课题设计、教学方法的选择、评价技巧的使用及其他有关设计等方面提供反馈意见。

2．对培训项目的反馈

（1）上级反馈

这种反馈给培训组织者对培训项目提供了改进的详细信息。评价受训者的表现和工作实绩的最好人选就是他的上级，反馈意见可通过问卷调查或与其上司面谈得到。调查或面谈中的问题要尽可能具体，要能从中得到培训参加者有了什么变化的实实在在的信息。越实在、越明确、越具体就越好。这个方法得到的反馈资料可信度最高。

（2）下属反馈

培训参加者的下属也是征求反馈意见的对象。来自下属的反馈信息有主观性的成分，即下属对培训者的偏好、成见等，但这在评价过程中仍然有价值。征求下属的反馈意见，主要是询问受训者自从参加培训后，其行为有哪些变化。

（3）同事反馈

向受训者的同事征求反馈意见，以了解培训后受训者的工作表现和工作成绩。这个方法用得很少，因为它比来自受训者下属的反馈主观性还要大。这种情况出现的原因是受训者和同事之间的联系不是很密切，但它仍然是一种收集反馈资料的方式。从这个类型的反馈中，收集资料也主要是通过问卷调查和面谈的方法。

四、评估问卷

问卷调查是最主要的定性评估方法，这种方法针对性广泛、信息收集比较容易、成本较低。但问卷的设计是信息收集的关键，必须具有明确简洁的填写说明和格式，否则填写者会感觉不知所云；同时问题的设计要全面，针对性强，否则直接影响评估信息的有效性。以下给出了一些评估问卷的样本，供参考。

1．受训者（学员）评估问卷（见表 5-2）

受训者（学员）评估是指学员对教师、教学内容、培训管理等方面的评价，以问卷或小型会议方式进行，这种方式的优点是简单易行，能在短时间内获得较多的信息，可信度高，且不受级别、性别、年龄等方面的影响。

表 5-2 教师教学质量评估表

课程： 任课教师： 年 月 日

评估项目		教学态度				教学内容				教学方法				教学能力				教学总体评价			
评估标准		备课充分，讲授认真，教风端正，恪守教学时间，认真批改作业，耐心辅导学生。				重点突出，层次清楚，概念准确，论证严谨，联系实际，内容充实。				针对学习实际因材施教；教学方式灵活多样；善于抓住课程的重点、难点、疑点。				思维清晰，逻辑性强；言简意明，表达清楚；板书清晰，简繁适度；驾驭课堂能力强。				理论水平高；讲授技巧灵活；分析问题透彻，表达能力强；善于钻研业务，有进取精神，教学效果显著。			
课程名称	授课教师	优	良	中	差	优	良	中	差	优	良	中	差	优	良	中	差	优	良	中	差

2．领导者对培训活动的评价问卷（见表 5-4）

领导者评估是指经办培训事务的管理人员或高层领导对整个培训过程的评价，其优点是评价所得结果可以佐证或解释其他评价方式所获得的信息和结论。其缺点也是明显的：易受以往资料、个人人际关系、个人价值观、个人对教学方法的偏好等因素的影响，而有先入为主的偏见。

3．总体评价表（见表 5-3）

表 5-3　培训综合评价表

姓名：__________　课程：__________　评价时间：________ （请在您认为适当的位置画圈：5——优秀　4——良好　3——中　2——中下　1——差　*——不知道						
一、学习活动总体质量						
1．教师能刺激好奇心、独立思考	5	4	3	2	1	*
2．学员在课堂上的参与性	5	4	3	2	1	*
3．所用教学方法能较好帮助您学习	5	4	3	2	1	*
4．本课程在满足您的需要和愿望上，达到了何种程度	5	4	3	2	1	*
二、教师的质量或特点						
5．在与学员的交往中，教师具备并使用了处理人际关系的技能	5	4	3	2	1	*
6．教师是否有足够的能力	5	4	3	2	1	*
7．教师对学科知识的掌握程度	5	4	3	2	1	*
三、物质方面						
8．所提供的学习材料对于促进您的学习是适当的和有用的	5	4	3	2	1	*
9．学习环境的物质特点（教室、条件、舒适、避免外界干扰）有益于学习的情况	5	4	3	2	1	*
四、评价						
10．在让您不断了解您的进步方面	5	4	3	2	1	*
11．学习评价与您的具体课程目标的相关性	5	4	3	2	1	*
五、课程目标						
12．课程目标的明确程度	5	4	3	2	1	*
13．所选科目与课程目标的关系	5	4	3	2	1	*
14.您参与确定课程目标的程度	5	4	3	2	1	*
15.课程目标的实现程度	5	4	3	2	1	*
六、评论	5	4	3	2	1	*

案例分享

山东德百温泉度假村邀请专家到该酒店考察，并为该酒店的温泉项目提出改进建议。

建议没提多少，专家倒是有了意外收获。

意外收获来自该酒店的人力资源部。考察中专家发现，该酒店温泉中心的服务员工作状态很好，因有该酒店分管行政工作的吕书记陪同，便疑惑是不是只有领导在场才如此。

吕书记没有回答专家的疑惑，而是拿出了三个文件夹，封面上分别写着：每天进步一点点案例、用心做事案例、反面案例，并且标注有日期。专家粗略地看了其中几个案例，发现记录的多是员工对工作主动性和自觉性的认识。比如，不是自己职责范围的事，他们做了；暂时可以不做的事，他们先做了；可做可不做的事，他们还是做了。而且做的这些事，自己不说，领导和同事未必会知道；自己不做，领导和同事也未必会责备。而每篇案例的作者正是当事人，这其中也包括反面案例。

"如果说，正面案例作者的'自我标榜'是为了得到奖励，那么，反面案例的作者为什么要将'劣迹'曝光呢?"笔者问。

吕书记递给专家一张表格，说："这是要给予员工'温柔的压力'，有点压力，但不强迫。好的激励制度可以改变人的惰性"。她指着表格上有关奖励金额的部分，说："这个奖励成本是可控的，随着经济效益的提高，在奖励人数和金额上也将水涨船高。"

吕书记说："以前，酒店没少给员工灌输各种服务理念，也很重视企业的文化建设，员工收入除了基本工资以外，还有效益奖金，但是，员工的表现还是乏善可陈。自从实行'写案例，给奖励'激励制度之后，员工增加了项'表现奖'收人，员工的精神面貌换然一新，工作的主动性、自觉性、积极性都有明显提升。"

[对管理者的启迪]

1.要开阔员工激励的思路。

2.在新形势下，面对新的员工要探索新的激励方法。

3.实践证明，酒店实施的正面案例、反面案例实践是十分有效的员工激励方法。

本章小结

（1）基层组织培训活动一般采用的程序是：掌握培训需求、制订培训计划、列出培训内容、采用合适的培训方法和培训技巧，最后进行培训评估。

（2）基层培训的关键是需求分析。培训需求分析必须考虑一些基本问题：受训者的知识、技能、态度、希望、经历；环境因素，等等。

（3）基层培训的难点问题是培训效果评价。培训效果评价既需要通过定量法以客观测量，又需要通过定性法以主观判断。

思考与练习

（1）基层管理人员在培训中应承担哪些责任？

（2）简述培训的流程。

（3）你认为酒店培训中哪些内容最重要？

（4）你对培训投资收益率是怎样理解的？

（5）培训效果的评估有哪些常用方法？

（6）作为一名培训员，请写一份培训大纲。内容：如何进入客房；培训时间：40 分钟。

第六章 压力管理

课前导读

21 世纪大背景，我国社会经济节奏持续加快，“郁闷”“囧”“杯具”等网络语逐个流行，反映了现代人面临巨大的生活和职业压力。在酒店行业竞争的加剧、服务质量要求的提高、员工流失率上升连带工作负荷的增加等多种因素作用下，有关调查显示，81%的酒店员工表示工作“压力非常大”和“压力较大”。压力管理，是关系到员工职业心理健康、酒店经济效益和形象的重要问题，是酒店督导须特别重视的管理内容。

教学目标

（1）理解压力的内涵及其对工作绩效的作用。
（2）认识酒店员工压力源及压力过度对酒店的影响。
（3）熟悉影响压力反应产生的各种因素。
（4）领悟酒店压力管理的策略，更好地进行员工工作压力管理。

第一节　压力概述

现代社会中，压力是一个无处不在的现象，可以说压力与我们如影随形。人们在对“压力”一词进行实际运用时，不同人有着不同的理解。为更深入、更明确地探讨压力应对和压力管理的问题，有必要认识和厘清“压力”概念、内涵、反应过程等基本问题。

一、压力的概念

“压力”（Stress）一词来源于拉丁文“stringere”，原意是困苦。

1936 年，加拿大生理学家汉斯·薛利（Hans Selye）在《各种伤害作用引起的综合征》一书中，第一次使用术语“stress”，认为压力就是“人或动物有机体对环境刺激的一种生物学反应现象，可由加在有机体上的许多不同需求引起，并且是非特异性的”。“非特异性”是指尽管环境刺激或需求可能多种多样，但机体的生物学反应却是相对不变的。

20 世纪五六十年代，美国心理学家拉扎鲁斯（Lazarus）强调认知因素在压力反应中的作用，给压力概念注入了新的内涵。他将压力定义为："个人与环境中的人、事、物的一种特别关系，这种个人与环境中的人、事、物的关系，被评估为是有心理负担的，或超越其资源所能负担的，以及危害其健康及个体综合利益的。"此定义把压力看作一种主观能动的过程。

事实上，由于压力本身的复杂性和学者们研究的不同侧重点，至今压力还没有一个被普遍接受的定义。

我国学者石林综合各种观点后，认为压力既是那些使人紧张的事件或外部刺激，即压力源；也是这样的外部刺激加诸个体后，个体感到当前的需求和自己应付需求的能力不平衡，所产生的身体和心理上的反应。

工作压力从压力的定义衍生而来，当压力发生在工作场所时就成为工作压力。

二、压力的内涵

一般来看，人们对压力的理解至少有以下三方面的含义。

1．压力是那些使人感到紧张的事件或环境刺激

按照来源不同，可以大致分为以下三类。

（1）社会压力

每位员工都是社会的一员，自然会感受到社会的压力，小到社区、地区，大到国家、洲际，具体如社会地位、国家发展、经济周期、生活条件、气候冷暖、财务问题、住房问题等。

（2）生活压力

人们日常生活中的每一件事情都可能会成为生活压力。美国著名精神病学专家赫姆斯（Helmes）列出了 40 多种生活危机事件。研究表明，对人的健康影响最大的前十种压力为：配偶死亡、离婚、夫妻分居、坐牢、亲密的家庭成员死亡、个人受伤或生病、结婚、失业、复婚、退休。

（3）工作压力

一般工作压力包括工作负荷过重、人际关系紧张、工作与家庭冲突、管理角色、个人责任重大、职业发展困惑、组织气氛低落、角色模糊等。

按照持续时间长短，压力还可以分为长期慢性压力，诸如拥挤、噪声、经济衰退等；突发性紧急压力事件，诸如火灾、车祸、竞赛、家人去世等；不定期的人际互动压力，诸如与领导、同事、顾客等人际关系紧张问题。

按照产生时间不同，压力可分为：预期压力，由未来某种因素引起，即担心；情境压力，指当前马上的威胁、挑战或骚动；残余压力，指过去的一种压力，我们不愿或不能释怀。

有心理学家做了一个实验：要求一群实验者在周日的晚上，把未来 7 天所有烦恼的事情都在一张字条中记录下来，然后投入一个大的"烦恼箱"。到了第三周的星期日，他在实验者面前，打开这个箱子，逐一与成员核对每项"烦恼"，结果发现其中大部分没有发生。

接着他又要求大家把剩下的那张字条重新丢入到纸箱中，等过了三周，再来寻找解决的方法。结果到了那一天，他开箱后，人们发现那些烦恼已不再是烦恼了。

烦恼是自己找来的，这个就是所谓的"自找麻烦"。据统计，一般人的忧虑有 40%是属于过去，有50%是属于未来，只有10%是属于现在。而92%的忧虑是从未发生过的，剩下的8%则是可以轻易应付的。

2．压力是人体对外部刺激的一种生理、心理和行为的反应

有人说：“时间不够用，工作怕是干不完了，我感到压力好大。”这里他就用压力来指代他的紧张状态，压力是他对事件的反应。这种反应包括几个成分：一是心理成分，包括个人的思维、情绪等主观体验，也就是所谓的“觉得紧张”“感到焦虑和压力”；二是生理成分，包括心跳加速、口干舌燥、胃部紧缩、手心出汗等生理反应；三是还可能存在行为成分，包括抽烟、唠叨等行为上的改变。这些反应合起来称为压力状态。

近年来，职业倦怠（Job Burnout）现象引起了社会的广泛关注。职业倦怠被认为是个体在长期压力体验下，不能顺利应对时产生的一种极端反应。典型表现为：对工作丧失热情，情绪烦躁、易怒，对前途感到无望，对周围的人、事物漠不关心；工作态度消极，对服务或接触的对象越发没耐心、不柔和；对自己工作的意义和价值评价下降，常常迟到早退，开始打算跳槽甚至转行。

职业倦怠是一种最容易在第三产业如酒店服务行业中出现的身心疲劳与耗竭的症状。

3．压力是个体与环境间不匹配而产生紧张的一个主观能动的过程

根据这种说法，压力不只是刺激或反应，而是一个过程。在这个过程里，个体是一个能通过行为、认知、情绪的策略来改变刺激物带来的冲击的主动行动者。在现实生活中，我们常常发现，人们在面对同样的压力事件时，可能会体验到不同的压力状态程度。比如，同样是面临退休这个压力事件，有的人在退休后过得快快乐乐，也有人整日郁郁寡欢。再比如，上班的途中遇到堵车，对于某些人来讲也许只是一般情况，对于另外一些人来讲就会觉得烦躁不安，继而引发许多不良情绪。

从前，有个老太太有两个女儿，大女儿嫁给了卖雨伞的，二女婿则靠卖草帽为生。一到晴天，老太太就焦虑忧愁，唉声叹气，说：“大女婿的雨伞不好卖，大女儿的日子不好过。”可一到雨天，她又想起了二女儿：“又没有人买草帽了。”所以，无论晴天还是雨天，老太太总是担心和不高兴。

一位邻居觉得好笑，便对老太太说：“下雨天你想想大女儿的伞好卖了，晴天你就想二女儿的草帽生意不错，这样想，你不就天天高兴了吗？”老太太听了邻居的话，一想，果然没错，脸上也有了笑容。

在这个故事中，老太太前后面临同样的环境，压力状态却发生了变化。原因就是她对事件的解释和应对方式发生了变化。正如古希腊一位哲学家所说：“人类不是被问题本身所困扰，而是被他们对问题的看法所困扰。”

三、压力的反应过程

心理学家发现，人体对压力的反应分为三个阶段：警觉反应阶段、抗拒阶段和耗竭阶段。

1．警觉反应阶段

在这个阶段，人体注意到压力来源，迅速做出自我保护性调节。如果这时的防御性反应成功，警戒就会解除，人体恢复正常活动。大多数短期的压力都在这个阶段得以解决。

在警觉阶段，不同的人可能有不同的感受，有人可能会体验到脸发热，有人可能会感到颈部僵硬，有人可能感到恐慌无助不知如何应对。如果警觉反应没有消除压力，人们往往会进入压力反应的下一个阶段——抗拒阶段。

2．抗拒阶段

如果不能控制外界因素的作用，或者由于第一个阶段的反应没有排除危机，从而使压力仍然存在，那么人体就会进行全身性的总动员。在这个阶段，人们一般处于高度的唤醒状态，与压力来源进行对抗。抗拒阶段的典型特征是“敌我”双方势均力敌。为了对付紧张状态及由此引起的一系列不良反应，个体不得不竭力调用体内的各种潜能进行拼命的抵抗和殊死的搏斗。这个阶段个体处于高度焦虑状态，感到工作和学习困难重重，认知和思维能力下降，工作效率较低，容易烦躁，可能出现抑郁症状或伴随更多的胃溃疡、动脉硬化，头痛、血压升高等身体症状。如果压力因素持续超过个体继续抵制的能力，就进入第三阶段——耗竭阶段。

3．耗竭阶段

人体没有能力去应付长期压力，在能量即将耗尽、压力仍未克服之时，人体的唤醒状态开始下降并出现濒临崩溃。这个阶段，导致个体焦虑、沮丧、对工作不满；人的免疫系统开始受到破坏，这也是为什么在持续的高压力下人容易患病和衰老的生理机制。

四、压力的内部机制

根据罗宾斯的压力理论，工作压力的产生由环境、组织、个人三方面潜在的因素构成。环境因素包括经济、政治和技术等的不确定性；组织因素包括工作任务要求、角色要求、人际关系要求、组织结构、组织领导作风、组织生命周期等；个人因素包括家庭问题、经济问题及个性特点等。至于这三个方面的因素是否会导致现实压力感的形成，取决于个体差异，如个人认知、工作经验、社会支持、控制点观念以及敌意感等。个体体验到压力后，相应的结果则包括生理症状、心理症状、行为症状三个方面（见图 6-1）。

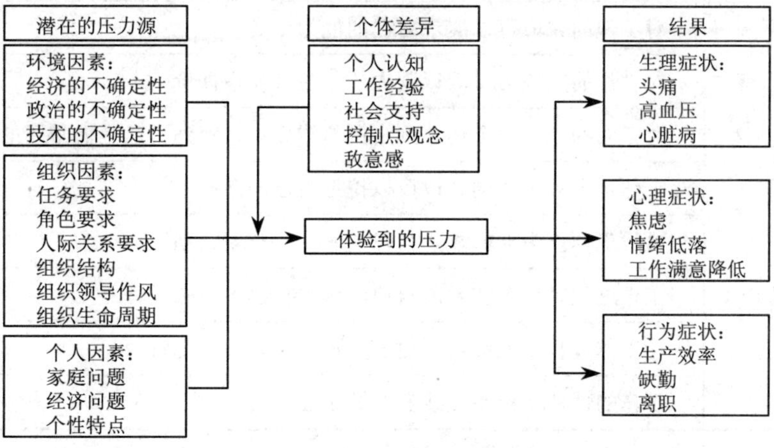

图 6-1　罗宾斯的压力理论

我国学者姜乾金根据近年来的研究，提出“压力多因素作用系统”体系，即压力不是简单的因果或刺激—反应过程，而是由压力源、压力反应和其他许多有关因素所构成的多因素之间相互作用、反馈调节、控制的系统（见图 6-2）。压力源指各种可能引起压力生活事件；压力反应体现在心理、行为和生理三方面；压力的中间变量包括认知评价、应对方法、社会支持以及个性特点等，它们影响生活事件对个体心理、行为和生理上的压力反应。

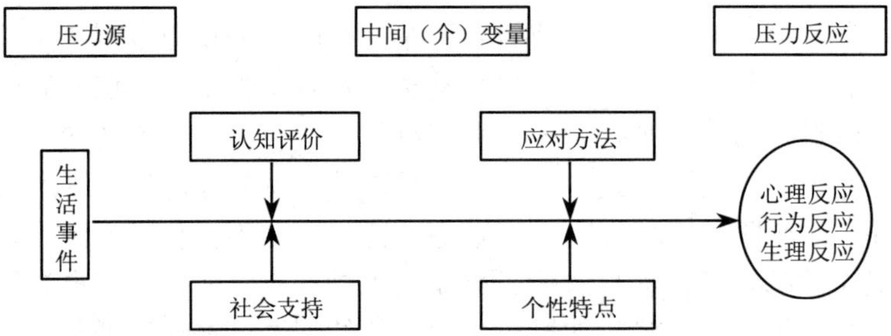

图 6-2　压力多因素作用系统

五、压力的积极性和消极性

一般认为，压力对个体健康和工作绩效有阻碍和消极的作用。事实上，压力是一把双刃剑，对个体和组织的影响既有消极的一面，也有积极的一面。关键在于压力的性质以及压力量的大小是否在人们的控制范围内。

性质方面，某些事件和工作环境能使人们感到兴奋和干劲倍增，如结婚、生子、职务的晋升等，引起的压力是积极的、愉快的，这是积极压力的一种形式；而另一些情况则使人们受到威胁并感到不安，比如火灾、地震、失恋等。据有关研究，个体将压力源评价为有利于个体的自我提升时（包括保持和提高自尊、自我实现）对应的工作特性（见表 6-1），积极压力和结果就有可能产生。

表 6-1　自我提升的内涵及其与之相对应的工作

自我提升	工作特性
保持和提高自尊	对工作的完成可以展示自己的能力
	对工作的完成可以取得别人的赞赏或积极评价
	对工作的完成使个体感到自己的重要性，感到自己是被需要的
自我实现	个体认为对工作的完成可以挖掘自己的潜能
	挑战工作压力能够显示自己的聪明、智慧、创造力
	工作过程是完善和发展自己、体现自己价值的过程
	在工作过程中能够获得更多知识，可以开阔视野
	工作的性质是给予爱或者有益于社会

积极压力大多时候产生的是积极的效果。但是，因个体情况的不同或外界环境的改变，过度的积极压力也会给人带来消极的影响。如由于职务晋升引发的担心或不知所措。

压力量的大小，主要考虑的是个体对压力的心理承受能力。工作压力和工作效率之间的关系可以用倒 U 形曲线形象地表示出来（见图 6-3）。当工作压力过小或过大时，工作效率都较低。压力较小时，人处于松懈状态，效率自然不高。当压力逐渐增大时，压力成为一种动力，它会激励人们努力工作，效率将逐步提高。当压力等于人的最大承受能力时，人的效率达到最大值。但当压力超过了人的最大承受能力之后，压力就成为阻力，效率也就随之降低。因此，关键是要找出压力存在的最优点，并以此为标准，当压力较小时应适当增加压力，当压力较大时应缓解压力。

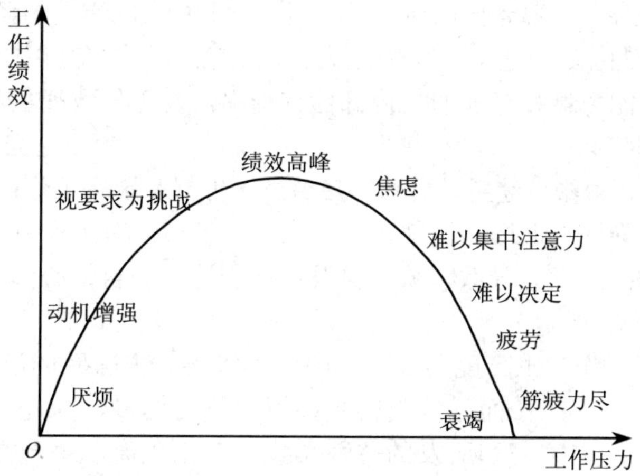

图 6-3　工作压力与工作绩效关系

六、工作压力对个体和组织产生的具体影响

1．工作压力的正面效应

通常，适度的压力会消除员工的惰性，使员工集中精力，增强机体活力，提高忍耐力，减少错误的发生。适度压力会帮助人们管理好自己的压力和职责，并保持一种平衡的生活方式。他们将会感到放松、自信和精力充沛。当人们在压力情境下不断地学会应对它的有效办法时，就可以不断提高应对能力，工作效率也随之提升。

资料链接

宋徽宗是一位喜欢书画并且造诣很深的皇帝，他有一天问随从：“天下何人画驴最好？”随从回答不出来。退下后急寻画驴出名者姓甚名谁，焦急中得知一名叫朱子明的画家有“驴画家”之称，即召朱子明进宫画驴。

朱子明得知被召进宫是为皇上画驴时，吓出一身冷汗，原来他根本不会画驴，他本是画山水的画家，因为有同行戏弄而给他起了个“驴画家”的绰号，并非擅长画驴才得的“驴画家”。但皇上之命不可违，情急之下的朱子明苦练画驴技术，先后画了数百幅有关驴的画，最后竟阴错阳差地得到了皇上赏识，真正成了天下第一画驴之人。

从朱子明被逼画驴的压力小故事中，我们可以得到启发：组织利用设计具有挑战性的目标、激发员工的成就动机等手段，给下属以一定程度的心理压力，可使其动机得以激发、更好地释放和发挥能动性。

2. 工作压力的负面效应

美国政府的一项调查表明：美国每年有10万人死于与工作有关的疾病，有39万人因为工作而染病，严重的压力是造成这些结果的主要原因。通常，压力产生的不良后果主要集中在三个方面：生理症状、心理症状和行为症状。

（1）压力的生理症状

心理学家的研究结果表明，持续的压力会使人出现新陈代谢紊乱，心率、呼吸率增加，血压升高，溃疡，头痛，肠胃功能紊乱等症状。可见，过大的压力会极大地伤害人们的身体健康。压力到极限时，甚至会出现生命危险。日本人创造了一个名词叫“过劳死”（Karoshi），意思就是因工作过度、压力过大引起心脏病发作或脑中风而猝死。当压力持续加强，人体的抵制能力最终会崩溃，内部器官受损，甚至导致死亡。

（2）压力的心理症状

常见的有：焦虑、紧张、迷惑、急躁、疲劳感、生气、厌恶工作；情绪敏感、易激怒、感情压抑、交流效果降低、退缩和忧郁、孤独感和疏远感；对工作具有过度不满情绪、精神疲劳和低智能工作；注意力分散、缺乏自发性和创造性、自信心降低等。

（3）压力的行为症状

常见的有：拖延工作、生产能力减弱；酗酒和吸毒、去医院的次数增多；由于逃避、饮食过度导致发胖；由于胆怯而导致吃得少；冒险行为增多，如超速驾驶和赌博；侵犯别人、破坏公共财产；与家庭和朋友的关系恶化；自杀；离职率升高，迟到、旷工次数增加等。

对于企业组织而言，员工的压力已经成为一种普遍现象，工作压力在员工生理、心理以及行为上的反应必然影响到企业组织运行的经济结果以及企业的形象。

第二节　酒店员工压力分析

相比其他行业，酒店员工的工作压力要大一些。据有关调查显示，81%的酒店员工认为工作“压力非常大”和“压力较大”。作为酒店工作人员，酒店督导同一线员工一样，在工作的过程中，面临着来自方方面面的压力。

一、酒店员工压力源分析

造成工作压力的因素称之为压力源。压力源的形成是多方面的，也是复杂的。不同行业的员工工作压力源既有其共性，如社会变化、经济发展、就业环境、人的普遍需求等；也有其行业的特殊性。我们从组织、环境、个体三方面因素进行酒店员工压力源分析。

1. 组织因素

组织内有许多因素能引起压力。如工作性质本身、角色负载、角色冲突和角色模糊、员工的职业发展、领导风格、工作中的人际关系、员工流动率过高、工作环境等都会给员工带来压力。组织因素是产生酒店员工压力的最主要因素。

（1）工作性质本身

酒店服务工作本身对酒店从业人员的身体和心理承受能力有很高的要求。

首先是“客人永远是对的”“顾客至上”的服务原则，要求员工无论喜怒哀乐，都要微笑耐心面对客人。如果员工的服务意识、对客心态等培训工作不到位，员工在服务的过程中难免出现自卑或神经高度紧张等心理失衡现象。另外，一些苛刻、挑剔的客人会提出一些过高的要求，也有些客人会在言谈举止中不自觉地表现出对服务行业的轻视和不尊重，增加了员工的心理压力。如果管理人员接到客人对员工的投诉时，不分青红皂白先把员工批评一顿，员工有理难辩，更觉委屈、压抑。

其次是工作任务单一、缺乏自由度和控制度，常常使员工感到厌倦。现代化的酒店企业如果过分强调标准化服务和分工精细，员工感到年复一年、日复一日地在同一时间做着同样的事情，比如一些餐饮部、客房部的基层员工每天都重复着相同的工作任务，那么工作本身就会变得枯燥无味、缺乏挑战、令人压抑，长此以往，员工会丧失对工作的热情和积极性。尤其是那些不满足个人价值现状、追求自我实现的员工，在工作中往往因感到缺乏参与感和成就感而产生烦闷和倦怠情绪。

另外，酒店工作时间的无规律性也给员工造成压力。人的生理和心理活动都有一定的周期性，长期无规律的工作直接导致个体生理活动周期的紊乱，并造成工作安全感的丧失，因为任何时候都可能被要求加班，还影响到个人的生活和休闲。酒店服务工作因为是 24 小时全天候的服务，加上有些酒店人手短缺，长期无规律的工作轮班、工作时间的不灵活、可自由支配时间少、工作时间长短不可预知等都会给员工造成压力。

（2）角色负载过重

在固定的时间内，人能够挖掘的心理资源是有限的。因此，没有人能够在长期不断的压力之下一直保持工作的最佳水平，紧迫的时间、过量的工作、过高的工作要求只能使人疲于奔命，情绪焦虑不安。当忧患感更为严重时，甚至会引发精力衰竭。从长期工作的角度来看，工作过量和时间紧迫使得人们没有时间来欣赏周围的世界，没有时间静下心来反思工作和工作方式，导致低效率工作和糟糕的心理健康状况。

酒店业面临激烈的市场竞争，服务质量要求不断提高，酒店工作重视细节服务，繁杂而琐碎，意外情况多，酒店员工工作要求高、工作量大、工作任务时间紧迫。尤其在节假日、旅游旺季或接待大型团队客人时，常连续加班，往往出现体力不支的现象。再加上有些酒店员工流动率非常大，人手短缺、培训不足，员工因承担过大的工作量或技能难以达到工作要求，必然会因其能力和精力难以为继而产生压力。

（3）角色冲突和角色模糊

当一个人同时必须扮演多重互相冲突的角色或当一个人角色模糊而不清楚自己的角色定位时，那份不安与焦虑也可能引起压力的产生。

在酒店服务中，由于服务产品的无形性，一些酒店员工并不清晰地知道自己的工作职责。同时，在服务的过程中，员工既要考虑客人的需求又要顾及酒店的利益，既要尊重客人也要维护自己的尊严。特别是如果员工没有必要的能力和知识，管理人员又不及时对员工进行指导和传递信息，或者多个管理人员进行多重不同指令，员工有时会不知所措，无法确定最好的服务方法，无法判断各项服务工作的重要性，容易造成员工角色不明确，使得员工在工作中茫然慌乱，工作压力增加。

（4）员工的职业发展

员工在企业工作，不仅是为了从企业得到金钱的回报，同时也期望个人的能力和价值随着企业的发展而得到实现和提高。如果员工的事业目标不明确、事业停滞不前，感到工作的社会价值和社会地位低或者担心工作不稳定都会导致过重的心理负担，加大工作压力。

“酒店是吃青春饭的行业”的观念在一般员工的心目中可谓根深蒂固，而传统、粗放型的人力资源管理方式缺乏对员工职业生涯规划的引导和帮助，使得员工对未来的个人发展感到迷茫和无助。

（5）领导风格

领导风格是指组织的中高层管理人员的管理风格。有效的领导风格会带来良好的组织氛围和高绩效。反之无效甚至有害的领导风格会导致以员工的紧张、恐惧和焦虑为特征的组织文化，他们会使员工在短期内产生幻觉式的压力。

当前，在管理中把人纯粹看成经济人的理论已经过时，但在实际运用中却还常常存在。不少酒店管理者习惯于采用严格而生硬的管理方式。他们较注重酒店服务质量的物化标准而忽视员工的情感需求，常常对员工采取居高临下、命令式的态度，很容易让员工产生紧张、压力感。规章制度方面，存在过于严厉的条款，惩罚措施多、奖励措施少，管理缺少人性化，使员工在强大的制度压力下时时都有如履薄冰的感觉。另外，个别管理者素质和水平存在欠缺，也给员工带来畏惧、愤怒、焦虑等不良压力反应。

（6）工作中的人际关系

人是社会人，是情感动物。组织中员工之间以及部门之间出于利益关系和竞争考虑，可能产生社会对比倾向和人际矛盾。加上员工个性特点、思维方式、价值观念的不同，也可能导致矛盾和人际冲突，甚至引起同事间的误会、隔阂等人际沟通障碍，造成员工心理压力。

酒店中人际环境较差的部门、班组，往往让人产生疏远感和逃避感，其情感氛围是压抑的、凝重的，员工与员工之间，员工与管理人员之间的亲疏、厚薄关系十分明显。在这样的环境中，员工极易产生情感冲突。

（7）高员工流动率

高员工流动率既是压力的结果也是形成压力的原因，它们之间互为因果，易形成恶性循环。

员工流动率过高，一方面造成老员工工作量过大、新员工工作技能不足并成为老员工的包袱；另一方面身边同事的不断离开会给员工传递工作不稳定的信号，并影响良好人际关系的营造。尤其管理人员的流失还会给普通员工带来管理风格适应方面的困扰。

目前，酒店员工的高流动率问题已经成为了酒店管理层和学术界探讨的重点和难点问题。酒店员工队伍不稳定，极大地影响了员工士气和酒店业务。

（8）工作环境

工作环境包括物理环境和心理环境两个方面。员工工作场所的物理特性会使员工产生压力感，温度、噪声、照明、空气质量、安全措施、休息、卫生设施等都会影响到员工的健康，引起心理压力，最终影响到员工的工作学习效率。比如狭窄的空间让人紧张，引起心跳加速、血压上升，个别人甚至心脏病发作；噪声容易导致员工注意力无法集中等。

一般人认为酒店工作环境“富丽堂皇”“冬暖夏凉”“温馨舒适”。而事实上，酒店的环境设计强调以顾客为核心的理念，员工的生理和心理需求往往受到忽视甚至漠视。相比对客区域的精致豪华，员工工作和休闲区域环境与之差异较大，甚至存在天壤之别。有调查发现，目前酒店员工工作环境普遍存在：员工缺乏应有的休息场所、后台区域过于简陋、环境设计缺少安全考虑、缺少工余的休闲娱乐活动场所等问题。

工作的心理环境是指组织内形成的员工心理氛围。沟通顺畅、团结进取、关心员工、作风民主的组织会使员工感觉心情舒畅，压力相对较小。相反，工作环境节奏很快、同事之间互动少、简单粗暴的管理则会令人感到孤独乏味、充满恐惧，产生强大的压力感。

2．环境因素

这里的环境因素特指外部环境。环境的不确定性会影响员工的压力水平。它包括经济、政治和技术等方面的不确定性。

商业周期引起的经济不景气、客源市场萧条会导致酒店经济效益下滑，伴随的往往是劳动需求减少、员工下岗的威胁增加、薪水下调、工作时间缩短、经济和生存保障压力增加等后果。在政治体制不稳定的国家或企业，政治变革和政治威胁总会诱发不稳定感和压力感。技术的更新也会使员工的技术和经验在很短时间内变得陈旧从而引发压力。另外，社会的伦理道德状况和环境问题、社会地位和社会分配问题、教育和住房问题等也会使员工感受到不同程度的压力。

我国正处于由传统向现代转变的社会变迁时期。人们的价值观念、思维方式、生活方式以及行为方式等都将并正在发生巨大的变化。处在社会最前沿的年轻人，将最先感受到社会变革所带来的压力。

3．个体因素

个体因素包括家庭问题、经济问题以及能力和个性特点等方面。

（1）家庭问题

家庭方面的压力威胁主要包括婚姻关系、子女教育、养老责任等，这些压力源都会造成个体的经济与心理负担。如果酒店员工工资薪水减少、福利待遇水平下降，也会增加家庭经济方面的压力。另外，由于从事酒店服务的员工工作时间具有不稳定、节假日繁忙等特殊性，容易造成工作与家庭要求的冲突，甚至引起家庭的紧张关系或家庭困难和不幸。这些负担与压力如果长期得不到缓解和疏导，将会使员工情绪更为焦虑、身心疲惫。

（2）经济问题

经济问题伴随人生整个过程。个人的收支一旦失衡必然会给他们带来压力感。就业压力大和收入不稳定之间的矛盾、物质欲望高和购买力不足之间的矛盾，经常会对人产生极大困扰，导致强大的心理压力。酒店员工工资水平整体偏低，对于平时消费需求较大的年轻员工以及有较大家庭负担的中年员工来讲，经济压力影响较大。

（3）能力和个性特点

压力产生最本质的原因就是个体拥有的资源和工作要求之间的不平衡。同样一份工作，对于能力不同、个性不同的两个员工来说，会产生不同的压力。学习能力强、个性特点符合工作角色的员工会很快掌握和适应新工作，反之将会感到紧张和不适应。

酒店员工由于自身的工作技能不高和工作经验不足，会加大工作的难度和工作的负面心理负担，焦虑、烦躁的心情也会随之产生；员工如果不能正确评价自己的能力，高估自己，会导致失望和后悔等负面情感；如果缺乏自信和与人沟通的能力，也会影响酒店服务工作的质量和心理状态；不擅长时间管理，分不清主次等都会给员工带来不必要的烦恼和紧张情绪。

二、酒店员工压力过度带来的影响

1．员工健康状况

有相关研究表明，酒店员工身体不适症状及精神不佳状况问题严重。酒店行业工作的特殊性和岗位操作的机械性、工作时间变化大、且工作时间较长等因素造成了酒店员工精神不佳、疲惫乏力；工作岗位流动性大、劳动机械性时间长、休息和饮食无规律等原因造成了酒店员工的相关疾病，如乙型肝炎、胃炎、胃溃疡、腿疾病、偏头痛、腰肌劳损、心律不齐等。目前我国酒店前厅、餐饮和客房部门员工最常见的身体劳损是颈背痛和腰腿痛，严重者产生肩周炎或张力性腰腿综合征。

2．酒店经营效果

工作压力过大影响员工的生理、心理、行为健康，进而影响工作效率和企业经营效果。

（1）降低酒店服务质量

服务产品质量是提供这一产品的人员的爱岗敬业态度、业务技术水平以及特定环境下的情绪状态的综合反映，客人是通过服务人员的面目表情、语音语调、工作准确率及效率等要素来评价服务产品质量的。很难想象，一个承受着巨大压力、对工作有诸多不满的员工会对客人自然而真诚地微笑、提供无微不至的服务。同时，过度压力造成的紧张情绪也增加员工工作失误的概率，降低顾客满意度。员工压力过大，最终受损的还是酒店本身。

（2）影响组织氛围

恶劣情绪、消极心理，如同病毒和有害细菌，具有传染性。美国心理学家加利·斯梅尔在长期研究中发现：原来心情舒畅、开朗的人，若同一个整天愁眉苦脸、抑郁难解的人相处，不久也会变得情绪沮丧起来，一个人的敏感性和同情心越强，越容易感染上坏情绪。

员工受心理压力的煎熬，对酒店发展漠不关心、个人前景失去信心，组织内良性的沟通减少，上下级之间、员工之间缺乏互信、协作精神，矛盾冲突不断；组织气氛压抑，打击了员工工作的积极性、主动性，更谈不上创新；行为上多抱怨、争执、挑剔等，这些现象不仅有害于员工个人的身心健康，还间接或直接地影响了酒店的生产经营，最终影响酒店经济效益和发展。

（3）增加员工流动率

员工压力过大会影响员工工作满意度和组织忠诚度，最明显的是体现在员工流动率上，目前酒店业普遍存在员工流动率高的问题。一项统计表明，北京、上海、广东等地区的酒店员工平均流动率在30%左右，有些酒店甚至高达45%。员工的流失会给酒店带来一定的成本损失和招聘、培训费用等的增加。美国《酒店和汽车旅馆管理报》报道，理彻费尔德酒店管理公司总经理彼得估计，该集团每年仅员工流动带来的经济损失就高达 1.8 亿美元，其中每一员工流动造成的损失平均为 1400 美元。另外，员工流动还影响酒店的服务质量，使酒店业务受损，并影响士气。

（4）加大管理成本

一个人感到压力过大时，第一反应是逃避，员工一般都会采取消极的方式来躲避工作以缓解压力。所以，过大的工作压力会导致员工整体缺勤率增加，特别是频繁的短期的缺勤增加。酒店业作为劳动密集型企业，且分工较细，过高的缺勤率使得管理人员疲于应付，也增加了其他员工的工作负担。另外，为疏导过高的员工压力，酒店还要采取与员工进行沟通辅导、组织员工外出旅游学习、为身体不适的员工提供假期、向员工提供健身场所和器材等措施，也增加了成本支出。

第三节　压力反应产生的影响因素

面对同样的压力事件和刺激，不同的人会表现出不一样的压力反应症状，主要是由于个体之间存在认知、人格特点等方面的差异；另外，在压力反应产生以后，人们所采用的应对策略也有所不同，影响了压力反应的后续发展。

一、个体差异

对压力作用的个体差异至少体现在以下几个方面：个人认知、AB 型性格、控制点、个人期望、工作经验、社会支持、健康状况等。

1．个人认知

个人认知指个体对事件或者某种刺激的分析和认识。从不同的角度进行认识，所产生的压力反应不一样。例如，面对下岗，有的人认为这是事业的失败，压力很大；而有的人则认为这仅仅是事业的一次转折，可以重新发展并做自己有兴趣和更有前途的工作，压力感受不那么强烈。正所谓问题本身不是问题，怎样看待问题才是问题。

资料链接

不合理的“自动思考”

美国临床心理学家阿·贝克（A.T.Beck）指出，不合理的“自动思考”是一些个人化的观念，一旦产生便会引起不良情绪和行为反应。他归纳了以下几种常见的形式。

（1）极端思考：看问题好走极端，非彼即此，非好即坏，非白即黑。

（2）任意推断：在证据不充分、事实不清楚的情况下，草率做出结论。

（3）过度引申：由一个偶然发生的事件，而得出一般规律的结论。

（4）无限扩大：发生了一件小事，把它看为一件了不起的大事。

（5）消极选择：对事物不能全面分析，只关注消极的一面，并把这一面看得很重。

（6）经验定势：用以往经历过的痛苦经验来推断当前发生的事情。

（7）过份自责：明明不是自己的责任，在内心深处内疚不安，认为自己罪不可赦。

（8）无端共鸣：在别人身上发生的不幸事件，当作发生在自己身上，焦虑不安。

2．AB 型性格

美国著名医生弗里德曼（M.Friedman）和罗森曼（R.H.Roseman）把人的性格分为 A 型和 B 型，根据两种性格的人的外在行为，也称其为 A 型行为和 B 型行为。A 型性格的人常充满理想，进取心特别强，精力旺盛，事必躬亲，醉心于工作，行动快捷，办事效率高，但缺乏耐性，常有时间紧迫感等特点，给人具有攻击性、竞争性和野心勃勃的印象。B 型性格的人则认为时间是生命赋予的，应该将时间运用到体验生活及欣赏大自然或艺术品中，他们时间观念不强，活动量少，频率较慢，给人的感觉是悠闲自得，随遇而安，但这并不意味着他们缺乏事业心，只是有耐心去克服工作中所遇到的困难而已。

两种人格类型相比，A 型性格者压力感受更强，更易患上与压力有关的疾病。另外，当一个人所在的组织文化不能与他本人的个人习惯合拍时，为这个组织工作将是十分具有压力的。

3．控制点

控制点（Locus of Control）是一种人格特性。一些人认为自己可以控制命运，被称为内控者；另一些人认为自己被外界的力量所左右，被称为外控者。内控者与外控者的人相比，前者更容易认为他们的工作压力较轻。一般来讲，当内控者和外控者面对相似的情境时，内控者更倾向于采取行动以控制事件的发展，而外控者则更多地倾向于消极防守。因此，处于紧张气氛中的外控者不仅易产生无助感，也易产生压力感。

4．个人期望

每个人对自己的职业发展都有一个较高的潜在期望值，而企业对他也有个期望值。如果在实际工作中，这些期望没有实现，个体就会感到有压力。

5．工作经验

有人说，经验是一位很好的老师，同时它也是一种很好的减压器。情境的陌生和不确定性会带来不安全感，从而产生压力感。个体拥有相关经验，压力感将会消失或大大减少。

6．社会支持

个体从家庭和周围朋友处得到的关心和支持程度不同。比如，在同等条件下，家庭和睦的个体工作压力一般较小，因为他们在工作的时候不必考虑工作以外的杂事，没有后顾之忧。当在工作中有烦恼和困难时，也可向家人倾诉和求助，以舒解和减小压力。

7．健康状况

通常健康状况好的个体会比健康状况差的员工有更强的抗压能力。这是因为，良好的健康状况可能通过提高个人的反应能力来增加对压力的阻挠，无论是具有挑战性的、令人兴奋的压力，还是充满威胁的压力，都是一样的。

二、压力应对策略

1．应对的概念

应对（Coping）又称应付，指的是任何预防、消除或减弱应激源的努力。这种努力包括健康和不健康的、有意识和无意识的努力。这种努力也可能是以最小的痛苦方式去忍受应激带来的影响。

事实上，有些学者把应对作是一种个性特征，具有相对稳定性。比如有些人一遇到问题，就害怕逃避，不愿意去面对，眼不见为净；而有些人总是积极地面对遇到的各种问题和困难，想方设法去解决问题。还有些研究者认为应对是一种灵活的过程，随着情景的变化人们会自动调整应对方式。

2．应对策略的类型

从应对的指向性来看，可分为问题关注应对和情绪关注应对。问题关注应对是指改变压力所引起的问题的一种应对，包括在各种认知和行为上的改变，目的是解决问题；而情绪关注应对则是调节对问题的情绪反应的应对，目的是缓和消极情绪。

在更为具体的应对方法上，常见的有：逃避退缩、面对、解决问题、信息寻求、淡化、合理化、认知重构、积极思考、自责、求助、倾诉、寻求理解、愤怒攻击、情绪宣泄、退化、接受、自我批评、责备他人、幽默、压抑、社会退缩、否认、转移、反向、升华、放松、体育运动、烟酒、服药、运用宗教信仰，等等。

资料链接

常见的压力应对心理防御机制

（一）愤怒攻击

（1）直接攻击，个体受到压力后引起愤怒的情绪，对构成压力的人或物直接攻击。比如，一个人如果受到同事无故的指责，他可能会怒目而视、反唇相讥或还以拳头。

（2）转向攻击，是一种变相的攻击行为，因为直接攻击的形式常常为社会群体或组织所不容。对自己缺乏信心，有悲观情绪，易把攻击对象转向自己，责备自己，甚至自杀；当个人觉察到带来压力的真正对象不能直接攻击时（如对象为自己的上级主管、重要顾客等），就把愤怒的情绪发泄到其他的人或物上去；压力来源不明，可能是日常小挫折的积累，也可能是自己主观的因素，个人找不到明显的对象可以攻击，于是将闷闷不乐的情绪发泄到与真正引起挫折不相干的人或物上。

（二）合理化

个体无法达到追求的目标或其表现的行为不符合组织的价值标准时，会给自己找出适当理由来解释、原谅自己。这个理由未必是真理由，在旁观者看来其自圆其说是荒唐的，而个体本身却能求得内心的某种安宁。所谓的酸葡萄、甜柠檬作用即属这种防卫方式。

（三）压抑

个体对引起压力、威胁的对象无法攻击，或自我不能接受时，在不知不觉中把它从个体意识中排除抑制到潜意识里去，是一种“动机性的遗忘”。例如，我们常说：“我真希望没这回事”，“我不要再想它了”，甚至在表面上表现出一种冷淡、无动于衷的态度，失去了喜怒哀乐的表情。压抑作用，表面上看起来他们已把事情忘记了，而事实上它仍然在其潜意识中，在某些时候影响他们的行为，以致在日常生活中，可能做出一些自己也不明白所做的事情。

（四）否认

这是一种比较原始而简单的防卫机制，其方法是借着扭曲个体在创伤情境下的想法、情感及感觉来逃避心理上的痛苦，或将不愉快的事件“否认”，当它根本没有发生，来获取心理上暂时的安慰。“否认”与“压抑”极为相似。“否认”不是有目的地忘却，而是把不愉快的事情加以“否认”。譬如，小孩子闯了祸，用双手把眼睛蒙起来，就像沙漠中的鸵鸟，敌人追赶逼迫在眼前，无法面对，把头埋于沙堆中，当作没这回事一样，都是一种“否认”的表现。

（五）转移

“转移”是指原先对某些对象的情感、欲望或态度，因某种原因（如不合社会规范或具有危险性或不为自我意识所允许等）无法向其对象直接表现，而把它转移到一个较安全、较为大家所接受的对象身上，以减轻自己心理上的焦虑。例如，有位被上司责备的先生回家后因情绪不佳，就借题发挥骂了太太一顿；而做太太的莫名其妙挨了丈夫骂，心里不愉快，刚好小孩在旁边吵，就顺手给了他一巴掌。

（六）退化

个体的行为随着年龄的发展有一定的行为模式，当个人受到挫折时，行为上往往比其年龄应有的表现显得幼稚，此种成熟的倒退现象，称为退化。人们受到社会生活的影响，由孩童时代的任意发泄慢慢学会如何控制，如何辨别是非，如何在适当的时候做出适当的反应。退化则指失去控制、激动、哭闹、为一点小事大动干戈，或对某一人物及组织盲目性效忠，易受谣言影响，不能明辨是非。

（七）逃避退缩

这是个体不敢面对沉重的压力情景而采取回避的方式。

（1）逃向另一现实，例如回避自己没有把握的工作，而埋头于与此无关的爱好或娱乐，以排除心理上的焦虑。

（2）逃向幻想世界，从现实的困难情境撤退而逃到幻想的自由境界，即所谓做“白日梦”。幻想偶尔为之，确能减轻紧张和不安，也能带来某些希望，但超过一定程度，则幻想与现实无法分清，徒增现实适应的困难。

（3）逃向生理疾病，个人借生理上的某种机能障碍以避免面对困难，这种疾病的产生往往是无意识的，与假病不同。

（八）反向

个人努力压制自己的意志和感情，勉强去做一些违背自己愿望的事。如过分的亲切或屈从，背后却隐藏有憎恶与反抗的动机。

（九）投射

个体自己有某种罪恶念头或某种恶习，却反向指斥他人有这种念头或恶习；或者把自己所不能接受的性格、特征、态度、意念和欲望转移到别人身上，指责别人这种性格的恶劣及批评别人这种态度和意念的不当。投射能让人们利用别人作为自己的“代罪羔羊”，使人们逃避本该面对的责任。例如，一个在潜意识里对某位同事不满和抱怨的人，却推说这位同事对自己不满意。这种机制可以保护个人内心得以安宁，但会影响个体对事情的正确观察和判断能力，并易造成人际关系上的问题。

（十）升华

“升华”一词是弗洛伊德最早使用的，他认为将一些本能的行动如饥饿、性欲或攻击的内驱力转移到一些自己或社会所接纳的范围时，就是“升华”。例如，有打人冲动的人，借锻炼拳击或摔跤等方式来满足；喜欢骂人，以成为评论家来满足这种欲望。升华是一种很有建设性的心理作用，也是维护心理健康的必需品，如果没有它将一些本能冲动或生活挫折中的不满怨愤转化为有益世人的行动，这世界将增加许多不幸的人。

（十一）幽默

幽默是指个体遇到压力、处境困难或尴尬时，用一种奇特、含蓄、双关、讽喻、诙谐、巧合等语言动作的良性刺激，来化解困难，以摆脱内心的失衡状态。幽默恰当，可使人感到愉快，使生活增添情趣和活力，所以是一种积极的心理防御方式。

从应对是否有利于缓冲压力作用，从而对健康产生有利或者不利的影响来看，可以将应对分为积极应对和消极应对。事实上，很难有绝对有效或无效的应对方式。但一般认为，升华、幽默、放松、体育运动、倾诉、解决问题、情绪宣泄等属于积极应对；而退化、幻想、烟酒、愤怒攻击、逃避退缩等属于消极应对。

肯德基联合多家媒体举办了“让我们一起疯一把——疯狂丢沙包大战”，吸引了众多白领疯狂参与。年轻白领们脱下职业套装，集体穿着七八十年代流行的海军装，抛开就业、升职、失业等诸多困扰，通过沙包大战来减压。游戏中，白领们把自己的压力写在纸条上，缝进自制的沙包中，寓意“像丢沙包一样把压力丢出去”，有人写着“让加班去见鬼吧”，有人写着“让老板赶快下岗吧”，更有人写着“让我的痘痘赶快好吧”。真正让白领们重温了一把儿时简单的快乐，用游戏的方法一扫工作中的压力和烦恼！

第四节　酒店员工压力管理

“没有满意的员工，就没有满意的顾客。” 酒店员工的工作压力过大，将对酒店服务质量、组织氛围、员工流动、管理成本等各方面造成不利影响。合理的酒店员工压力管理，是饭店最终实现良好经济效益和社会效益的重要前提，也是酒店督导须特别关注的管理内容。

一、压力管理的内涵

现代企业的压力管理是把压力维持在一个无论对于个人还是组织而言都是最理想的水平上，是学会一套有效应对压力的方法，从而起到缓解、调节和分散三大作用，并使员工知道怎么面对压力，在大环境无法改变的前提下，有一种积极、乐观向上的心态。压力管理是以专业的方式，从不同层次和角度来缓解压力，从组织和个人两个层面消除不良影响。

特别要注意的是，压力管理并不是彻底消除压力。因为有些压力源是不可避免的，而且对于很多人来说，一定数量的压力也并非坏事。现代企业压力管理的核心不是消灭压力，而是减轻其对员工造成的不良影响。

二、压力管理的原则

结合酒店员工工作压力的特点，酒店在进行压力管理时应遵循以下几个原则。

1．适度原则

就是说不能不顾酒店的经济效益而一味地减轻员工压力。酒店要在激烈的市场竞争中立稳脚跟，并持续发展，有赖于员工努力工作，不断创新，不断向自己的极限挑战。同时酒店也不能只顾经济效益而一味地加重员工压力，不能要求“又要马儿跑得快，又要马儿不吃草”，不可无节制地要求员工加班加点高强度工作。

2．具体原则

由于压力在很大程度上是一个主观感觉，因此在进行压力管理时要区别不同的对象采取不同的策略。比如员工在学历、年龄、性别、性格等方面的不同也影响到他们对不同压力源感知的敏感度和适应性不同，所以要有针对性地进行压力管理。

3．岗位原则

企业中不同部门不同岗位的员工面临的工作压力影响程度不同。一般来讲，岗位级别越高，岗位责任越大，所造成压力越大；岗位的创新性越强，独立性越高，变数越多，所造成的压力越大；员工履行岗位职责失败后造成的后果越严重，造成后果的责任越明确，所造成的压力越大。比如一线服务人员的压力一般比后台人员要大，因为后台人员面对的更多是自己可控的因素；另外销售人员也不一样，它的销售业绩的好坏不仅取决于自己努力的程度，还与客户、市场大环境、竞争对手等有关。

4．引导原则

由于压力的产生是必要的和不可避免的，对于员工来讲有些外部因素是不可控的，比如面对强大的竞争对手，为了企业的利益和生存，必须战胜对手，这时变压力为动力，引导压力向积极的一方面发展就显得很重要。

对于员工个人而言，通过引导也可以达到减轻压力的目的，比如纠正员工的发展目标，帮助员工根据自身条件，树立适当的目标；对于性格内向的员工，容易产生郁闷心理，管理人员要转移其注意力，培养员工的兴趣爱好，从而缓解压力。

5．区别原则

在消除压力的来源时，应区别对待。有些压力的来源是可以避免的，如由于员工工作的物理环境较差造成的工作压力；或者工作角色负载过重、分工不合理所造成的压力。而有些压力如来自工作本身的压力等，只有通过提高员工自身的工作能力和心理承受能力来解决。在消除压力来源时，应区别对待。

三、员工工作压力过大状况的识别

要对工作压力进行管理，管理者首先要依据员工的态度和行为来考查员工的工作压力程度，从而决定是否需采取相应措施。员工工作压力过大时，一般有以下症状。

1）员工工作满意感较低，迟到早退和缺勤现象增多，离职率上升，员工流动性大。

2）员工工作态度变得恶劣，工作场所中不断出现违章违规事件，工作责任感下降。

3）员工工作马虎应付，不求上进；工作失去动力，行为反应迟钝，对所布置的任务总是推脱或经常延误，对工作安排有消极抵制情绪，对企业的发展漠不关心等。

4）员工工作时注意力难以集中，事故率上升，物品损耗和工作失误增加，工作质量下降，工作效率时高时低。

5）员工工作精神状态不佳，焦虑、紧张、心神恍惚，自制力下降；员工职业道德水平降低；较多出现上瘾类物品的嗜好，如抽烟酗酒，企业的医疗费用开支上升。

6）企业内部人际关系敏感紧张，员工之间关系恶劣，下级不服从上级，上级经常指责、训斥下级，同事间容忍度下降，工作矛盾和摩擦现象增多；工作部门之间矛盾重重，业绩下降，人员离散。

四、酒店员工压力管理的策略

员工压力管理主要针对三个层面：一是“压力源”层面，即减少或消除不适当的外部压力源，预防工作压力产生；二是“压力反应”层面，引导员工的压力反应，即情绪、行为及生理等方面症状的缓解和疏导；三是“压力症状”层面，即帮助治愈和重新聘用受压力伤害的员工。

酒店员工压力来源多样，需要组织和个体共同、积极参与压力管理。“压力源”和“压力症状”层面的管理工作主要为组织维度的压力管理，而“压力反应”层面主要为员工个体维度。

1．组织维度压力管理

（1）压力源调查

压力源是造成员工压力的客观事件或刺激。要想缓解压力，酒店管理者应充分关心、关注、调查、分析员工体会到的压力源及其类型，从组织层面上制订并实施各种压力减轻计划。酒店可以派专人负责调查员工的心理压力或工作满意度状态，并进行整理和分析；酒店也可以根据实际情况，通过定期召开座谈会、开设员工网络论坛等各种渠道了解员工的生活和工作情况，倾听他们困难和怨言。一般说来，处于组织内的员工压力来源可分为三类：组织因素类、环境因素类和个人因素类三类。

（2）消除或减少不合理的压力诱因

在前期压力源调查的基础上，根据压力管理的原则，逐步减少和消除组织和管理中存在的造成员工压力问题的外部事件和刺激。根据第二节的分析，对于酒店员工来说，组织因素是产生酒店员工压力的最主要因素，酒店工作性质本身、角色负载、角色冲突和角色模糊、员工的职业发展、领导风格、工作中的人际关系、高员工流动率、工作环境等都会给员工带来压力。

（3）形成压力管理的制度保障

总结经验，建立和完善各种压力管理机制，畅通和改进压力的内部沟通反馈机制，探索和逐步开展员工帮助计划（EAP）的压力管理项目，以制度保障为有需要的员工提供各项援助，预防和控制压力过大。

2．个体维度压力管理

主要表现为组织通过培训和教育，帮助员工更好地认识压力反应，应对压力，战胜压力，缓解因为过高的工作压力带来的对个体身心以及工作效果的伤害。

（1）改善员工压力认知和思维

个体对自己的生活和工作的一些不切实际的信念、过高的期望，都可能成为压力的原因之一。认识个体存在的不合理信念、观点，并进行认知调整，有利于个体缓解压力。

资料链接

合理情绪疗法简介

20 世纪 50 年代由阿尔伯特·艾利斯（A. Ellis）在美国创立的合理情绪疗法是认知心理治疗中的一种。

合理情绪疗法的基本理论是 ABC 理论，在 ABC 理论模式中，A 是指诱发性事件；B 是指个体在遇到诱发事件之后相应产生的信念，即他对这一事件的看法、解释和评价；C 是指特定情景下，个体的情绪及行为结果。

通常人们认为：人的情绪和行为反应是直接由诱发性事件 A 引起的，即 A 引起了 C。而 ABC 理论指出，诱发性事件 A 只是引起情绪及行为反应的间接原因，人们对诱发性事件所持的信念、看法、理解 B 才是直接的原因。人们的情绪及行为反应与人们对事物的看法有关。

在这些看法背后，有着人们对一类事物的共同看法，这就是信念。合理的信念会引起人们对事物的适当的、适度的情绪反应；而不合理的信念则相反，会导致不适当的情绪和行为反应。当人们坚持某些不合理的信念，长期处于不良的情绪状态之中时，最终将会导致情绪障碍的产生。

不合理的信念具有三个特征：绝对化的要求、过分概括化、糟糕至极。

（1）绝对化要求：是指个体以自己的意愿为出发点，认为某一事物必定会发生或不会发生。如“我必须获得成功”“别人必须友好地对待我”等。这种绝对化的要求是不可能实现的。因为客观事物有其自身发展规律，不可能以个人意志为转移。

（2）过分概括化：是一种以偏概全的不合理思维方式，就好像是以一本书的封面来判断它的好坏一样。这是个体对自己或别人不合理的评价，其典型特征是以某一件事或某几件事来评价自己或他人的整体价值。

（3）糟糕至极：是一种对事物的可能后果非常可怕、非常糟糕、甚至是一种灾难性的预期的非理性观念。对任何一件事来说都有比之更坏的情况发生，因此没有一种事情可以被定义为百分之百的糟糕透顶。

（2）构建良好的心理自我调节机制

压力事件和刺激是客观存在的，是不以个体的意志为转移的。个体大部分心理失衡要靠自己解决，这有赖于个体对压力心理承受能力的提高以及合理应对策略的运用，比如善于使用幽默、升华、倾诉、情感宣泄、积极思考、合理化等方法。

（3）提升员工高效工作的技能

对个人而言，养成良好的工作习惯、有效地管理时间、发展良好沟通能力都有利于缓解压力的产生，更好地应对压力。

（4）营造社会支持网络

社会支持是指人们在生活中所感受到的来自周围他人情感上的关心和支持，对个体应对生活中的各种紧张事件有相当大的帮助。社会支持的顺利寻求与个体所拥有的有效沟通技能、良好人际关系和社会关系有关。

（5）学会身心放松技巧

人体在放松时，会产生一些生理变化：呼吸变缓、血压降低、肌肉放松、忧虑缓解、压抑的思想消失、焦躁和压力性头痛消除、注意力改善。睡眠、进行有氧运动、冥想、肌肉放松、深呼吸、按摩、大笑、淋浴和听音乐都是可以令人放松的方法。

资料链接

深呼吸放松方法

大多数人总是习惯性地用胸部来进行呼吸，而不是腹部。直入腹部的深呼吸是自我放松的最好方法。深呼吸不仅能促进人体与外界的氧气交换，还能使人心跳减缓，血压降低。

（1）坐在一个没有扶手的椅子上，两脚放平，并且大腿与地板平行。将背部伸直，手放在大腿前部。

（2）用鼻子进行自然的深呼吸，腹部扩张，想象着空气充满了腹部。

（3）在连续的呼吸中，完全扩张胸部和肺部，感觉胸部正缓慢上升（保持肩部的放松）。想象空气正在腹部和胸部间向各个方向扩张。

（4）通过鼻子缓慢地呼气，呼出的时间应当比吸入的时间长。

（5）呼吸至少 1 分钟，保持节奏舒缓，不要强求自己。注意呼吸的深度和完全程度，并使身体放松。

五、员工帮助计划（EAP）

1．员工帮助计划的内涵

员工帮助计划（Employee Assistance Programs，EAP）是美国、英国、日本等国多年来普遍采用的解决工作压力方案。EAP 是由企业为员工设置的一套系统的、长期的福利与支持项目，通过专业人员对组织的诊断、建议和对员工及其直属亲人提供的专业指导、培训和咨询，帮助解决员工及其家庭成员的各种心理和行为问题，提高员工在企业中的工作绩效。

新的形势下，EAP 的内容正在不断扩展，但其核心未变，是针对会给员工造成压力和心理问题的相关事件制定帮助措施。我们可从以下三个层面对 EAP 进行理解。

（1）EAP 是企业为员工设置的一套系统的、长期的福利与支持项目

EAP 通过专业人员为企业员工提供包括心理、婚姻、财政、法律、子女教育、老人看护、家庭事务等方面的诊断、评估、培训、专业指导与咨询，帮助员工及家属解决各种心理和行为问题，目的在于提高员工在企业中的工作绩效，并改善企业气氛与管理效能。

（2）EAP 是帮助员工解决可能影响其工作表现和健康问题的多种策略的整合

通过 EAP 可以有效地整合多方面资源，包括个人、家庭、工作环境、企业和社会等，使员工在面临问题时能够利用多种资源和手段对问题进行有效地解决与处理，EAP 是企业通过员工心理与行为管理来提高企业绩效的有效途径。

（3）EAP 有别于一般的福利措施，它是一种机制

EAP 是企业为了帮助员工解决与工作相关的心理及其他方面的问题而设置的一套系统的服务项目。即通过专业人员对员工面临的问题进行诊断，并提供专业的协助服务。通

过帮助员工预防和解决工作以及生活中的各种问题，使员工能以健康的身心投入工作。

EAP 与一般压力管理措施相比，具备长效、系统、科学和规范的特点，它的本质是通过对员工的深层关怀来提升他们的工作绩效，实现企业与员工共同、和谐地发展。

2．EAP 与酒店员工压力管理

EAP 在酒店服务行业有很强的适用性。酒店服务行业有着“顾客第一”的工作原则，需要员工对自己的职业有一个清晰、到位的理解和认识，有豁达的心胸和控制力；同时也需要向他们提供一个很好的释放压力的途径和方法，来帮助他们处理各种来自工作中的压力和困惑，并通过培训和咨询来加速其自我成长和发展。

国内很多国际酒店集团都不同程度地为员工提供了一系列培训和福利待遇，比如雅高集团使用 EAP 项目作为员工的一项福利措施，为员工提供心理咨询，缓解或解决员工压力问题，其在全球的数万员工都忠诚地服务于该集团；希尔顿国际酒店公司有自己的培训机构，对高级管理人员进行培训，有庞大的人才库，保持员工队伍的基本稳定。从国外使用的情况和取得的成果来看，EAP 是用于解决酒店企业员工个人问题的好途径。

目前国内酒店中还鲜有对员工实行完整 EAP 的事例。在压力日益加重和企业强调以人为本管理的情况下，国外酒店集团、酒店企业的做法值得借鉴。

目前 EAP 在中国发展的困难主要来自几个方面：企业和社会的观念还是不够先进，未认识到心理问题的重要性；受众的观念保守，很多员工羞于谈论自己的心理隐私，更不愿意接受相关的心理咨询或治疗；国内 EAP 的发展时间太短，研究和实践的积累还不足，人才的储备欠缺。

因此，EAP 在中国的发展道路仍然是一个漫长和艰难的过程。

案例分享

某酒店餐饮部胡经理几天内收到了顾客的多起投诉。投诉的内容包括服务员的服务态度和服务效率、菜肴的质量、宴会厅的一些基础设施以及卫生状况等。胡经理马上召集餐厅主管及领班开会，了解情况，研究对策。原来宴会厅定员人数不多，而这几天又接连接待几个大型高标准的宴会，要求比较高，服务员和厨师不得不高速运转，却仍然很难达到顾客的要求。工作人员由于负担太重，工作时间又长，都感到压力太大，产生了消极情绪而导致服务质量下降。

胡经理立即采取补救措施，临时调动康乐部休假的员工回来上班，增加人手，对厨师进行安抚鼓励，给身体状况不好的服务人员安排调休，对坚持上班的员工给予奖励，没有批评和惩罚遭受投诉的员工。这样，调动了宴会厅工作人员的积极性，服务质量也上去了。

[对管理者的启迪]

1. 酒店业工作时间长，工作量大，社会地位不高，而工作质量要求高。这些都会给看店员工带来压力，使员工产生职业倦怠。

2. 酒店应该科学制定人员编制，确定合理的岗位工作量，不能为了节省劳动力而使员工超负荷工作。

3. 合理利用奖惩制度。

4. 合理设计工作环境和定期变换工作岗位，将有助于保障员工的身心健康，提高工作效率和服务质量。

本章小结

（1）压力既是那些使人紧张的事件或外部刺激，即压力源；也是这样的外部刺激加诸个体后，个体评估当前的需求和自己应付需求的能力不平衡，所产生的身体和心理上的反应。压力具有积极性和消极性。

（2）酒店员工工作压力较大，压力源有组织、环境、个体三大方面因素，员工压力过度会影响员工健康状况和酒店经营效果。

（3）压力反应产生的影响因素包括个体差异和应对策略的不同。

（4）现代企业的压力管理并不是彻底消除压力，而是把压力维持在一个无论对于个人还是组织而言都是最理想的水平上。员工帮助计划（EAP）是有效的工作压力管理方案。

思考与练习

（1）简述压力的内涵。

（2）简述压力的正面效应与负面效应。

（3）简述酒店员工压力过度对经营效果的影响。

（4）如何认识压力应对策略？

（5）简述压力管理的原则。

操作篇

第七章 现场督导

课前导读

酒店督导者在酒店管理中担任重要角色，其管理水平的高低直接影响到酒店的运营状况和服务质量，本章将从日常工作指导、现场会议管理、营造积极的工作氛围三个方面来介绍其督导方法和技巧。

教学目标

（1）了解督导者的日常工作指导内容和技巧。
（2）熟悉现场会议的准备工作、组织方法和主持技巧。
（3）掌握营造积极工作氛围的方法和技巧。

第一节 日常工作指导

一、日常工作指导概述

日常工作指导是酒店督导在日常工作中进行的，通常只需花上几分钟的时间，不影响督导及员工的正常工作，但对员工的工作可以起到积极的作用。日常工作指导可以及时对员工的出色表现进行表扬，对员工工作中的小毛病进行纠正。表 7-1 列出了日常工作指导的主要内容及其说明。

表 7-1 日常工作指导的主要内容及其说明

日常工作指导的内容	说　明
表扬	口头表扬 公开表扬 物质鼓励 表扬信
批评	指出员工的不良表现 批评要私下进行 要用和缓的态度
处分	经过批评仍不改正的要采取处分措施 按照酒店的规定进行

续表

日常工作指导的内容	说　明
解聘	处理员工问题的最后一步 表明是员工自己解聘了自己
对日常工作指导的建议	让员工使用如员工手册、工作手册等来指导自己的工作 请具有良好工作习惯的资深员工做新员工的“搭档”，言传身教增进新员工的工作表现

对员工的日常工作进行指导，是督导每天要做的工作之一。下面列出了酒店督导在进行日常工作指导时的注意事项。

1）说到员工工作表现，无论是正面的还是反面的，都要具体化。

2）对事不对人，针对的是员工的表现而不是员工个人。

3）表扬要公开进行。

4）批评，最好在私下进行。

5）当自己情绪激动时，最好不作任何决定，先冷静下来再说。

6）处分要慎重，一定要有充足的时间与员工交换意见。

7）处分员工时要说明员工的错误影响了酒店形象和大多数员工的利益。

8）日常工作指导不是下命令。

9）每天腾出时间到工作现场走一走，观察并发现问题。

10）与员工进行交谈，了解员工的想法。

11）一旦发现问题立即与员工交换意见，以表扬为主。

12）把每天的日常工作指导情况做记录备案。

二、日常工作指导具体内容

1. 表扬

酒店督导在日常工作指导中，要善于观察员工的表现，并就员工的表现与员工交换意见。凡是达到工作标准要求的员工，都应该立即给予表扬。员工都希望能够得到督导的表扬，所以酒店督导要尽量多地表扬员工。表7-2列出了酒店督导表扬员工的步骤及其说明。

表7-2　酒店督导表扬员工的步骤及其说明

表扬员工的步骤	说　明
说出所表扬员工的具体做法	称呼员工的姓名 说出员工做得正确的具体做法 例如，“李娜，您把工作车放在客房门口的做法很好！”
说明这些做法的好处	把员工的出色表现告诉他们 例如，“这样做，可以保证客房的安全。”
表扬员工	让员工知道督导很为他们的工作高兴 例如，“您做得很好，谢谢！”
关于表扬员工的建议	抓住每一次表扬员工的机会，只要员工的工作达到标准要求 观察并记录员工表现出色的地方 给员工写封感谢信 设计表扬信的标准格式，每次表扬员工后，将其放进员工的个人档案之中，便于员工正式工作考评时查用

2. 批评

酒店督导在观察员工工作时，会发现一些问题。如果这些问题是小毛病，只要对员工指出即可，不必小题大做。如果这些问题比较大或比较严重，则要对员工进行严肃批评。

批评错误的目的是鼓励正确。表 7-3 列出了酒店督导在批评员工之前要考虑的几个问题及其说明。

表 7-3　酒店督导批评员工之前要考虑的问题及其说明

批评员工之前要考虑的问题	说　明
员工是否知道正确的行为	如果员工不知道什么是正确的行为，应该培训员工
是否是员工的问题	有时并非是该员工的原因，如设备问题或其他员工的问题
问题的严重程度	如果问题并非严重，现场指导即可解决 如果问题严重，则需进行批评
该员工以前是否有过这种行为	员工是初犯还是再犯 是否有员工以外的其他原因
确定批评员工的目的	确定要员工纠正什么 使员工工作达到标准要求

酒店督导在回答了以上问题之后，如果仍然觉得有必要对员工进行批评的话，要对员工进行批评。表 7-4 列出了酒店督导批评员工的步骤及其说明。

表 7-4　酒店督导批评员工的步骤及其说明

批评员工的步骤	说　明
私下和员工谈话	不可在公开场合批评员工 不可当着其他员工的面批评员工 需要创建一种放松友好的氛围
指出需要员工改进的地方	对事不对人，指出需要员工改进的具体问题 一次集中解决一个问题 语气要平缓、温和 说明后果，让员工知道自己的行为给其他员工带来的麻烦 给员工解释的机会
征求员工的意见和想法	由员工提出解决问题的方法 与员工共同讨论这些方法 制定一个可行的行动方案和时间表
鼓励员工执行新的行动方案	让员工复述双方已达成的协议 确认双方理解正确 表示相信员工有能力改变缺点错误
后续跟进检查	找时间跟进，检查员工是否改正错误 表现自己对工作问题的重视 发现员工改进时要及时进行表扬 将谈话及结果做记录备案 除非必要，不再提起此事

例如，某酒店中餐厅服务员海伦近几个星期工作表现不佳，连续两次因服务态度粗暴遭到客人投诉。中餐厅经理艾丽丝把这一切看在眼里，也与她交谈两句，并未发现大问题。这次，艾丽丝决定要对海伦的对客服务态度进行批评，目的是改正她的对客服务的不良态度。表 7-5 列出了中餐厅经理艾丽丝批评员工海伦服务态度不好的步骤。

表 7-5　批评员工服务态度不好的案例

批评员工的步骤	说　明
私下和员工谈话	艾丽丝把海伦约到了办公室，她给海伦倒了杯水，请她坐在自己的对面。
指出海伦需要改进的地方	艾丽丝问海伦："两次客人投诉，一次是口头投诉，一次是书面投诉，问题出在哪里？" 海伦气愤地说："算我倒霉，收到两次投诉！" 艾丽丝说："你知道我们餐厅对客服务一直很好，很少受到客人投诉，这件事对餐厅其他员工影响很不好。说说看，到底是什么原因，或许我能帮助你。"
征求海伦的意见和想法	海伦哭了。她说，那天晚餐，她托着 8 只汤盅的托盘快走近餐桌时差点被翘起来的地毯接缝绊倒，她情不自禁地"啊呀"了一声，那桌客人转过身来时她已经站稳在那里，就责怪她"大呼小叫"而投诉了她。 "原来是这样，那第二次呢？"艾丽丝在本子上记着什么。 海伦继续说道："那天玛丽为客人点错了菜，我上菜时客人就冲我发脾气。我连忙说：'对不起，我马上给您换'，可那位客人说，'对不起就完了，给我免单！'她就投诉了我"。 "没想到是这样，还有吗？"艾丽丝继续问道。 海伦说："家庭也不顺，老公正在和我闹离婚，这世界真不公平。" 艾丽丝"嗯"了一声，心想这我可帮不了您。 海伦继续说："我不喜欢上早班，晚上休息不够，早上情绪不好。"
鼓励海伦执行新的行动方案	艾丽丝说，"好吧，我与客房部联系补平地毯接缝的问题，明天餐前会再谈一下团队合作问题，其余的您说说看。" 海伦松了口气，她轻松地说："我喜欢上宴会班，我喜欢忙一点。" 艾丽丝表示相信海伦会在今后的工作中提高对客服务水平。 海伦笑着点了点头。
后续跟进检查	经理艾丽丝观察着海伦的上班表现，很不错，她找到了感觉。 艾丽丝把与海伦的谈话及观察结果记录整理了一下，放进了档案袋里。

3．**处分**

当员工违反店规店纪时，督导有必要根据酒店规定给予员工相应的处分。处分员工不是惩罚，是帮助员工预防出现更大问题、预防解聘以及更坏情况的发生，也是督导履行管理职责对员工负责的表现。处分员工的目的是鼓励员工遵守店规店纪，使员工更加安全地协同工作。表 7-6 列出了督导在处分员工之前应该考虑的问题及其说明。

表 7-6　处分员工之前应该考虑的问题及其说明

应该考虑的问题	说　　明
确定处分目的	把要说明的问题写下来，如客房部员工李敏迟到三次，记过一次 记过的目的是杜绝迟到的现象
选择谈话时间与地点	选择一个不被打扰的地方 把谈话时间和地点提前通知员工 例如，客房部经理曼丽通知员工李敏周三下午三点到她的办公室谈话
收集相关资料	收集员工打卡记录 找出上次与员工李敏的谈话记录 例如，曼丽找出上次与李敏的谈话记录，时隔不到一周
理解员工的感受	理解员工对处分过程的感受 理解员工对处分的感受 避免让员工感到难堪 避免让员工感到是与督导的个人恩怨

与员工进行有关处分的谈话是比较困难的，员工可能会气愤不平，也可能是闷声不响，或许会马上认错。无论是哪种情况，要做到让员工心服口服是有难度的。表 7-7 列出了处分员工谈话的步骤及其说明。

表 7-7　处分员工谈话的步骤及其说明

处分员工谈话的步骤	说　　明
选择时机	处分要及时，但也要选择时机 例如，客房部经理曼丽告诉李敏周三下午三点在她的办公室讨论关于她三次迟到的事
有效的开场	开门见山表明对员工及问题的关注 例如，经理曼丽请李敏坐下，“李敏，关于您迟到三次的事，我想我们应该谈一谈了，我不想让事情变得更严重。”
交谈要具体	只针对要处分的一件事，对事不对人 例如，经理曼丽说：“在过去的两周时间里，你迟到了三次。”
说出自己的感受	说出自己对员工违规行为的感受 例如，经理曼丽说：“为此，我感到很失望，上次谈话时你曾保证过不再迟到的。”
给员工解释的机会	让员工有机会说出自己的意见 例如，经理曼丽说：“我能理解你的实际情况，但迟到是不行的。”
确定解决办法	请员工提出解决方案 例如，经理曼丽说：“您想怎样做才能避免再次迟到呢，有我能帮忙的地方吗？”
积极地结束交谈	以今后为话题结束谈话 例如，经理曼丽说：“我很赞同你对迟到问题的解决方案，让我们共同努力，让迟到的事情再也不要发生了。”

4．解聘

当批评与处分都无法帮助员工达到最起码的工作标准要求时，当员工违反员工手册规定达到解聘条例时，解聘势在必行。表 7-8 列出了解聘的步骤与说明。

表 7-8　解聘的步骤及其说明

解聘的步骤	说　　明
保存书面记录	书面记录可以说明解聘的必要性 工作事故报告 处分单 工作考评表 批评与处分记录登记资料
请人力资源部派员参与	与人力资源部有关人员交换意见 例行解聘谈话 解聘谈话最好有人力资源部有关人员在场
说明解聘理由	说明解聘的具体原因 强调解聘是酒店的决定，不是督导个人的决定 强调员工违反店纪店规，是他们自己炒自己的鱿鱼，督导只是照章办事 请员工到人力资源部办理相关解聘离职手续
对员工解聘的建议	解聘员工，要遵守酒店有关的解聘规定 仅凭自己的一时冲动解聘员工是不明智的，也是不符合酒店规定的

第二节　酒店例会管理

作为基层管理者的督导，不仅自己应参加各种各样的酒店会议，有时还需亲自组织与主持会议，所以掌握会议管理的技巧是必须的。

一、酒店例会的种类

在酒店管理中有各种类型的会议，如非正式的会议和正式的会议。

1. 非正式会议

非正式的会议有部门或酒店临时会议。这种临时会议一般是只用简短的通知或因突发事件处理立即召集的会议。例如，临时有一些重要客人入住，需要向接待部门通报一些基本情况；遇到客人投诉必须及时向员工通报以免再度犯错，等等。另外还有部门的一些临时会议。

2. 正式会议

正式会议是指依照一定的程序召开的会议，如酒店为提高服务水准而召开的研讨会。这样的会议是提前给出命题（如怎样开设重要客人绿色通道），甚至包括一些必需的参考资料，让各部门做好准备，给各相应部门发通知，然后选择适当的时候召开会议。具体如酒店部门经理例会：汇报、分析和解决酒店运作中出现的问题；酒店各部门例会：汇报、分析、解决本部门运作过程中出现的问题；各分部门例会等。这种例会一般比较固定，每周固定时间必须召开，或每月某日必须开的，如餐饮会议、成本会议、酒店节能会议等，都属于此类。

会议是督导传达指示、解决问题及利用集体智慧，改善和提高服务质量的有效途径。会议管理是督导管理工作的重要工具。

二、会议成本意识

作为督导应该树立这样的意识：会议是有成本的，必须要有目的，讲求高效率。参加会议也是在工作，应端正参加与主持会议的态度，不要认为开会是一种放松的方式。坐在会议室里，东拉西扯讲些空洞不着边际的话语，或故意延长开会时间。会议的成本可用以下公式计算出：

会议成本=出席人员时间成本+杂项支出（房租、设备设施）+
机会成本（从事其他业务所创造的价值收益）

例如，领班给本班组 10 位员工开会，以每位员工的时薪为 15 元计算，那么单时间成本一项就是 150 元，这还不包括领班时薪及其他费用在内。若这 1 个小时的会议没有成效，那么这 150 元就白白浪费掉了。

三、会议准备

为了确保会议的成效，开会前进行相应的准备是很有必要的。要避免组织不好而浪费时间，通常需要做好如下基本准备工作。

1．拟订通知并落实通知与会者

在拟定开会通知时就必须考虑将有哪些人员参加，这些与会者对会议的召开有何作用。然后通知与会者日期、时间、地点和会议目的。切记要在会议召开一两个小时前再次沟通确认，以确保与会者能准时参加。另外相应书面资料也需要提前提供给与会者。

2．议程准备

既然会议是需要成本的，那么对会议过程的时间也应进行合理的调配：如本次会议的目的或目标，各个议题或目标的达到需要多少时间，哪些议题需要的时间多一些，哪些需要的时间稍微少一些。各议题的时间详细分配如何，优先顺序如何等都要计划周详。

四、会议过程管理

1．作为会议与会者

在做好会议前的各项准备后，接下来就是对会议过程进行管理。会议参与者应该在会议开始前准备好发言内容，包括要表达的观点和内容，通过积极参与来显示对此会议的重视。

与会时应注意个人仪表，服装得体整洁，面部表情良好、目光自信，给别人良好的第一印象。在认真倾听别人的发言时，不打断别人发言，保持专注目光接触发言者；同时用身体语言积极表露自己的兴趣，必要时做好备忘录（笔记）。

表 7-9 可用来测试自己是否是一位高效的与会者。

表 7-9　高效与会者测试

高 效 要 求	检 测 情 况	
	√	×
1. 每次参加会议时我穿着得体		
2. 每次参加会议时，我都已做好相应的准备（如回顾以前的会议备忘录，同时有自己的目标）		
3. 会预先询问其他与会者的看法		
4. 我不会打断发言者的陈述		
5. 会上我仔细倾听他人在说什么		
6. 当我发言时，我是自信的		
7. 我紧张时能控制自己的语调		
8. 我的身体语言是自信的和积极的		

2. 作为会议主持者

（1）了解主持人的职责

督导也会经常召开会议，那么必须了解作为会议主持人的职责。

1）对会议的目的及议程作简单说明。

2）确保讨论会议有关要点，避免会议离题。

3）确保会议按程序进行。

4）阻止不必要的争论。

5）负责在会议结束时作总结归纳。

（2）会议主持管理要点

除了明确会议主持人的职责之外，主持人也应做好相应的准备工作，其中包括在开会前了解参加人员对会议的大概意见。在开会过程当中掌握会议节奏，同时注意辨别与会者身体语言：消极信号，如争辩姿势、不感兴趣、愤怒等；积极信号，如感兴趣、表现出热情等。通过观察这些身体语言，做好及时引导，维护会议秩序。在结束会议时感谢每位出席者并以积极基调结束会议。

你是否是一位有效的会议主持人呢？可通过表 7-10 来进行自测。

表 7-10　高效会议主持人测试

有 效 要 求	检 测 情 况	
	√	×
1. 每次都能做到准时开会		
2. 我了解每个与会者的动机和潜在目的		
3. 每次开会前我都做了充分的准备		
4. 向全体与会者解释清楚每次会议的目的		
5. 每次会议基本上都能按照我的预先时间分配和程序进行		
6. 大家在每次开会时都能畅所欲言，没有冷落任何一位员工		
7. 我对会议的局面控制得很好，不出现偏题或不必要的争议现象		
8. 每次会议的备忘录全面而正确		
9. 每次会议都能达到预期的结果		
10. 每位与会者了解下次会议之前所要采取的行动		

五、主持会议激发讨论常用的话语

任何成功的讨论都依赖于参与。只有当与会者感觉到观点和想法的分享是受欢迎的，自由交流的气氛才能创造出来。巧妙地提出问题会激发与会者积极参与讨论。

会议主持者应当时时注意任何来自与会者的问题迹象。如果与会者开始烦躁不安，看起来毫无兴致，或通过表情流露出不解或不赞同，会议的主持者就应该提出问题以找出原因。问题分为四类：

1）一般问题，引出一个广泛的回答范围。

2）具体问题，集中于一个有限的回答范围。

3）自由问题，向全体提问，由自愿者回答。

4）直接问题，向具体的个人提出。

一般问题和自由问题不容易引起敌视，易于展开讨论；直接问题和具体问题最好是在与会者适应了小组讨论之后再使用。

1．询问看法和观点

使用有助于人们表达想法的方法提问，促使人们积极参加讨论。例如：

你对……有什么反应？

你觉得……怎么样？

你对……怎么看？

是什么促使你得出结论……？

还有哪些方法可以实现……？

2．复述

复述是使人们相互理解的方法之一，也就是请某个人重复其他人说过的话，并指出其中的含义：

你是问我……？

让我想想是否理解你的观点，你是不是说……？

在我们继续讨论之前，让我说一下我所理解的你建议的观点……

让我重复一下你的观点，以看我是否理解……

在你继续说下去之前，你是不是解释一下……？

3．鼓励参与

有时人们倾向于退缩不前。可用下列问题激励他们参与：

罗明，你对此感觉如何？

王静，你会如何回答小王的问题呢？

在我们继续之前，我想听听刘英对此的看法。

我们已经听了除小王之外所有人的看法了。小王，你对此看法如何？

我们还没有听到谭明对此的看法。谭明，你对此是怎么看的呢？

4．要求总结

例如：

在刚才的几分钟里，我们已经提出许多好的想法。在继续讨论之前，哪一位愿意总结一下刚才的主要观点呢？

已经听到好几个提议了。哪位愿意总结一下大家一致同意的观点？

林波，你能概括讲一下你的主要观点么？

谁愿意总结一下到目前为止我们已经讨论过的内容？

5．要求明确

例如：

我不理解刚才最后一点论述。如果……你会怎样做？

你举了日常经营的例子。它们是否也适合周末呢……？

我看到墨林摇头了。墨林，你看我们是否需要多花几分钟，解释一下新指令在你的部门中的应用呢？

我还不是很清楚。如果……我该怎么做呢？

6．要求举例

例如：

罗西，你可否对你所讲的内容举几个例子呢？

居安，你可以更详细说一下吗？我还不是很理解。

7．检验是否一致

例如：

看起来我们对这个问题已经达成一致了。让我们举手表决一下，是否每个人都赞同……

琳达，你是否也同意……

进行下一个问题之前，让我们确定一下是否每个人都同意……

8．促使行动

例如：

你认为我们应该……

莉萨，对于我们如何开展这项活动，你有何提议？

关于如何开始这件事，我希望大家能提些意见。王英，你认为我们应该如何进行呢？

9．找出进一步细化的方法

例如：

解决这个问题还有没有其他办法？

还有哪些需要我们考虑的问题呢？

刘兵，你对刚才所讲有什么补充吗？

10．进行快速的调查

例如：

让我们举手表决，有谁赞成这项提议？

王静，为何不问一下别人对你的提议有什么看法呢？

大家对此有什么看法？刘兵先谈谈吧。

11．建议中间休息

例如：

对于这个问题，我们已经讨论了 1 个小时了。我提议休息 10 分钟。

12．提出一个程序

例如：

我注意到，在这个问题上基本上是王斌在发言。我建议听听其他人的意见。

在讨论之前，先将议程按照重要性程度排序，是否会有所帮助呢？

13．建议大家尝试某些事物

例如：

王威，我觉得你没有听罗晓莉的发言。何不在提出你的反对意见之前，谈谈你听到的内容呢？

让我们按座位次序轮着发言，以使人人都有机会对这个问题发表意见。

14．停止行动，要求团体讨论一些问题

例如：

让我们暂停几分钟讨论。我认为如果每个人谈谈自己现在的想法，可能会对讨论有所帮助。

15．与大家分享你的想法

例如：

我觉得你没有给朱祥机会，让他解释一下他自己的观点。

我很迷惑。我觉得我们应该把这个问题留到下周，那时我们掌握的资料更丰富。大家觉得怎么样呢？

16．谈谈你对别人想法的反应

例如：

王虹，我觉得你对我的回答不甚满意，是吗？

林波的发言令我觉得他需要对此提些问题，对吗？林波。

17．支持

例如：

让我们给刘军一个机会来谈谈他的看法。

德夫，你已经谈过自己的看法了。现在轮到哈罗德了，让他谈谈吧。

18．问题的假设

例如：

你的建议是：假如我们不使用威吓的话，他们将不合作。对吗？

你的建议是：假设我们不能按时完成。对吗？

你的反对意见是：假设我们将不能按承诺收到货。这是个好的假设吗？

19．核实目标或方向

例如：

我们是否问对了问题？

这些是最重要的目标吗？

这是取得他们合作的最佳途径吗？

这是实现目标的唯一办法吗？

20．正视不同意见

例如：

王虹，你没有说出来，但很明显，你不赞成。对吗？

李莎，你看起来犹犹豫豫。是否有些方面你不赞同？

21．角色转换

例如：

为什么你不暂时扮演一下客人的角色呢？现在，作为客人，你对这项建议有什么反应？

假设你是地区经理，你对此建议将作何反应？

如果我那样对待你，你将有何感想？

22．展望未来

例如：

如果我们这样做的话，可能发生的最坏情况是什么？

如果此事做不成，我们将损失什么？

如果此事成功，将如何影响下月安排？

23．重视行动选择

例如：

我们已经考虑了各种可能性，现在必须从三个方案中挑选最佳的。

我们对事情的两个方面都仔细考虑了，现在我们要做出选择。

第三节　营造积极的工作氛围

酒店在管理过程中，要通过营造和谐的人际关系来激发员工的工作自主性，努力培养酒店与员工之间、管理者与员工之间、员工与员工之间的信任度，为员工营造一个和谐、合作、宽容的良好氛围。

一、井然有序的工作环境

酒店员工要积极地工作，很重要的一条就是要清楚地知道干什么、为什么干、怎么干。所以，建立井然有序的工作环境，这是营造积极工作氛围的基础。

1．酒店的职权体系

酒店的有效运行需要合适的职权体系的支撑，任何员工都应知道自己在组织中的地位和作用，明确职责与权限，使工作指令从上一级向下一级有效传达。职权体系的设计是酒店组织工作的关键所在，通过酒店系统、组织结构与工作岗位的设计，实现内部的专业分工与相互协调，形成一定的组织管理模式。

（1）酒店组织系统

酒店组织系统不仅要与外部保持必要的联系，而且在组织系统内部也要形成一个封闭的回路。只有形成封闭的回路，方能形成相互制约、相互作用的合力，从而保证各部门正常运转，达到有效管理的目的。为此，酒店必须形成决策机构、执行机构、监督机构和反馈机构四类基本的职能机构。首先酒店必须有决策机构，对酒店经营管理的目标、方向、业务、策略等做出决择。决策机构的设计，关键在于科学性和民主性。当酒店组织的决策机构做出决策后，必须有执行机构来执行这个决策。没有准确有效的执行，酒店就不可能有正常的运行、较高的效率与效益。执行机构的设计关键是要建立以总经理为首的业务指挥系统，强调自上而下逐级负责和一对一的原则。为了保证有效地执行，还必须建立监督机构与反馈机构。没有监督，执行机构就失去了制约。反之，没有反馈机构，管理者就无法知道酒店组织的运转情况与决策指令的偏差，会使整个管理活动陷入情况不明的盲目状态之中。

（2）酒店组织结构

组织结构是酒店组织系统中处理上下关系的一种体制。酒店组织内从上到下形成若干管理层次，从最高层次的管理者到最低层次的管理者之间组成一条指挥链，依次发布命令、指挥业务。在酒店管理者体制构建上，一般有三个要求：一是层次管理。酒店管理组织必须根据酒店的规模、等级形成若干管理层次，层层负责，原则上不越级指挥。二是责权统一。职责是指职位的责任与义务。职权是指在一定职位上，为完成其责任所应有的权力。各管理层均有明确的职责，并拥有相应的权力。有责无权，则难以履行职责；有权无责，则会造成滥用权力、胡乱指挥，滋生官僚主义。三是命令统一。就是要求各级管理机构，必须绝对服从它的上级管理机构的命令和指挥，每个管理层次的指令均应与上一级组织的指令保持一致，而每一个员工原则上只能有一个上级，只听命于直属上级的指挥。

（3）酒店岗位设计

岗位是酒店组织系统的细胞，是责任、权力、名称、素质、待遇五个要素的有机结合体。岗位设计即是将实现企业目标必须进行的活动划分成最小的有机相连的部分，以形成相应的工作岗位。活动划分的基本要点是工作的专门化，即按工作性质的不同进行划分。

通过工作的专门化，使得每一个组织成员或若干成员能执行有限的一组工作。由于每个人的能力都是有限的，不可能完成大量的不同任务的工作。因此只有通过工作的专门化，才能挑选出具有不同才能的人去从事相应的不同性质的工作。

2．酒店的业务体系

业务体系说明一个组织中的各项工作是按怎样的流程进行的（业务流程），在这一过程中各部门之间的关系是怎样的（部门接口），各岗位的各项工作要怎么做（岗位操作程序和工作标准），组织将如何来进行监督管理（管理标准和检查方法）。

（1）业务流程

业务流程是酒店为客人提供产品或服务的全部活动过程及应完成的各项活动的时序安排。中高层经理人的重要任务之一就是设计业务流程，一线员工可以按照设定的流程来工作。就酒店企业来说，需要重点关注的是对客服务流程，即酒店为客人创造价值的全过程。分析与理顺对客服务流程，经理人的视野必须超越酒店内部现有的业务活动范围，考虑整个产业链的客人价值创造过程。从客人遇到现实问题、寻找解决方案、购买解决方案、实施解决方案、提升解决方案的全过程，考虑如何改善对客服务流程。因此，任何酒店企业都有必要从提升客人价值的角度，设计精简、高效的业务流程。

（2）操作程序

在明确酒店业务流程的基础上，可以设定如何做事情的操作程序。操作程序涉及某些岗位工作标准、工作方法、技术规程等，它是针对酒店业务活动过程中大量存在、反复出现，又能摸索出科学处理办法的事物所制定的作业处理规定。操作程序是在经验积累的基础上，进行进一步概括的工作程序与处理办法，其所规定的对象均具有可重复性特点，程序性很强，是酒店用来处理常规化、重复性问题的有力手段。

（3）管理制度

管理制度是对企业管理各基本方面规定活动框架，调节集体协作行为的工具，是用来引导、约束、激励集体性行为的、成体系的活动和行为规范，如人事管理制度、安全管理制度、财务管理制度等。在组织管理的体系中，相当一部分是管理制度，它是单独分散的个人行为整合为有目的的集体化行为的必要环节，是酒店做对客服务、提升客人价值的激励与约束机制，是保证酒店管理的业务流程顺畅便捷有效的基本手段。

3．善下指令

要建立正常的工作秩序，不仅需要科学的职权和业务体系，还需要酒店督导的有效指挥，否则下属就会感到无所适从，不知该做什么、从哪做起。有效指挥，关键是酒店督导要学会正确下达指令。

（1）指令的性质

根据对下属的制约程度，指令大体可分为命令、要求与建议三种形式。命令是下属必须无条件服从的指令；要求是下属必须执行，但可商量执行的条件和相关细节；建议是下属可执行，也可不执行，但必须反馈的指令。酒店督导者应视工作的性质、难易程度、职权范围、下属成熟度等下达不同性质的指令。

（2）指令的内容

指令的内容必须明确、具体，让下属易于执行。一般包括以下七项内容：谁去做；做什么；为何做；何时做；有什么标准与要求；如何检查与反馈；做好了有什么效果。

（3）指令的层次

要注意逐级下达指令，避免越级指挥，导致下属无所适从。在紧急情况下，须越级下达指令时，事后则须及时向被越下级反馈。

（4）指令的形式

指令的形式有书面指令、网络指令、口头指令、电话指令等。酒店督导应依据事情的性质与轻重缓急，选择合适的指令形式。

二、宽松愉快的工作氛围

酒店作为服务性行业，要取得良好的社会经济效益，就必须确立“顾客至上”的服务宗旨，即把客人当做“衣食父母”，给予充分的尊重和理解。但是酒店员工同样也是人，他们同样需要得到别人的尊重和理解。所以，酒店必须为员工营造宽松愉快的工作氛围，以便让员工心情舒畅地工作。

1．尊重员工的“个体性”

对员工“个体性”的肯定，就是要更多地关注员工作为独特个体的存在。事实上，员工经常考虑的是个人的地位、个人的利益、个人的价值，因为人们大都喜欢自己被当作个别的人而受到特殊的对待，因此，督导者在日常工作中应多从“个体”心态出发进行管理。同时，要注意对员工适当授权，以充分发挥员工的主动性和创造性。

2．理解员工的过错与抱怨

在一般情况下，酒店的每一个员工都有上进心，都不愿出现差错。人非圣贤，孰能无过？做工作总不免要犯错误，所以，作为酒店的督导者，对员工由于客观原因造成的工作过失，要以博大的胸怀给予包容谅解，并给予技术上的支持。同时，对待员工的抱怨，要采取积极的态度，妥善处置。抱怨无非是一种发泄，当督导者发现下属在抱怨时，首先要认真听取抱怨者的怨言和意见，其次对抱怨者提出的问题作认真、耐心的解答，并且对员工不合理的抱怨进行善意的批评指正。

3．注重对员工的督导

督导，顾名思义就是督导者对下属的监督与指导，它是督导者的一项重要职责。通过督导可以加强督导者与下属的沟通，给予员工必要的支持，提高员工的服务品质。督导者只有“积极友善”“对事不对人”，才能有效改善、协调上下级之间的关系。

根据权变观点，不存在普遍适用的监督与指导方式。有效的督导行为取决于各酒店企业的环境、任务、群体与个人的特点以及督导者与下属的关系等因素。而且，下属效能取决于其工作意愿与工作能力。因此，在督导技巧上，重要的一个原则是有针对性，即根据下属的心理成熟度（意愿）与任务成熟度（能力）选择相应的督导方式。

（1）对于没意愿、能力弱的下属，应采取指挥式督导

督导者具体指点下属应当干什么、如何干，强调直接指挥。如果实在“朽木不可雕，

孺子不可教”，可以通过合适的途径让其转岗或离职。

（2）对于有意愿、能力弱的下属，应采取教导式督导

督导者给予下属一定的指导，同时注意保护与激励下属的积极性。督导者应努力使他们的工作技能得到快速提升，并使员工维持对工作与生活的热情。

（3）对于没意愿、有能力的员工，应采取鼓励式督导

督导者与下属一起做事情，给下属以支持并调动其积极性。对于工作本身，督导者其实不用担心，关键是通过了解员工的爱好与需求，激发他们的工作积极性。

（4）对于有意愿、有能力的员工，应采取授权式督导

督导者几乎不加指点，由下属单独开展工作。通过给员工以更大的发展空间，以发挥潜力与留住人才，为酒店培养与储备必要的优秀管理者。

4．激发员工的工作热情

激励是为了特定目的而去影响人的内在需要，激发人的动机，从而引导和强化人的行为的过程。通过关注员工需要，给员工以压力和动力，激发动机，由此产生活力。首先，激励的起点是员工的需要。督导者要掌握员工的需要，并努力满足。其次，激励的关键是员工的动机。动机是在需要基础上产生的，具有引发、维持与强化行为的功能。第三，激励是一个持续的过程，这个过程包括三个阶段：让员工愿意干；让他能干好；干好以后继续干。因此，有效的激励即愿意干、能干好、继续干。最后，激励的目的是调动员工的积极性，驱动员工行为，促进酒店目标的实现。

三、友好温馨的人际环境

酒店工作是紧张的，也是辛苦的。为此，酒店督导者必须注重对员工的关心和爱护。

1．尊重与信任员工

“相信和尊重你的每一位员工”是美国女企业家玛丽·凯的经营信条。她曾经在《掌握人性的管理》中写道：“每当我见到一个人，我就想象对方身上都带着一个看不见的信号：‘让我感到自己重要。’我会立即回应，结果每次都有意想不到的结果。”这里就强调了每个人都有受尊重的需要，都希望自己能被当作一个有长处、有成就、有贡献、有价值的人。满足每一个人的这种心理需要就是最大的奖赏。在每家酒店，都有许多不同的岗位。不同的员工在不同的岗位做着不同的工作。正是因为不同，酒店督导者才更应该时刻提醒自己每个岗位上的每个员工都是重要的。

酒店服务是面对面的，正如许多服务员所说的：客人坐着我站着，客人吃着我看着，客人玩着我干着。在当今酒店将客人奉为“人上人”的服务氛围下，客人有权“支配”酒店员工的劳动，挑剔酒店员工的毛病，即使客人有过错或举动无礼，酒店员工也要忍耐、宽容。有时尽管员工尽了最大的能力去为客人服务，可能仍避免不了冲突和意外。这在整个社会的精神文明尚未达到一定高度，有些客人的素质确实不高的情况下，作为酒店的员工有着这样那样的委屈和苦衷，不公平感也往往油然而生。因此，作为酒店，一方面应根据人性化的原则，设计酒店的制度，尽可能为员工创造一个比较宽松和谐的工作氛围；另一方面，在处理客人投诉时，酒店督导者既要注意给客人留足面子，也要充分理解员工的苦衷，注意维护员工的自尊心，避免员工产生人格被剥夺感，让员工得

到一些安慰。当然，对于无理取闹、侵犯员工人权的客人，酒店应该坚持原则，为员工讨回公道，维护员工应有的尊严。

2．关心员工的生活

作为特殊的服务行业，为了满足顾客的物质和精神生活的需要，必然需要牺牲一些员工的个人利益，如工作时间不稳定、节假日加班等。为此，酒店一方面应合理安排员工的工作时间，尽可能避免加班加点，保证员工的休息时间和正常生活安排，并应逐步推行年休假制度。根据酒店的业务经营情况，有计划地安排员工度假旅游，从而使员工体会工作的价值和生活的快乐；另一方面应注意开展一些有意义的文化、体育活动，丰富员工的业余生活。

3．增加组织的人情味

人情味最能体现酒店的关心，并且很可能成为酒店的核心竞争力。酒店一方面应该营造“大家庭气氛”，员工病了，管理人员亲自去医院看望；家里有了困难，酒店无条件地伸出援助之手；员工情绪不佳时，上司主动与之交心。另一方面应该努力创造团结合作的氛围，人人都有助人为乐的意识和行动，做到多看人长少看人短、多沟通少摩擦、多包容少计较、多补台少拆台、多反省少埋怨。

4．充分的沟通与交流

沟通是人际之间或群体之间传递信息、交流信息、加强理解的过程。有效沟通的重要作用之一就是使酒店员工感到自己是酒店及酒店部门的一员，感受到酒店及所在部门的认可和关爱。酒店内上下之间、群体与群体之间、人与人之间沟通渠道通畅，才能很快传递和交流信息，体现民主、和谐的气氛，引导员工为酒店或组织目标服务。

案例分享

某酒店规定，每天10:00召开由各部门经理参加的晨会，这天超过开会时间5分钟了，参会人员还未到齐。

已经坐在会议室的两位经理走到会议室门口打电话，其中一位要求部门员工把桌面上的笔记本送到晨会会议室，另一位则要求赶快将昨天的营业收入报给他。

保安部经理、餐饮部经理姗姗来迟，且都未着工作服。保安部经理的理由是“穿西装实在不习惯”，餐饮部经理则称“因为怕迟到，就没到办公室换衣服，直接来会议室了”。

10:15，晨会开始，各部门经理依次发言，有的寥寥数语，有的照本宣科。一线部门汇报业绩，二线部门汇报做了哪些工作。没有客人投诉，也不存在问题，看来形势一片大好。

11:15，总经理准备做总结发言。突然，餐饮部经理站起来，指责人力资源部迟迟没有解决该部门员工短缺的问题。

人力资源部经理回应说：“各酒店都缺人手，都在抢人。我们工资开得又低，很难招到人。”随后指责餐饮部：“据辞职的员工反映，你们部门的主管领班对普通员工态度很不好，怪不得你们部门员工流失率那么高。我看你们还是要提高对员工的管理能力。”

两位经理你一句我一句互不相让，此时已经11:30了。总经理很生气，要求两位经理到办公室解决问题，晨会就此结束。

[对管理者的启迪]

1.酒店晨会不能走形式主义，也不能成为中层管理人员吵架的场所。

2.必须提高晨会的工作效率，晨会不需要每个参会者都发言，有需要协调解决的问题，在晨会上由总经理协调解决。个别问题会后解决，不耽误其他与会者的时间。

3.总经理必须通过制度强化晨会纪律，与会者必须严格遵守晨会纪律。

本章小结

（1）酒店督导者对员工的日常工作指导主要包括表扬、批评、处分、解聘四个方面。掌握每项指导工作的步骤和技巧，能有效提高酒店督导者的工作效率和质量。

（2）召开现场会议是酒店督导者与员工、员工与员工之间进行沟通的一种重要方式。有效的会议需要周全的会前准备、精心的会间组织和高超的主持技巧。

（3）营造积极的工作氛围能促使员工发挥自身潜力，增进员工之间的协作意识，进而提升整个部门团队的工作业绩。

思考与练习

（1）酒店督导者在对员工的日常工作指导中应注意哪些内容？

（2）酒店督导者在主持会议时应考虑哪些问题？

（3）怎样为员工营造积极的工作氛围？试举例说明。

（4）案例分析：

在北京某四星级酒店客房部，实习生服务员小青上早班。她像往常一样，先做好公共区域卫生，接着整理工作间，然后按常规查空房。当小青依照房态表查到 2041 房时，房态表显示此房是 VC 房（即 OK 房，干净空房），但当她打开房门一看，房间没有清扫，实际上是 VD 房（脏的空房）。小青立即作下记录，打算所有空房查完后再报告领班。就在这时，2041 房有客人入住，服务中心发现是脏房，立即与楼层服务员小青联系，要求她立即将 2041 房清扫好；小青心想：怎么这么巧，我还没来得及报告，这么快客人就入住了，而且入住的客人还是本店的回头客。此时，客人已到达楼层，小青迎上前去，先向客人道了歉，请客人到会议室稍作休息，并以最快的速度将房间清扫好，让客人住下。此事客人虽然未投诉，但客房部经理对此很重视。检查开锁记录，结果只查到服务员的进房时间，未查到领班的进房时间。说明当班领班没有按规定检查房间，经理决定对其进行严厉处分。而小青查到与房态表不符的 VD 房，没有立即报告，以致未及时纠正，影响客人按时进房，对此事也应负有一定责任，所以给予实习生小青以罚款处罚。

请结合现场督导相关知识，发表你对此事的看法。

第八章
前厅督导管理

课前导读

前厅部是酒店的门面，前厅部的服务贯穿于酒店对客服务的全过程，前厅服务质量在一定程度上左右着客人满意度，前厅部在酒店各业务部门中具有非常重要的地位和作用。对酒店前厅员工进行有效的督导，可以提升服务品质，建立良好的宾客关系。

教学目标

（1）了解前厅部各个督导岗位的工作职责与工作内容。
（2）熟悉前厅部常用的各种业务表单。
（3）掌握前厅部督导在日常工作中经常遇到的疑难问题的解决技巧。

第一节　工作职责和工作内容

一、前厅部的分类

前厅部的督导常常根据酒店的规模、星级等实际情况而设置。就一般酒店而言，按前厅部向客人提供服务功能的特点，可以把前厅部基层督导作如下分类。

1．预订服务

受理各种形式的客房预订服务，对预订进行计划安排，按要求定期预报客人情况，保管预订资料。

2．接待服务

为抵店客人办理入住登记手续，分配房间，正确显示客房状态，掌握并控制客房出租情况，制作有关报表。

3．咨询服务

回答客人问询，处理客人邮件、留言，为外出客人保管钥匙、介绍酒店的特别服务等。有些酒店独立为问讯处配备主管、领班；有些酒店将问询处归并接待处，由接待处员工负责问询服务。

4. 礼宾服务

礼宾服务包括行李服务、迎送服务和委托代办服务等。在酒店大堂甚至机场、车站迎送客人，安全运送客人行李，负责雨伞寄存和出租，分送客人信件和留言，以及客人委托的代办服务等。

5. 收银服务

提供外币兑换服务，管理住店客人账单，夜间审核营业收益情况，负责办理离店客人的结账手续，应收款的转账等。常设主管一名。有些酒店的前台收银归财务部管辖，但由于工作岗位设在总台，而且在业务上与接待处、问询处有着不可分割的密切关系，因此前厅部经理往往也参与对该处员工的管理与考核。

6. 其他

不少酒店在大堂设大堂副理，代表酒店管理层协调与客人的关系，协助管理前台部门的服务工作；部分酒店也会设宾客关系主任取代大堂副理。有些酒店电话总机、商务中心等也隶属于前厅部。

二、岗位职责

1. 大堂副理

（1）白班职责

1）检查前厅部各岗位工作人员的仪表及工作效率，并将所发生的事件向前厅部经理汇报。

2）保持管理者和客人之间的和谐关系，尽快解决客人的投诉，尽量满足客人的要求。

3）按照规定工作程序批准放置水果、鲜花与礼品。

4）迎接并陪同重要客人入住，尽可能多地欢迎进店的散客。

5）负责检查为重要客人安排的房间，并通知客房部需修理、清洁的项目，确保被批准的赠品申请单上所列各项要求的落实。

6）酒店客满时，要根据情况向那些已确认其预订而未能入住的客人介绍其他同类酒店，并安排交通工具。

7）检查酒店的大堂及公共区域（包括停车场），并将发现的问题通知有关部门。

8）根据酒店规范、信用规定、客人数量和身份，批准权限内的房价优惠折扣。

9）协助保安人员调查异常事件，谢绝不受欢迎的客人进入酒店。

10）负责每天在值班记录本上记录当天的经营活动情况，并上报前厅部经理。

11）负责写出本酒店内发生的与客人、员工和非住店客人有关的事故报告以及有关客人的财产损失与人身伤害的情况报告。

12）在需要时，负责实施有关紧急情况处理程序的规定。

13）永远给客人留下友好、文雅、愉快、整洁和训练有素的职业形象。

14）执行前厅部经理或其他上级管理人员所交给的其他工作。

（2）夜班职责

1）在客人面前保持友好、整洁、愉快的形象。

2）对客人提供礼貌服务，对客人的投诉要求与询问要迅速而机敏地做出反应。

3）做好当班期间所有区域活动的指导、控制及协调工作，保证这些活动的正常进行。

4）确保酒店制度与纪律的执行，尤其是要保证保安部正确地履行职责，严防不法分子盗窃酒店的财物。

5）参与对重要客人的预订、登记工作，保证团队顺利入住并尽量做到迎候每一位抵店的客人。

6）负责执行酒店有关的折扣规定，保证已预订房间的兑现措施，决定是否提高客人住房的档次（按约定收费，也称房间升级），以维护、促进良好的公共关系。

7）负责检查大堂及其他区域的情况是否正常。

8）负责检查晚间进店的重要客人的房间，确保赠品已按店方批示摆放好。

9）保证对异常情况和不受欢迎的客人进行适当的检查，并将情况记入值班日记。

10）代表店方领导受理客人提出的所有要求以及与店方的联系事宜，并在必要时决定采取什么措施和行为。

11）如遇特别紧急情况和重要事件，及时向总经理汇报。

12）完成空房检查表。

13）检查无人认领的失物和招领单。

14）负责检查房间销售日报表、折扣房价表和其他报表。

15）掌握夜间来访者的进出情况。

16）检查并确保所有叫醒电话的落实情况，将背景音乐系统的音量调到指定的位置。

17）做好前厅部经理及其他领导所交办的其他工作。

2．宾客关系主任

1）掌握酒店各种设施、功能和营业时间。

2）协调本部门和其他部门之间的工作。

3）及时、准确地引导进店客人。

4）每日征询客人对酒店的建议，解决客人提出的疑难问题。

5）实行坐台值班制度，负责处理客人的投诉，宣传酒店举办的各项活动。

6）协助本部门各个岗位的日常工作，及时补充岗位空缺。

7）接待抵离酒店的 VIP 客人，组织落实各项迎送活动。

8）检查大厅公共区域、客用洗手间的卫生状况。

9）巡视、督导前台各服务点的对客服务质量。

10）关注酒店常住、长包房客人，并提供个性化服务。

11）带客参观酒店各区域。

3．前台主管

1）在前厅部经理的领导下，负责前台的管理工作，直接对前厅部经理负责。

2）根据业务要求和工作程序，督导接待处、问讯处的业务运行。

3）做好下属的思想工作，调动员工的工作积极性，高效高质地完成各项工作安排。

4）负责本处人员的排班、考勤、奖金评定工作，并批准一天内的临时请假。

5）检查员工的仪容仪表和工作进程，督导员工按章办事，根据员工的表现给予奖惩。

6）帮助下属解决工作中遇到的难题，处理工作中的差错和事故。

7）制订培训计划，定期对本处员工进行业务培训与考核，不断提高员工的业务水平及服务质量。

8）负责每日工作检查，主持召开班前例会，布置并检查当日重要接待工作，将上级的指令传达给下级，及时向上级汇报本处的情况。

9）负责接待处的设备管理和保养。

4．预订主管

1）全面掌握整个酒店的房类分布情况。

2）检查所有预订是否都已正确地记录并录入电脑。

3）负责团队预订的记录及电脑录入。

4）处理散客、VIP 客人预订，努力提高酒店的住房率。

5）安排员工排班表并报部门批准。

6）处理客人投诉。

7）编制每月分类报告。

8）负责培训、督导、检查预订员的工作。

9）负责与客房、销售、公关、接待、采购等部门的沟通和协调。

10）完成上级交办的其他任务。

5．礼宾部主管

1）落实并执行前厅部经理的指令，全面负责礼宾部的工作。

2）编排本部门员工的班期和休假，处理临时性的请假。

3）指导监督并考核本部门员工遵守纪律、执行工作程序的情况。

4）协调本部门与相关部门的关系，保证礼宾部的良好运作。

5）及时反映本部门的工作情况，与前厅部经理保持直接的联系。

6）负责本部门设施设备的保养维护及各类低值易耗品的发放与使用。

7）安排人力准确运送团体和散客行李进出酒店。

8）组织培训，传达酒店的规定及工作要求。

9）每日当值前，负责认真检查上岗员工仪容仪表。

10）站于柜台内，接听电话，回答客人的询问，办理客人行李的寄存及提取。

11）观察大堂内的情况，维护大堂内的秩序并督导本部门员工对客人的服务。

12）分配本部门员工的工作，及时派送各种表单、报纸、信件、传真、留言及包裹等。

13）负责安排员工完成临时性的工作。

14）做好交接工作，认真落实每一件事，避免工作中的任何失误。

15）负责各项委托代办业务。

6．商务中心主管

1）负责商务中心各项业务的具体工作，直接对前厅部经理负责。

2）负责与有关单位的协调联系，与本酒店有关部门保持密切联系，以保证各项业务的顺利进行。

3）根据商务中心的具体特点，制订有效的工作计划，并报前厅部经理。

4）负责制作各种报表及工作设备的保养、环境清洁计划，并组织实施和控制，保证设备的正常运转。

5）负责商务中心员工的培训工作，包括业务培训、外语学习及操作技巧，并进行定期考核与不定期抽查。

6）负责商务中心员工的班次安排，监督员工的出勤情况，了解员工的工作情况及思想动态，帮助员工解决工作中的难题，并督促员工履行自身的职责，指导他们的工作。

7）随时检查员工的礼貌服务，工作态度以及执行工作规程、员工守则的情况，在商务中心的工作范围内，妥善处理客人的投诉。

8）检查工作日志，完成上级交办的其他工作任务。

9）对商务中心业务进行把关，遇有重要客人，适当调配上班员工，以便在商务服务方面，最大限度地配合酒店的接待工作。

10）以身作则，严格执行酒店的各项规章制度，起到模范带头作用，并监督检查所属员工的工作。

7．总机主管

1）每天上班后看交接班本，接受上级安排的工作并负责管区排班。

2）检查当职人员的仪表仪容。

3）掌握客人资料，严格遵守保密制度。

4）熟练操作电脑。

5）负责对新员工进行培训。

6）提供、转换、播放背景音乐。

7）负责提供电话咨询服务。

8）检查叫醒服务并保证其准确性。

9）时刻留意机器的运转情况，发现问题立即报修或报上级处理。

10）对 VIP 要特别留意，包括他们的活动范围、电话勿扰功能、紧急信息等都要进行认真细致的处理。

三、部分督导工作内容

1．大堂副理

（1）重要客人的接待

1）准备工作。

2）住店期间的联络和拜访。

3）离店前的准备工作。

4）备忘录与资料。

（2）特殊客人的处理

1）生病客人：客人生病时，可联系医务室帮忙就诊，安排员工为客人送饭；拜访生病客人，询问病情；客人病重或有特殊要求，可拨打 120，请急救中心出诊；客人去医院，可为客人联系出租车或酒店车队；客人需要住院治疗时，将客人的病情及房号等做好记录，通知其亲友。

2）醉酒客人：对待醉酒客人，应将其送到有人关照的地方，并采取保护客人的措施。

3）过生日的客人：在前厅送达的“客人生日申报表”上签字，一份交总台留存，一份交餐饮部准备生日蛋糕；从办公室领取生日贺卡并请总经理签名；与客人取得联系，在适当的时候持生日贺卡并与送餐人员带着生日蛋糕一起前往客房，祝贺客人生日快乐；与客人作短暂交谈，征求意见，增进感情交流；做好以上工作的记录。

（3）客人投诉的处理

客人投诉的最终目的是解决问题，对客人的投诉必须第一时间处理。

1）及时与有关部门联系，迅速弄清事情来龙去脉，作出正确判断。

2）把要采取的措施告诉客人，也可以让客人提出解决问题的办法或补救措施，体现对客人的尊重。

3）充分估计解决问题所需要的时间，给客人以明确的答复，不能闪烁其词。

4）及时将进展告诉客人。

5）对超越权限或解决不了的问题，要及时与上级部门联系，不要无把握、无根据地向客人保证，防止事态扩大。

2．前台主管

（1）早班主管

1）与夜班工作人员交接好班，交接内容包括：①昨晚发生的事情、处理结果及未了事宜；②昨天的开房情况、今天的退房数、今天的客房预订情况、可开房数及客房状况；③今天开房客情，有多少 VIP 客人、团队客人、特别客人、一般客人等；④今天接待工作必须注意的事项；⑤需要特别说明的事情。

2）处理未了的事情和经理特别交代的工作。

3）根据今天的客房情况和客房预订情况做好接待及开房的准备。

4）若有 VIP 客人和团队客人须下达接待计划或通知单给有关部门或岗位，有的要提前一天或几天下达。

5）早晨是客人离开酒店较集中的时候，要做好离店客人的接待工作，如介绍客人到总台收银处结账、接受客人的房间钥匙等。

6）迎接来店开房的客人。

（2）中班主管

1）按早班与夜班交接班的同样办法与程序，做好交接工作。

2）继续处理未了的事情和特别交代的工作。

3）中班时间是客人入住酒店最多的时候，根据这个规律要充分做好迎接客人的准备。要有条不紊地为客人办好入住手续。

4）关照好离店客人，接收钥匙。

5）中班时间来往大堂的客人最多，要注意大堂的动向，与大堂保安人员、大堂副理配合维护大堂的秩序，避免发生意外。

3．礼宾部主管

1）查阅当日预计到达客人的名单和机场代表的工作日记，做好机场代表当日的接机安排。

2）根据工作需要和出勤情况，合理调配人力，安排员工及时、准确、安全地运送团队和散客的行李。合理安排员工班次的主要依据是：①酒店业务的特点，如商务酒店、度假酒店、会议酒店的行李服务就各有特点，旅游旺季与淡季也不一样；②酒店订房处有关客人预订的报表及酒店接待处的有关报表；③前厅部经理的指令。

3）监督检查下属的仪表仪容、工作纪律和服务态度，发现问题及时纠正解决。

4）安排和督促下属将特快专递、邮件和报刊等及时准确地分发到客房和酒店各部门。

5）亲自解决或请示上级后处理服务工作中的疑难问题。

6）与团队联络人员和陪同人员保持密切联系，亲自点验行李，履行交接手续，确保团队客人行李服务工作的及时、准确和安全。

7）与接待处、收银处、商务中心等有关部门及时沟通，确保部门之间的合作。

8）及时处理有关本部门员工的投诉。

9）在需要时亲自从事下属的工作。

10）检查客人寄存的行李和库房，确保安全；检查本部门的设施设备和工具，定期组织维修，确保设施设备和工具的完好。

四、部分工作检查标准

1. 大堂气氛检查项目

1）酒店的入口处是否有吸引力？是否有迎接客人的气氛？客人带着行李也很容易进店吗？

2）长途旅行后回到一个宁静的港湾会产生舒适感。大堂是否有这种宁静港湾的气氛：①室内外噪声达到什么程度？大堂的隔音好吗？②背景音乐的音量是否适中？③灯光怎样？是优雅柔和还是耀眼照人？是否有利于烘托女士的化妆色彩？各种灯具是否都完好？④气味怎样？从外面进来会不会嗅到难闻的味道？⑤湿度是否足够？温度是否适中？⑥地面、墙面、顶面如何？是否处于良好状态？

3）大堂的各种设备是否完好？各种服务设施的标牌是否白天黑夜都能看到？

4）装饰品太多了还是太少？摆设如何？花草布置是否恰当？

5）大堂的各种设备用具摆放位置是否准确？

6）大堂有没有供客人用的告示牌？

7）大堂的时差钟是否准确？

8）大堂的清洁卫生是否给人以无可挑剔的感觉？

9）大堂所有员工的服装、表情、举止如何？

10）大堂里的客人是否有破坏大堂气氛的行为？

2. 预订工作检查项目

1）预订流程是否规范？

2）接受电话预订的必备资料是否放在电话机附近？

3）客人预订客房时，预订员是否查阅客人的客史档案？

4）预订处发出的各种信函，其书写格式、内容是否完善无缺？

5）对于要回复的信件，预订员是否准备了登记本？

6）预订员是否根据酒店发出信函的不同性质，规定了轻重缓急？

7）当预订发生了更改，是否在相关资料上注明了变更情况？

8）当收到一份取消预订的信件时，预订员是否总是想起给等候名单上的客人寄一封确认信？

9）为了减少差错，预订员是否合理地使用了颜色？如：①用于报价信件；②用于预订和预订变更；③用于预订取消；④用于旅行社和会议。

3．前台接待工作检查项目

1）客人抵达酒店门口时，是否有人迎接，是否有人帮助提行李？

2）总台服务员的服务态度是否优良、方式是否恰当、效率是否较高？各种手续是否合乎规定？

3）行李员是否随时为客人提供服务，引领到房间是否符合要求？

4）各种行李及邮件等传送是否及时、准确？

5）问询服务是否热情、耐心、周到？

6）各种委托代办服务是否手续清楚、提供及时？

7）各种电信服务是否迅速、准确、及时？

第二节　各种单据的基本知识

前厅部督导员应掌握各种表单的基本知识，否则下属员工工作出现失误后无法做出判断，从而不利于管理工作的开展。

一、客房预订单

预订员将宾客的订房要求填入统一规格的订房单（见表 8-1），以明确酒店在处理预订中所需的各种信息，如客人姓名、人数、国籍、抵离店日期及时间、车次或航班、所需客房的种类和数量、价格、付款方式、预订人姓名（或单位）及地址、电话号码、特殊要求等信息。填写客房预订单时，要认真地逐栏填写清楚，并向订房人重复其主要内容。因为这是最原始的订房资料，一旦出现错误会导致订房系列工作的全盘错误。

表 8-1　客房预订单

Reservation Form

□ 新预订 New Booking □确认 Confirmation □变更 Amendment □取消 Cancellation

To.致__________ From:__________ Confirmation No.预订确认号：__________	
Company 公司：__________Guest Name 宾客姓名：__________	
Telephone Number 电话号码：__________ Fax/telex Number 传真号码：__________	
Arrival Date 入住日期：__________	Arrival Flight/Times 抵达航班/抵达时间：__________
Room Type 房间类别：__________	No.of Rooms 房间数量：__________
Departure Date 离店日期：__________	Departure Flight/Time 离开航班/离店时间：______

<table>
<tr><td colspan="2">Limousine Charge 接机费用：__________</td><td colspan="2">Special Request 特别要求：__________</td></tr>
<tr><td>Payment
付款方式</td><td colspan="2">□All charges on Guest's own account 客人自付
□All charges on Company's own account 公司支付所有费用
□Room rate charge on Company's Account,incidentals charge on Guest's account 房费转公司，其他费用客人自付</td><td>备注：</td></tr>
<tr><td colspan="4">All Reservation will be held till 6P.M.and subject to automatic release unless guaranteed by guests credit card,or Company (with hotel credit facilities)agree to pay one night room charge in the event the indicated person fails to check in on the arrival date.(☑):means confirmed item.
所有预订酒店只保留到当晚 6 点，6 点后预订将自动取消。除非您用信用卡担保或者您的公司愿意书面担保承担您所预订房间的费用（限与酒店有信贷关系的公司）。(☑)：表示已确认的项目。</td></tr>
<tr><td colspan="4">Credit Type 信用卡类型：__________ Card No 卡号：__________ Expire Date 有效期：__________</td></tr>
<tr><td colspan="4">Taken By 预订人：__________ Date Taken 预订日期：__________</td></tr>
</table>

二、散客/团队行李登记表

无论是团队行李还是散客行李，无论是入店行李还是出店行李，行李员每提供一次行李服务，都必须在登记表上做详细记录以备查。（见表 8-2、表 8-3）

表 8-2　散客行李（入店/出店）登记表

房号	上楼时间	件数	迎接行李员	出行李时间	离店行李员	车牌号码	备注

表 8-3　团体行李（入店/出店）登记表

<table>
<tr><td>团体名称</td><td></td><td>人数</td><td colspan="2">入店日期</td><td></td><td>离店日期</td><td></td></tr>
<tr><td></td><td>时间</td><td>总件数</td><td colspan="2">酒店行李员</td><td>领队</td><td>行李押运员</td><td>车号</td></tr>
<tr><td>入店</td><td></td><td></td><td colspan="2"></td><td></td><td></td><td></td></tr>
<tr><td>出店</td><td></td><td></td><td colspan="2"></td><td></td><td></td><td></td></tr>
<tr><td rowspan="2">房号</td><td colspan="3">入店件数</td><td colspan="3">离店件数</td><td rowspan="2">备注</td></tr>
<tr><td>行李箱</td><td>行李包</td><td>其他</td><td>行李箱</td><td>行李包</td><td>其他</td></tr>
<tr><td></td><td></td><td></td><td></td><td></td><td></td><td></td><td></td></tr>
<tr><td></td><td></td><td></td><td></td><td></td><td></td><td></td><td></td></tr>
<tr><td></td><td></td><td></td><td></td><td></td><td></td><td></td><td></td></tr>
<tr><td></td><td></td><td></td><td></td><td></td><td></td><td></td><td></td></tr>
<tr><td>合　计</td><td></td><td></td><td></td><td></td><td></td><td></td><td></td></tr>
</table>

三、客史档案卡

客史档案又称宾客档案（见表 8-4），是在酒店接待工作中形成的具有查考利用价值并按一定制度归档存查的一种专业档案，在酒店的经营管理中有着重要的地位与意义。因为客史档案是促进酒店销售的重要工具，也是酒店改善经营管理和接待工作的一项必要措施。客史档案的利用价值很高，其资料来源于前厅收集的诸多客人的信息资料和其他业务部门提供的有关资料。这些资料集中后整理成档案，有助于今后分析客人需求，加强酒店与客人之间的沟通，发展双方的良好关系。尽快、全面、准确地建立客史档案还是酒店接待工作的需要，对搞好客源市场预测，制定营销策略，提高酒店管理水平和服务质量，提高客房出租率，增加收益等都具有积极的意义。

客史档案也是潜力极大的资料库，应很好地加以利用。目前酒店运行管理大多采用电脑来进行客史档案的整理和利用。将各种住客资料利用电脑储存起来，需要什么信息，随时调用，使用方便，而且储存量大，目前正被广泛采纳应用。

表 8-4　客史档案卡

姓名			性别			国籍		
出生日期及地点						身份证号		
职业						职务		
工作单位								
单位地址						电话		
家庭地址						电话		
其他								
住店序号	住宿时间	房号	房租	消费累计	习俗爱好特殊要求	表扬、投诉及处理	预订信息	信用卡及账号

四、访客留言单

当被访的住店客人不在酒店时，应主动向来访者建议留言。如果访客愿意留言，将访客留言单（见表 8-5）交给访客填写，然后由问讯员过目后签名。也可由访客口述，由问讯员记录，访客过目签字。访客留言单一式三联，填好后的留言单第一联放在总台；第二联送电话总机，由接线员开启客房电话机上的留言指示灯；第三联交行李员从客房门下送入客房。留言具有一定的时效性，所以留言服务的基本要求就是：传递迅速、准确。

表 8-5　访客留言单

访客留言单

WHILE YOU WERE OUT

TO　MR　　　　　　先生

MRS________________　　　女士

MISS　　　　　　小姐

ROOM NO.______________　TIME________________　DATE

房　号　　　　　　时间　　　　　　日期

续表

YOU HAD A TELEPHONE CALL
贵客有电话来自
FROM　MR　　　　　　　　　　先生
MRS　　　　　　　　　　　　女士
MISS　　　　　　　　　　　　小姐
TEL NO.电话号码________________　PLACE　地点
令友并无留言　☐　PARTY LEFT NO MESSAGE
令友将再给你电话　☐　PARTY WILL CALL YOU AGAIN
请您打电话去　☐　PLEASE CALL BACK
令友曾到访　☐　PARTY CAME TO SEE YOU
令友将再次来访　☐　PARTY WILL COME AGAIN
MESSAGE____
____
____

CLERK 经办人________________

THANK YOU
谢谢

五、住客通知单

酒店给住客留言，亦称住客通知（Guest Notice）（见表 8-6）。问讯员收到住客较为重要的邮件等，一般须填写住客通知单，通知客人前来签名领取。

前台员工有时向客人催缴押金、征询客人是否续住等事宜，除微信、QQ、钉钉、电话外，也可填写住客通知单以书面形式来进行。

无论是何种留言，都必须书写工整，言辞准确，意思表达完整，传送及时，并注意为客人保密。

表 8-6　住客通知单

住客通知
GUEST NOTICE
先生、女士、小姐　　　　房号　　　　日期
MR. MRS. MISS ：________　ROOM NO：________　DATE：
兹收到一份
PLEASE BE INFORMED THAT THERE IS A
电传　　　　挂号信
TELEX　☐　REGISTERED LETTER
电报　　　　包裹
CABCE　☐　PARCEL
信封
ENVELOPE
其他
OTHERS
给您
FOR YOU AT THE INFORMATION DESK
请联络问讯处索取或致电安排传递
FOR COLLECTION, PLEASE CONTACT INFORMATION DESK OR CALL FOR DELIVERY SERVICE, THANK YOU
留言
MESSEGE
顾客签名　　　　　　　　值班员
GUEST SIGNATURE________________　CLERK

第三节 解决疑难问题的技巧

即使是管理最好的酒店，有时也难免会发生意想不到的事故。不少时候，并非是员工的过错，而是由于客人自身的原因或过失而造成事故。特别是前厅部，情况更为错综复杂。当意外的事情发生后，作为一个主管如何才能有效地解决疑难问题呢？

1．客人在酒店住宿有逃账的迹象时，怎么办？

1）检查该客人在酒店发生的费用是否超出所预交的押金，及时催促客人结账或再预付押金。

2）查清该客人是否是逃账黑名单上的人。如果是，须通知保安部将其扣住，通知公安部门解决。

3）拖欠的账目迟迟不结，应采取果断措施，如关闭该房国际及我国港、澳、台地区直拨电话，取消其签单权等，并有大堂副理牵头，在有关人员的协助下，及时把客人留住结账。必要时可以由律师出面，通过法律程序予以解决。

2．客房服务员报告客房的地毯有烫洞时，怎么办？

1）上楼查看烫洞现场，交代客房服务员先不要清理现场，及时报知大堂副理。

2）客人回房后，即与客人取得联系，说明情况，告知酒店的索赔政策。

3）如客人否认，则可提醒客人是否访客所为。

4）最后提醒客人吸烟应注意，这是为其本人及酒店的安全着想。

3．有两位客人一起入住，其中一位声称账单由他付，按规定缴足了两人的押金。另一位客人住完先走，结账时客人却反悔了，怎么办？

1）确认押金额和入住登记表上代付签字。

2）婉转地请客人先垫付费用，并留下其联系地址和电话号码。

3）请客人向另一位客人代追费用，款一追回，即退款。

4．某客人于下午入住，18:00后因急事需结账离店，该客人要求按半日租结算，怎么办？

1）通常应收客人全日租。

2）如客人是常客，可同意客人的要求。

3）淡季时亦可灵活处理。

5．客人用了客房内的饮料，但他矢口否认，怎么办？

1）出示有关证据或账单，要求其付账。记入该客的客史，一旦该客重新入住，通知客房部和有关人员加以防范。

2）有身份的客人或是潜在的回头客，可以免赔，但需明确向客人指出酒店的规定和免赔的原因。

3）处理经过记录在工作日记中备查。

6．酒店的电话自动叫醒系统出现故障，怎么办？

1）叫醒服务是酒店应提供的服务，但当电话自动叫醒系统出现故障时，若是团队客人，酒店可向陪同说明酒店的难处，征得陪同的理解与合作，帮助酒店唤醒客人。

2）如陪同拒绝合作，酒店应毫无怨言地把这项工作做好，不得为难陪同和团队客人。

3）前厅部经理或大堂副理牵头，组织人力把要求叫醒服务的房号分散到指定人员手中，减轻总机人员的压力。

4）在酒店旺季，自动叫醒系统经常出现故障，应及时检修，认真维护保养，必要时可增加总机人员，更新有关设备。

7．客人的公司与酒店有折扣协议，由于订房部的疏忽，该客人付了全价后离店，其公司拒绝报销他的房费，客人要求用现金退还他多付部分，怎么办？

1）核查协议、账单，与该公司联系，确认情况是否属实。

2）如情况属实，向客人表示歉意，同意退还。

3）酒店一般不对外透支现金，可建议用其他方法解决，如：下次入住时从他的房价中扣除等。

4）客人如坚持要求用现金支付，可取他的信用卡或储蓄银行账号，将款存入他的银行账号。

5）该失误是因为订房员对协议价不熟悉造成的，要加强这方面的检查。

8．客人在总台结账时，发现一张在咖啡厅的账单房号是他的，但账单上的签名字迹不对，怎么办？

1）这是咖啡厅收银员的失误，收银员当时结账没有将客人的签名与入住卡的签名核对，应向客人道歉。

2）查找原因。请客人回忆是否有他的亲朋好友在那天来酒店用餐后未经他的同意，以他的名字签单。若客人否认，应立即将此费用从客人账目中扣除。

3）再次查找原因。是否其他房间的客人记错了房号，挂账到他的房号。

4）分析收银员出错的原因，是工作程序不熟还是责任心不强，有针对性地进行帮助。

5）该账单由有关人员做出说明后，报告领导，作逃账处理。

9．一位客人带一条小狗进入酒店住宿，怎么办？

1）有礼貌地告诉客人，根据酒店的规定宠物是不能进入酒店的，建议客人将宠物交行李部代为寄养。

2）寻找适当地方寄养。

3）客人喂食或领取宠物时须出示房卡以免被人冒领。

4）行李部与大堂副理分别做好记录，经常进行观察，保障宠物安全健康。

10．客人投诉：他在房间内只喝了一听饮料，但结账时却成了两听，怎么办？

1）查找客人消费的原始账单，核对客人入住日期和饮用日期，是否是上一位客人迟送的单据转入下一位客人。

2）查找房务记录，是否在客人入住前饮料没有及时补充。

3）请客人回忆是否有访客饮用或是其他原因。

4）如果客人断然否定，则免于支付，由大堂副理在账单上做出说明并签字。

5）如不是客人赖账，应查找失误环节，及时完善工作程序，并加强检查。

11．客人提出保密要求，怎么办？

1）问清客人的保密程度，如只接长途电话；只有某位客人可以来访，还是来访者一律不见，来电话一律不接。

2）在值班日志做好记录，记下客人姓名、房号及保密程度。

3）当有人来访要求见保密的客人，一般以客人没有入住或暂时没有入住理由予以拒绝。

4）通知总台、总机、客房中心做好客人的保密工作。

5）当客人要求取消保密或改变保密程度时，通知相关部门，并在值班日志上做好记录。

12．年轻女性客人电话投诉：深夜有一男子打电话邀请她出去吃夜宵，她感到十分害怕，怎么办？

1）安慰客人，请她立即将房间的防盗扣扣上，任何人敲门须从门窥镜中确认身份后方可开门。

2）通知保安部立即对该房进行密控。

3）建议客人换房，可将客人调到其他楼层或靠近楼层值台的房间。

4）通知总机，凡打入该房的电话须事先征得客人的同意后方可转入。也可在征得客人同意后，在某段时间内，设置电话 DND（免打扰）。

5）通过总机寻找骚扰电话来源，通知保安部进行干预。

6）征得客人同意后，与保安主任一起拜访客人，为客人压惊。

13．楼层服务员报：一位客人将浴巾带走，已去大堂结账，怎么办？

1）请客人到僻静处，委婉地告诉客人："客房服务员在检查房间时，发现少了一条浴巾。"不可强行打开箱包检查。

2）若客人不承认，应给客人台阶下，把责任转移，如"您的亲朋好友有没有来过？会不会带走？"请客人掏钱买下。

3）若客人仍不承认，应用体面的方式提示，如："不妨帮忙进房找一下"。注意，请客人单独进房间。

4）客人若将浴巾放回客房，应热情地感谢客人的合作，并为给客人带来不便表示歉意。

14．客人投诉：他昨天订房时要求酒店第二天派车到机场接他，酒店答应了，可是他到机场后并未发现酒店的车，怎么办？

1）向客人表示歉意，迅速安排入住。

2）查找失误的环节，理顺部门之间的衔接，可采用接机通知单同时分发行李部与车务部并相互通知的办法，做好跟班记录和交接班的记录。

3）告诉客人误接原因，承认酒店失误，由部门经理出面再次向客人表示歉意，可酌情送致歉礼品或免费送机场以安慰客人。

4）通知客房、餐饮和收银等部门注意服务，避免再次发生失误。

15．一位客人在早上 8:00 结了账，打算中午 12:00 时离店，要求保留钥匙，怎么办？

1）委婉地向客人解释酒店的规定：结账后须将钥匙交回酒店。因为不交还钥匙，可能造成钥匙丢失和结账后的费用逃账。

2）建议客人先交回钥匙，由客房服务员给他开房。结账后收银员通知餐饮、洗衣、商务中心取消他的签单权，通知电话总机关闭 IDD（　　）。在客人离店后，客房服务员立即检查房间，避免房内物品和饮料被带走。

3）客人如坚持要带走钥匙，可请客人先交适当的押金。收银员密切监督客人账户。

16．客人要求购买生日蛋糕和生日蜡烛，为他的孩子庆祝生日，怎么办？

1）问清庆贺生日的地点和其他服务，告诉客人蛋糕与蜡烛的费用及送抵时间。

2）免费送上鲜花，注明庆祝生日并附上酒店总经理名片。

3）送上前应检查生日蛋糕和蜡烛，送上之时应跟上餐刀、餐叉、碟子，通知酒店高级管理人员前往祝贺。

4）如在客房庆贺，大堂副理要通知客房服务员，及时为客人添加茶水和椅子。

17．住客反映其寄存贵重物品的保险箱钥匙不见了，怎么办？

1）通知客房部在客房查找。

2）若无拾获，则请其出示房间钥匙与有效证件和“保险箱使用登记卡”核对。

3）核对无误后，请客人按规定交付换锁费用。

4）请锁工当客人在场时破损开箱。

5）开箱后，请客人清点物品，若要续存，可为客人换一保险箱寄存。

18．酒店不负责赔偿的前提有哪些？

1）因客人的过失而引发事故造成的客人损失。

2）因不可抗力造成客人财物损失的。

3）无法确定酒店必须负责的事故造成的损失。

19．住客在店生病，要求医生就诊，怎么办？

1）根据客人病情，联系酒店医务室医生出诊，或请病人到医务室就诊。也可建议客人外出就医，说明车费与医疗费客人自理。

2）若客人同意外出就诊，为其联系车辆，建议客人的亲朋好友陪同。如客人没有陪同人员，在征得客人同意后，派行李员陪同前往。

3）外出治疗的客人回店后，大堂副理须进房看望，并代表酒店慰问客人，询问有什么特殊服务要求。

4）若客人住院治疗，大堂副理须得到客人授权，然后由客房服务员、保安在场见证，行李员收拾行李，存放到行李房。大堂副理通知收银员处办理结账手续。

20．客人住店期间损坏了酒店物品，怎么办？

1）接到酒店设备或用品被损坏的报告后，应立即赶到现场，请有关人员指看现场，保留现场，核实记录。

2）经查确认系住客所为或负有责任后，根据损坏的轻重程度，参照酒店的赔偿价格，向客人提出索赔。

3）索赔时大堂副理必须由相关部门人员陪同，礼貌地指引客人查看现场，陈述原始状态，尽可能向客人展示有关记录和材料。如果客人外出，必须将现场保留至索赔结束。

4）如果客人对索赔有异议，无法说服客人，赔偿价格按权限酌情减免。若赔偿价格超出权限，应向上一级汇报，由上一级管理人员与客人继续商谈。

5）如果索赔涉及贵宾，必须先报上一级管理人员，而后将结果转告随行人员或具体接待单位，向他们提出索赔。

6）如果客人同意赔偿，应让有关人员立即开出杂项单，让客人或接待人员代客人付款签字。

21．发现客房报表与电脑记录不相符，怎么办？

1）迅速与客房部联系，重新确认房态，必要时可进房查看。

2）检查钥匙是否收回，客人是否结账离店。

3）如客人结账离店，确认是否收银员忘做账。

4）如电脑记录有人住，而实际房态为空房，应查客人是否外宿，转账客人是否离店，客人是否逃账，或是客房有无行李。

5）做出相应处理，并作记录。

6）如是酒店员工操作失误，应找出失误环节，拿出防范办法。

22．一位以前曾经逃过账的客人又要求入住酒店，怎么办？

1）通知保安将该客控制住，通知财务找出欠款账单，请客人付清账款。

2）客人再入住，收取该客人足够的消费押金。

3）注意此客的动向，防止再次逃账。

23．客人未能按时结账退房，怎么办？

1）客人退房时间为中午 12:00 以前。如客人未能按时结账退房，应婉转地向客人提出；如果要续住，应按时间加半天租乃至全日租。

2）如客人结账后因行李较多而不便及时离店，可建议客人将行李暂时寄存行李部。

3）如客人结账后需休息，可请客人到大堂休息。

24．客人在大堂、走廊不小心摔倒时，怎么办？

1）迅速上前扶起客人，询问客人是否跌伤，是否需要医务人员。

2）如是轻伤，应找些药物处理；如伤势较重，应迅速将客人送到医务室并报告总经理。

3）如客人需外出治疗，应迅速安排好车辆和陪同人员。

4）查清摔倒原因，如是地毯起皱或地面太滑，应迅速通知有关部门及时采取措施。

25．访客不愿意办理来访登记手续，怎么办？

1）访客不愿办理来访登记，主要是对酒店的制度不了解，应耐心并有礼貌地解释，不能采取强硬做法。

2）注意说话技巧，运用语言艺术，打消来访者的顾虑，求得对方配合，办理好访客登记手续。

3）如访客执意不登记，应根据来访者与被访者的身份、来访目的与时间，酌情处理。

26．一位客人离店时要求将账目转入他所在的公司，但订房单上注明是现付的，怎么办？

1）核查订单是否有误。

2）客人的公司发传真来确认。

3）如找不到公司的人，请客人刷一张空白信用卡单，签上字，待查明后将空白卡寄回。

4）请客人在酒店或其他地方找一个担保人，由其代付押金。如转账，将押金退还。

27. 客人投诉：昨晚将汽车停在酒店的停车场里，今早却发现车上的标志牌被人撬了，怎么办？

1）向客人道歉，然后通知保安人员和客人一道到现场察看。

2）由保安部立案调查，尽快破案。如无法破案，应写出调查报告备案。如案情重大，可报公安机关。

3）将调查情况及时反馈给客人。

4）如客人要求赔偿，可采用房价打折的办法给予补偿。

5）加强停车场的巡视检查，避免类似事情再次发生。

28. 团队客人投诉：已预订了早餐，但餐厅服务员却说没有收到订单，无法提供早餐，怎么办？

1）向客人道歉。

2）到营业部和餐饮部核实团队是否订餐。

3）如有订餐，通知餐厅立即提供早餐，并补单给厨房。

4）如没有订餐，可与陪同商量用现付的方法提供早餐。

5）如是递单环节出错，应完善递单程序并立即执行。团队离店时，请部门经理送行，并再次表示歉意。

6）大夜班的大堂副理应检查团队订餐单是否到位，避免出现失误。

29. 客人办完入住登记后，接待员误将免费早餐券发给客人，怎么办？

1）此系接待员失误，应向客人致歉并说明酒店发送免费早餐券的规定。

2）如早餐券已使用，经客人同意后，将同值费用挂入客人账户。

3）客人拒绝，不应强求。

30. 团队陪同投诉：她订了 6:30 的早餐，可餐厅订单时间却显示 7:00，怎么办？

1）主动与厨房联系，争取立即提供早餐。

2）确认陪同是否在入店时口头作了更改。如有，向陪同道歉；如无，应告知陪同原订的开餐时间。

3）如无法立即提供早餐，应给客人以安慰，并催促厨房尽快提供早餐。

4）如客人无法等待，可建议客人打包。

31. 客人离店时将几本专业书寄放在总台，半年后来取时，书已经不见了，客人要求酒店赔偿，怎么办？

1）客人需寄存物品时，应请客人将物品留存在行李部。

2）检查留存物品是否易燃、易爆、易变质、易腐蚀、有放射性等。

3）留存物品如无特殊说明，保存 3 个月。

4）向客人说明酒店的规定，请客人谅解。

32．发生重复卖房，怎么办？

1）接到报告后，应迅速赶到楼层，向客人表示歉意。

2）通知总台重新安排房间，房间尽量安排在本楼层，离原来的房间不要太远，房间的格调、大小、方向尽量与原来相同。

3）房间安排好后，让行李员将房间钥匙和重新填写好的欢迎卡送上楼层，带客人到房间。

4）换出客人原来的欢迎卡和房间钥匙。

5）帮助客人将行李拿到所调的房间。

6）找出重复卖房的原因，将其记录在案。

33．酒店客满时，仍有客人前来入住，怎么办？

1）了解超额预订的情况。

2）督导接待部按照程序有条不紊地进行工作，保证预订客人有房。

3）安排临时到店客人在大堂等待，或将他们送同星级酒店入住。

4）督导订房部落实因客满而外住客人第二天的订房和接送车辆单、致意品单的发送。

34．客人对酒店服务不满，要求房价打折，怎么办？

1）向客人道歉，了解客人不满的原因，通知有关部门给予解决。

2）如是潜在的回头客或是会给酒店带来利益的客人，可按权限给予折扣。为了保证财务报表的统计准确，减账一般从当日开始计算。

3）将客人的意见上报总经理和有关部门。

35．确认客人已逃账，怎么办？

1）打出该房账单，做挂账处理。同时做出说明，并将逃账客人的有关资料附上。

2）如系境外客人，迅速向其可能出境的海关、边检发传真，通知他们协查。

3）通知本市同行业，请求协查。

4）将该客人列入逃账黑名单，通过行业联谊会发出通报，在该客再次入住时予以截获。

5）查明造成逃账的原因，按有关规定对责任人做出相应处理。

36．如果换房的客人不在房内，怎么办？

1）需有大堂副理和保安人员在场，才能为客人搬运行李。

2）行李须按原来摆放的位置或客人交代的位置摆放。

3）搬运完毕后，由大堂副理和保安人员在换房通知单上签字。

4）房间钥匙交还总台。

5）客人来取钥匙时，更换欢迎卡。

37．客人登记入住时房间尚未清洁，他表示可先入住再清洁，怎么办？

1）向客人表示歉意，有礼貌地向客人说明尚未清洁的原因，委婉地拒绝客人要先入住的要求。

2）建议客人在大堂休息区或咖啡厅等候，也可请客人先用餐或外出活动。客人的行李由行李员寄存。

3）通知房务部立即清洁，告诉客人所需的时间。

4）还可建议客人改换其他类型客房。

38．客人来登记入住，自称是旅行团的客人提前一天到达，怎么办？

1）向客人讲清房价的差异，先按散客形式安排客人入住。

2）询问团号，在团队单上注明该客已入住。

3）如客人现住房与团队所订房种类不同，则与客人约好时间换房，换房时结清账目。如不换房，在团队到达当天，结清账目。

4）做好交班，以便次日更改有关资料。在团队到达时，及时通知客人、陪同、领队。

案例分享

坐落于东京的帝国大厦最初是于 1890 年修建的文艺复兴风格的建筑，后来由美国建筑师弗兰克·劳埃德·赖特设计，完成它以前的东配楼主楼。后来作为酒店，被称为东京帝国饭店。饭店开业以来，接待了来自世界各地的无数宾客，无论是住人还是在此饮茶小憩，帝国饭店为这里的每位客人所奉献的，始终是周到和真城，它的服务是被世人公认。

讲几个小故事，大家就可以看出它的服务水准了。一个是它的门童服务。

在帝国饭店的洗衣房，每天都要洗 100 多双白手套。这是为何？原来是为门童洗的。由于门童必须替客人搬行李，手套难免弄脏，帝国饭店规定门童每 30 分钟换一次白手套，洗衣房天天都要洗 100 多双白手套。

门童被称作“饭店的门面”，因为他是饭店最早接触客人的员工，也是最后一个目送客人离开的人。为了让客人从打开车门那一刻起就感受到帝国饭店的贴心，当客人搭计程车来到门口时，门童会先从身上拿出日元替客人付费，让客人不会因找不到零钱或忘了换日元而手足无措。这是帝国饭店标准的服务程序，已经被写进饭店新进员工的培训教材里。这样独一无二的服务不仅让客人满意，还受到计程车同机的好评。

另一个是鞠躬服务。如果采访帝国饭店员工，问他们最引以为傲的是哪项服务，十之八九都会提到：房务人员对着已关上门的客房，45° 深深鞠躬。

这还有一个故事呢。很久以前，曾有一位服务人员每次送餐到房间，退出房间关上门后，总会对着房间深深鞠一躬。按理说，鞠躬已没必要，因为客人根本看不到，但她却坚持这么做。

有一次她的这个举动被其他路过的客人看到，客人感动不已，还特意写了一封表扬信给饭店。从那以后，其他房务人员纷纷仿效她。“无论是否在客人视线内，表达感谢是很重要的。”帝国饭店社长肯定地说。

帝国饭店摆花也十分讲究，全馆没有一朵人工塑胶花，不管是客房或餐厅，还是摆在大厅正中央的那大盆花，都是真花。花苞紧团或过于盛开都不合格，唯有含苞待放时最美。

[对管理者的启迪]

1.细节决定成败。

2.帝国饭店的待客之道和精益求精的细节服务，需要国内同行学习。

本章小结

（1）“前厅部督导层工作职责与内容”是前厅督导者从事管理前必修的课程，也是履行管理时必须肩负的职责和日常的工作任务。

（2）客房预订单、散客/团体行李登记表、客史档案卡、访客留言单、住客通知单、预付款收据，不仅是日常运作的必备单据，也是控制服务质量的依据。

（3）合理、正确地解决疑难问题是前厅督导员应必备的工作能力和职业素质。

思考与练习

（1）查阅有关资料，谈谈你对酒店前厅部发展趋势的预测。

（2）酒店超额预订过度应采用怎样的补救措施？

（3）怎样在管理环节上防止客人漏账、逃账？

（4）如何培养接待员销售客房的能力？

（5）成为一名优秀的前厅督导员应具备哪些素质？

第九章
客房督导管理

课前导读

客房是酒店的主要产品，是酒店最基本的物质基础，为了确保酒店客房的清洁、舒适及安全，客房部必须随时保持专业的服务与管理水平。有效的客房督导，不但使酒店满足客人最基本的住宿需求，而且能使酒店创造更好的经济效益和社会效益。

教学目标

（1）了解客房部各督导岗位的设置以及工作职责和工作内容。
（2）熟悉客房督导管理的基本表单和操作技能。
（3）掌握解决客房部督导人员在工作中常见的疑难问题的技巧。
（4）掌握 VIP 服务的工作要点和注意事项。

第一节　工作职责和工作内容

客房部督导岗位的设置因酒店的具体情况而有所不同，但一般来说主要有：楼层主管（领班）、楼层夜班主管（领班）、公共区域卫生、绿化主管（领班）、洗衣房主管（领班）等。

一、工作职责

1. 楼层主管

1）确保客房清洁状况和布置规格达到酒店规定的标准。

2）负责客房楼层的家具、设备以及清洁卫生器具的保养工作。

3）检查所有的 VIP 房。每班抽查一定数量的客房，发现异常情况及时处理并向上级汇报。

4）负责员工的纪律教育和操作训练，确保员工的言行举止和操作流程符合酒店的规范。

5）审阅领班每日的工作报表。

6）负责员工的排班、考勤和休假审核；根据客情需要及员工特点，安排日常工作；对日常工作中发生的问题要及时汇报与处理。

7）负责客房区内物料的管理，编制财产三级账，教育和监督下属员工爱护财物，做到日清月盘，账物相符，杜绝浪费。

8）掌握客房状态，及时将变化情况、客人特别资料输入电脑，督促文员做好客人遗留物品记录及招领工作。

9）完成上级布置的其他工作。

2．楼层夜班主管

1）负责夜间对住房和退房整理的检查。

2）查询日班报表、交接记录，落实、检查日班未完成的工作。

3）安排检查当天楼层的专项公共卫生及工作情况。

4）处理客房夜间的突发事件及客人投诉，并做好值班记录。

5）负责检查夜床服务情况。

6）负责夜间楼层的安全巡查。

3．公共区域卫生、绿化主管

1）检查各公共区域领班是否督导下属员工工作，达到相应的清洁标准。

2）巡视各区域花草树木及绿化设施，保证绿化系统的良好运作。

3）制订各项清洁设备的管理、使用及保养计划，定时检查消耗品的存量。

4）制订、编制公共区域大清洁工作、防疫（杀虫）计划及人力安排计划，确保清洁，杀虫期间不影响酒店的正常营业。

5）负责员工的操作训练与纪律教育，确保员工安全、正确地操作，言行举止符合酒店的规范。

6）负责员工的排班、考勤及休假审核，根据客情需要和员工特点安排日常工作，调查日常工作发生的问题。

7）负责制订绿化期的养护工作计划，掌握计划的执行情况，确保工作质量与进度。

8）做好重大节日、重要会议、宴会及贵宾来访前的布置检查工作。

9）做好与各有关部门的沟通与协调工作。

10）完成上级布置的其他工作任务。

4．洗衣房主管

1）负责洗衣房的日常业务和管理工作。

2）检查、督导属下员工工作，使其达到规定的标准。

3）负责员工值勤的编排及休假审核，根据情况合理调配人手。

4）监督员工对洗衣设备、物品的合理利用。

5）负责对下属员工进行业务培训和纪律教育。

6）审核生产报表，向上级汇报工作和生产状况。

7）负责处理客人及其他部门对洗衣的投诉。

8）协助布草房制作制服并提供专业意见。

9）负责做好预算统计工作。

10）完成上级布置的其他任务。

二、部分工作标准

1．查房标准

1）查房时进入客房检查，要遵循工作程序：检查自动门铃，轻轻敲客房门三下，然后用钥匙打开客房门，与此同时要禀报自己的身份——“客房部”（Housekeeping）。

2）打开所有的灯光，以便检查室内各灯具是否正常好用。

3）检查客房门：安全锁、门的停靠卡、防盗链、门上室内布置的酒店制度及客房价目表，同时要检查门的洁净程度。

4）检查衣柜：衣柜门应正常好用，衣柜隔板、衣裤架数量、洗衣袋及洗衣项目价目表都应按标准数量配备齐全。

5）地毯：地毯是否吸尘，洁净程度，没有脏点及破损。

6）床：床要整洁、舒适，床具（床单、被单、枕套）要绝对洁净，没有污脏点，床头板要洁净无尘，床垫也要翻转过，保证客人的舒适。

7）床头柜：表面整洁无尘，烟灰缸干净，火柴满装，台灯整洁好用。

8）电话：正常使用，《电话目录服务指南》准确无误。

9）缩有灯具、家具陈设、电视机、空调旋钮以及悬挂的壁画等都应该擦拭光亮、洁净。

10）窗帘拉绳、滑钩要齐全、好用，窗帘无破损。

11）窗、玻璃门均应洁净、光亮、安全、好用。

12）办公桌面整洁，抽屉内整齐、无尘。

13）室内家具、陈设完整无损，舒适、洁净、好用。

14）废纸屑筒内外要干净、无尘。

15）客人使用的印刷品、文具，如酒店服务指南、送餐服务菜单、宾客意见表、文具用品、洗衣袋、洗衣单等要配备齐全。

16）墙壁、天花板应洁净、无尘。

17）内连房的房门要安全，门面要洁净。

18）卫生间门要洁净、安全。

19）梳妆台面整洁，没有毛发和水点。

20）淋浴棉织品齐全、干净、舒适。

21）易耗品：面巾纸、卫生纸、烟灰缸、火柴、漱口杯、肥皂、梳子、浴帽等均要配备齐全，干净。

22）浴缸及淋浴区：浴缸要洁净无发毛、淋浴喷头要正常好用、浴缸下水管要通水流畅、浴皂盘要洁净并内装浴皂、浴巾布草架要安全。

23）镜面洁净无脏点和水珠。

24）马桶消毒干净、无异味。

25）检查完毕，要填写《客房检查登记表》，如果有要维修的项目应填写维修单，并及时电话通知工程部前来维修；在检查过程中，发现有不符合客房卫生质量要求的地方或项目，也要即刻告知客房服务员重新整理客房。假若一切令人满意，符合本酒店规定的质量标准，就要把客房门锁好，退出房间。

2．公共区域卫生检查表

（见表 9-1）

表 9-1　公共区域卫生检查表

得分　地点 项目									
地面、墙角无积灰、杂物、污渍（15）									
马桶、小便池内外干净无污迹（15）									
四壁瓷砖无污迹、积灰（10）									
各扇门无灰尘、污渍（5）									
间隔墙顶无积灰、杂物（5）									
马桶底座及胶边无积尘、污渍（5）									
脸盆四周及水龙头清洁无水迹（5）									
脸盆下水口、溢水口无污迹（5）									
各小垃圾箱或烟缸内外清洁（5）									
托盘无污渍、皂盘无水迹（3）									
水池下弯管无积灰、污渍（3）									
镜面无水迹，镜框无锈迹（3）									
大理石台面无灰尘（2）									
踢脚线、缓冲器无积灰（2）									
镜框顶无杂物、积灰（2）									
马桶水箱内无大沉淀物，外无污渍（2）									
风口无积灰（2）									
壁画、卷纸架无积灰（2）									
梳子、衣刷上无头发、污渍（3）									
工作间、物品归位整洁（3）									
总　　分									

第二节　各种单据的基本知识

一、客房日用品申领表

客房日用品的分类方法很多，其中一个最基本的分类方法是按消耗的方式不同，把客房日用品分为两类：一次性消耗品和多次消耗品。一次性消耗品是一次消耗完毕，完成价值补偿的，如茶叶、卫生纸、信封、香皂、浴液等。多次消耗品可连续多次供客人使用，价值补偿在一个时期内逐渐完成，如玻璃器皿、瓷器、布件等。

无论是哪一种消耗品，制定消耗定额是客房日用品管理的基础。客房日用品是逐日、逐月在每个楼层的接待服务中实现的，所以必须将各种日用品的消耗定额落实到每个楼层、每个班组。在制定年度消耗定额的基础上，根据季节和业务量的变化，分解出楼层、班组的季节、月度消耗定额，并加强日常控制，这样才能真正把消耗定额管理落实到实处。

客房部中心库房日用品的发放员或客房服务中心负责对各楼层的客房日用品的发放工作。一次性消耗品如香皂、洗发液、牙具等，需要每日补充。在发放日之前，楼层服务员应将本楼层库房的消耗及现存情况统计出来，按楼层小库房的规定配备标准填好客房日用品申领表（见表 9-2），报领班审批，凭申领单到中心库房领取，或由中心库房物品领发员发送到各楼层，请领班验收。中心库房根据客房日用品的消耗发放情况和仓库最高库存量，定期填写日用品的申购单，经主管或经理批准，交采购部门办理。

表 9-2　客房日用品申领表

楼层：　　申领者：　　发放者：　　　　年　月　日

物品名称	申领数	实发数	物品名称	申领数	实发数
普通信封			烟缸		
航空信封			火柴		
普通信笺			水杯		
航空信笺			面巾纸		
便笺纸			卫生纸		
小铅笔			浴帽		
圆珠笔			沐浴液		
明信片			大香皂		
安全疏散图			小香皂		
宾客意见书			牙具		
服务指南			梳子		
小酒吧账单			针线包		
早餐单			购物袋		
房内用膳餐单			纸拖鞋		
干洗单			下列为服务员使用的清洁用品		
湿洗单			拖把		

续表

物品名称	申领数	实发数	物品名称	申领数	实发数
熨衣单			什物		
洗衣袋			空气清新剂		
礼品袋			除虫剂		
卫生袋			鞋油（黑色）		
擦鞋纸			鞋油（棕色）		
请即清扫牌			鞋油（白色）		
请勿打扰牌			鞋刷		

二、设备报废鉴定书

客房设备用品管理，首先，必须科学合理地核定其需求量。其次，为了避免各类设备之间互相混淆，便于统一管理，要对每件设备进行分类、编号及登记。酒店设备、用品的日常使用和管理，是由各部门、各班组共同完成的。各部门各班组既有使用设备用品的权利，又有管好用好设备、用品的责任。因此，必须实行分级归口管理。分级就是根据酒店内部管理体制，实行设备主管部门、使用部门、班组三级管理，每一级都有专人负责设备管理，都要建立账卡。

客房部的《客房装饰情况表》，分为四种：家具饰物、织物地毯、建筑装修、卫生间。按楼层、区域、房号，分项目、规格、制造厂家、日期四栏。一旦设备报废，就必须填写设备报废鉴定书（见表 9-3）。

表 9-3　设备报废鉴定书

填报部门：　　　　　　　　　　填报日期：

设备名称		使用年限	年	折旧率	%
设备编号		已使用年限	年	已提折旧	元
型号		已大修次数和费用		次　　元	
规格		原值		元	
制造厂		净值		元	
出厂日期		预计清理费		元	
安装日期		预计残值		元	
鉴定意见	设备现状和报废理由				
	技术鉴定意见				
	报废后处理意见				
	设备管理部门意见				
	酒店领导批示				
清理费用		残值回收			

续表

日期	凭证号	费用项目	金额	日期	凭证号	回收项目	数量	单价	金额
合　计									

三、布件换洗单

由于布件是分散使用的，使用的好环、定额标准的掌握，必须依靠日常的管理。客房部应建立完善的包括数量控制和质量控制在内的布草收发制度。

以脏布草换取干净布草是制度之一。通常由楼层杂工将脏的布件交洗衣房，由洗衣房指定人员清点复核，在布件换洗单（见表 9-4）上签字认可。杂工凭此单即可去中心库房领取相同数量的干净布件。

表 9-4　布件换洗单

项目 数量	床单	枕套	面巾	地巾	方巾	大浴巾	小浴巾	
收到数								收发员
发还数								值台员
备　注								

四、小酒吧饮料单

为方便客人在房间享用酒水饮料的需求，同时增加酒店客房收入，中高档的酒店客房必须配备小冰箱或小酒吧，存放一定数量的软硬饮料和干果，供客人自行取用。小酒吧饮料单（见表 9-5）放在柜面，一式三联，上面注明各项饮料食品的储存数量和单价，请客人自行填写耗用数量并签名。

服务员每天早上清点冰箱内饮料食品的耗用量，与收费单核对。如客人未填写，则由服务员代填。核对无误后，交客房服务中心。单据的第一、二联转给前厅收银处，费用填入客人账单。当客人接账时将第一联交客人作为依据，另一联作为原始单据由财务部留存。第三联由领班统计，填写楼层饮料日报表，作为到食品仓库领取补充品的依据。

表 9-5 小酒吧饮料单

*PLEASE MARK AND SIGN，YOUR ACCOUNT WILL BE CHARGED ACCORDINGLY.

*饮用后，请填表以便入账。

房间号码　　　　检查员　　　　日期

ROOM NO.　　　ROOM ATTENDANT　　　DATE

存量 STOCK	项目 DESCRIPTION	单价 UNIT PRICE	数量 CONSUMPTION	银码 AMOUNT
	MAO TAI 茅台酒			
	J. W. BLACK LABEL 黑　方			
	REMY MARTIN V.S.O.P. 人头马			
	GORDON GIN 金　酒			
	BACARDI RUM 朗姆酒			
	VODKA 伏特加			
	SAN MIGUEL 生力啤			
	TSING TAO BEER 青岛啤酒			
	COKE COLA 可口可乐			
	SPRITE 雪　碧			
	COCONUT JUICE 椰子汁			
	MONGO JUICE 杧果汁			
	MINERALWATER 矿泉水			
	NUTS 果　仁			
	CHOCOLATE 巧克力			
	DRIED BEEF 牛肉干			
	COOKIES 曲奇饼			
合　计				
客人签名 GUEST'S SIGNATURE		前台收银 CASHIER		

五、洗衣单

客人在酒店居住期间，可能会需要酒店提供洗衣服务，尤其是商务客人和因公长住酒店的单身客人。最常见的送洗方式是客人将要洗的衣物和填好的洗衣单（见表 9-6）放进洗衣袋，留在床上或挂在门把手上。也有客人嫌麻烦请服务员代填，但要客人过目签名。为了防止洗涤和递送过程中出差错，有的酒店规定，客人未填洗衣单的不予送洗，并在洗衣单上醒目注明。

表 9-6　洗衣单

洗衣服务 LAUNDRY SERVICE　　　　　　　　　　No. 0009875

此单必须由客人填写，并拨 55 收衣。

This form should be completed and signed by the guest，please dial 55 for collection.

姓名 Guest Name　　　　　　　　房号 Room NO.

日期 Date　　　　　　　　　　　签名 Signature

普通服务：早上 11 点前收衣当天下午送回。Same day service：Collected 11:00am before.

加快服务：三小时送回最后收衣时间为下午 5 点之前。

Express Service：（3 hours）Latest collected by 5:00pm. Delivered on same day.

隔夜服务：于次日上午 12:00 左右送回. Overnight Service：Returned by 12:00 noon next day.

特别服务：	挂	折	去污	上浆	钉扣	缝补
Special service	On Hanger	Folded	Stain Removal	Starch	Buttoning	Repairing

数量 count		湿洗 LAUNDRY	价格 Amount	
客人 Guest	酒店 Hotel			
		衬衣　Shirt、Blouse		
		运动衣、T 恤　Sport Shirt、T－Shirt		
		外套　Jacket		
		连衣裙　Dress		
		短裤　Shorts		
		睡衣（二件套）　Pajamas（2 pcs）		
		内衣、内裤　Undershirt、Underpants		
		短袜、连裤袜　Socks、stockings		
		围巾　scarf		
		手帕　Handkerchief		
		长裤　Trousers		
		短裙　Skirt		
		胸衣　Brassiere		
客人 Guest	酒店 Hotel	干洗 Dry cleaning、Pressing Form	干洗	熨烫
		西服（二件套）　Suit（2 pcs）		
		长大衣　Overcoat（long）		
		短大衣　Overcoat（short）		
		外套　Jacket		
		长裤　Trousers		
		毛衣　Sweater		
		衬衣　Shirt、Blouse		
客人 Guest	酒店 Hotel	干洗 Dry cleaning、Pressing Form	干洗	熨烫
		连衣裙　Dress		
		百褶裙　Pleated Skirt		
		和服　Kimono		
		短裤　Shorts		
		领带　Tie		
		围巾　Scarf		
		马甲　Vest		
		长羽绒服　Feather Overcoat（long）		

续表

		短羽绒服 Feather Overcoat（short）		
总数合计 Total				
		Sub Total 小计		
		50%Extra Charge 50%附加费		
		＋Service Charge ＋服务费		
总数合计 Total				

洗衣须知：

1．酒店接受一切进洗衣房洗涤的衣物，但由于衣物的质地和特点不同，酒店对洗涤结果概不负责。

2．在栏目 1 内，指明衣物件数（客人计数），如果没有时，必须以酒店计数为准，万一出现计算上的不一致，我们将与您取得联系，如您不在，其计数将以酒店计算为准。

3．任何衣物的丢失、损坏，其赔偿不超过洗熨费的十倍。

4．所有赔偿要求必须在发送以后的二十四小时之内提出，并必须持有原始单据。

Terms and conditions：Please list the number of each article. The hotel's count should be accepted if yours is not given. No Liability can be accepted for defects of damages arising during treatment which is due to methods odd the manufacture or deterioration by wear and exposure. The hotel can not be held responsible All claims should be made within 24 hours. After and accompanied by a signed original list. If an article has been lost or damaged through our negligence, our liability is limited to 10 time the dry cleaning or washing charges.

六、租借物品登记单

客房内配备的物资用品不可能满足客人的全部需要。尤其是女性客人，常会要求借用一些物品，如电熨斗、婴儿摇床、剪刀等。客房部应配备这类客人可能需要的物品，在服务指南中标明，以显示服务周到。

借用物品一般由服务中心管理，有借还手续。服务员必须填写租借物品登记单（见表 9-7）。

表 9-7 租借物品登记单

日期
房号
客人姓名
物品名称
客人签名
归还日期
接收人
客人所借的上述物品，如果离开时仍未交还，酒店将会向客人索取物品的价值费用。

七、托婴服务单

托婴服务就是为外出活动办事的住客提供短时间的照看婴幼儿童的有偿服务。这项服务在中国酒店业兴起的时间不长，很受长住客和度假客人的欢迎。酒店并不配备专职人员从事此项服务，而是向社会服务机构代雇临时保育员，或是由客房部女服务员利用业余时间照看。一般以 3 小时为计费起点，超过 3 小时的，按小时增收费用。托婴服务单（见表 9-8）。

表 9-8 托婴服务单

房号： 时间：由__________至_________止
我们已按照阁下要求为阁下安排了保姆________ 服务至少 3 小时。 收费如下： 最低的收费为 HK \$65 元（共 3 小时服务） 另加收车费 HK\$20 元； 若有取消服务要求，至少提前 3 小时告知，否则按最低收费标准收费。若服务时间超过午夜 12 点，则另加 TAXI 费用 HK\$20。 若需服务，请交此单给楼层服务员或致电×××与管家部联系，签订看护协议。 祝君愉快！

第三节　解决疑难问题的技巧

1．客房中心收到客人遗留物，怎么办？

1）贵重物品（如现金、珠宝、金银器、手表、相机、电脑、手机等）：存放 6 个月后无人认领，统一交酒店处理。

2）药物：存放 1 个月后无人认领，经客房部经理批准后，可以扔掉。

3）水果、食品：存放两天后无人认领的，经客房部经理同意批准后，可以扔掉。

4）个人证件、危险品、淫秽报刊：统一交保安部处理。

5）其他物品：3 个月后无人认领，交酒店处理。

2．总台收银员通知某房结账，服务员须尽快查房，但客人仍在房内并挂"请勿打扰"牌，怎么办？

1）首先报大堂副理。

2）由大堂副理挂电话入房，再次确定房内是否有客人。

3）然后由大堂副理及楼层领班一起开门入房。

4）再由客房服务员入房查房。

3．客人将冰箱内一听饮料用后自己又购回一听同品种、但包装不同的饮料放在冰箱内，怎么办？

1）客房服务员开出该听饮料的消耗单送收银处。

2）补入一听新饮料。

3）将客人饮料取出，放在显眼位置，留言说明这种做法违反酒店规定，并告知消耗的饮料费用已入账。

4）如客人询问，注意做好解释。

4．如果两间房间同时挂"请即打扫"牌，而此时只有一位服务员时，怎么办？

1）客房服务员首先要弄清两间房客人是否都在房内。

2）如都不在，按顺序及时整理。

3）如都在，询问客人意见，哪一间更急，哪一间先整理，同时要感谢客人合作。

4）如果一间客人在，一间不在，客人在的房间先打扫。

5）如果两间客人都需要马上整理，及时通知领班调整人手。

5．发现房间内有大量现金，怎么办？

1）及时通知领班、保安部和大堂副理。

2）由大堂副理在保安部和楼层领班陪同下，将房间双锁。

3）客人回来后，由大堂副理开启房门，同时请客人清点现金。

4）大堂副理应提醒客人将现金存放在总台收银处的贵重物品保险箱里。

6．住客不愿见访客时，怎么办？

1）礼貌地向访客说明客人需要休息或在办事情，不便接待访客。

2）请访客到总台问讯处，为其提供留言服务。

3）如访客不愿离开或有骚扰住客的迹象，应及时通知保安部解决。

4）注意不要对访客直接说明住客不愿见访客，同时不能让访客停留在楼层或在楼层等待住客。

7．如果访客带有住客钥匙并要进入客房（住客不在）取物品，怎么办？

1）首先礼貌地了解访客对住客资料（姓名、国籍、性别、公司名称、与住客关系、入住日期等）的掌握程度。

2）办理访客登记手续。

3）陪同访客到客房内取物品。

4）访客走后，应及时将取走的物品做好记录。

5）住客回店后，及时向住客说明。

6）若要取走客人贵重物品，需出示住客的授权书；否则，应予以婉言拒绝。

8．遇到客人醉酒，怎么办？

1）通知领班和大堂副理及保安部。

2）安置客人回房休息，切忌单独扶醉酒客人入房，可请一位同事帮忙。

3）将垃圾桶放在床边，备好卫生纸、漱口水。

4）征求客人意见后泡一杯热茶给客人。

5）如发现客人因神志不清而有破坏行为，应请保安部、大堂副理协助。

6）密切注意房内动静，以防房内物品受损或因客人吸烟而造成火灾。

7）若有特殊情况，应与大堂副理一起入房检查。

8）做好记录。

9．遇有客人需要婴儿看护服务，怎么办？

1）客房服务员需清楚了解婴儿看护时间和婴儿年龄。

2）告诉客人该服务收费标准。

3）给客人介绍看护人姓名、年龄及性别。

4）看护人员前往服务。

5）婴儿看护的开始及结束，看护人员均需到客房服务中心做好婴儿看护时间开始与结束时间的记录。

6）如果没有客人交代，不能随意给婴儿进食，也不能随意带婴儿离开房间。

10．如果客人在房间内长时间挂“请勿打扰”牌，怎么办？

1）客房服务员不能私自挂电话询问客人，挂“请勿打扰”牌超过下午 2 点，由客房服务员通知领班，然后由领班通知大堂副理。

2）大堂副理打电话询问客人何时可以安排房间整理。

3）定好时间后，由客房服务员按规定时间再次征求客人意见后进行房间整理。

11．如果挂“请勿打扰”牌，但房内无人接听电话，怎么办？

1）由大堂副理再次挂电话到房内。

2）如无人接听，则由客房部主管、大堂副理、保安人员一起开门入房。

3）入房后，如有异常现象，则由大堂副理负责协调处理。

4）如判断是客人忘记取下“请勿打扰”牌，则客房服务员可以安排房间清理。

12．台风到来之前，怎么办？

1）客房中心应了解台风的风力和运动方向及登陆时间。

2）协助前厅部将台风通知单送入客房，以提醒客人。

3）通知楼层领班安排客房服务员检查客房窗户是否关紧。

4）如台风十分猛烈，则由部门经理决定是否关闭所有客房的厚窗帘。

5）夜间，组织抗灾队住在酒店，及时处理客房中突发事件。

13．遇到临时停电，怎么办？

1）客房服务员应保持镇定。

2）清理过道，将放在走廊上的工作车、吸尘器推到就近空房中。

3）如光线不够，无法清理过道，楼层领班应指导服务员站在工作车或吸尘器旁边，以防客人撞到。

4）楼层领班利用手电筒向询问的客人做好解释工作，并劝客人不要离开房间。

5）客房中心应向工程部了解停电原因和停电时间，以便做好解释工作。

6）正常供电后，应全面巡视所属区域，检查送电后安全情况。

14．发现客房内客人病故，怎么办？

1）客房服务员应保持镇静，切不可惊惶失措，在走廊上奔跑或喊叫，以免引起混乱。

2）关闭房门，禁止其他员工进入，做好保护现场工作。

3）电话通知保安部、大堂副理和部门主管到现场。

4）向公安机关和有关单位提供客人资料及访客情况。

5）待公安机关完成取证、调查、运走尸体后，应把房间用品撤出进行消毒或燃毁，并对房间进行彻底消毒与清理。

15．客人反映房中保险箱打不开，怎么办？

1）通知客房部主管、大堂副理、保安员、工程维修员到客人房中。

2）在客房部主管、大堂副理、保安员的监督下，由工程部维修员用专用钥匙打开保险箱。

3）若保险箱损坏，专用钥匙无法打开，则由工程部维修员用工具撬开。

4）请客人清点保险箱内物品是否齐全。

5）由客房部主管安排人员重新更换保险箱。

16．客人反映客衣送错，怎么办？

1）了解客衣的数量、颜色和特征。

2）与原有洗衣单进行核对。

3）如果是整份搞错，应考虑是否由写错房号或送错房间引起，然后检查当天送入其他客房的衣服。

4）如果是单件弄错，应先看楼层其他房间客人有无反映送错衣服。

5）如果实在找不到，应报大堂副理处理。

17．晚上开夜床时发现床上放着许多客人的物品，怎么办？

1）发现这种情况暂时不开夜床。

2）不要挪动客人床上物品。

3）在该床头柜上放一张留言给客人，告诉客人不开夜床的原因，请客人需要服务时通知客房中心，由客房中心安排服务员服务。

4）将此情况及时做好记录。

18．客人需要增加客房酒吧饮料数量，怎么办？

1）按客人要求增加饮料数量。

2）开出增加数量的小酒吧饮料消耗单，请客人在单上签名。

3）注意饮料消耗，及时给予补充。

4）第二天按客房配备标准补充所消耗的饮料数量。

19．客人提前离店但客衣还未洗好，怎么办？

1）不管是何原因都应向客人道歉。

2）然后将客衣清洗情况向客人说明。

3）如来得及，应马上清洗好送到客人房间。

4）如来不及，也应包装好送到客人房间，同时视情况给客人减免洗衣费。

20．发现客人在房内煮东西时，怎么办？

1）明确告诉客人不能在房内煮食的规定，同时弄清原因。

2）如果是煎中药，可通知客房中心送餐饮部代办；如果是为了方便而在房内煮食，可由餐厅厨房代煮，收取加工费；如果是客人对酒店的菜肴不满意，可介绍适合其口味的店外餐馆，以满足客人的需求。

3）如果客人经多次劝说仍一意孤行，酒店应采取强硬措施，直至暂时没收其电器，待其离店时归还。

21．发现客人用房内的面巾或床单擦皮鞋，怎么办？

1）三星级以上酒店的客房内都备有擦鞋器，或提供擦鞋服务。

2）告诉客人擦鞋器放置的位置或擦鞋服务的电话号码。

3）客人弄脏的面巾或床单，尽量洗干净，如无法洗干净，应按酒店规定要求客人赔偿。

22．客人在无烟楼层吸烟，怎么办？

1）与客人联系，向其解释酒店的有关规定，请客人合作。

2）如客人有吸烟的嗜好，可建议客人换房至非无烟楼层。

3）如客人不在房内，可将酒店规定或建议留言于客房。

23．客人在房内打架，怎么办？

1）接到客房服务员的通知后，应立即与保安主任赶到出事地点，把打架双方劝开。

2）向客人表明身份，了解事发缘由，努力争取客人的信任。

3）待客人情绪较为稳定后向其解释：其行为已波及其他的住客，并对酒店造成了不良影响，希望不要再发生类似事情。

4）如客人情绪不易缓和，须将打架的双方分开，分别交谈。待客人情绪稳定后建议他们各自回房休息。

5）如两位客人同住一个房间，可建议再开一间房，避开同一楼层，并给予一定的房租优惠。

24．客人贵重物品遗失，认为是客房服务员所为，怎么办？

1）先向客人道歉，并表示同情与理解。

2）和保安一起入房向客人了解情况，不要轻易下结论。

3）检查开房记录，向涉嫌的客房服务员了解情况。

4）突击检查工作间、涉嫌员工更衣柜及其可能藏东西的地方。

5）通知员工出入口的保安检查员工带出的物品。

6）如一时无法查出，应将查找情况与结果告诉客人，并请客人回忆是否记错。

7）建立员工档案，多次涉嫌的员工，应予以调离或辞退。

25．客人反映送洗衣物出现破洞，要求饭店赔偿，怎么办？

1）首先应向客人表示歉意。

2）检查洗衣记录，如在洗衣前确有破洞记录，可向客人出示记录，加以说明。

3）如无破洞记录，则有可能是洗涤中产生的破洞，可根据洗衣赔偿的规定给予赔偿，赔偿金额不超过洗衣费的10倍。

4）员工在接收脏衣的时候，应提醒客人有可能洗破，征求客人的意见是否送洗及可洗涤方式；送洗衣服如有破洞或丢失纽扣，应当面告诉客人并在洗衣单上做好记录。

5）如客人不在房，可用留言形式通知客人。

26．客人提出要购买房间用品留念，怎么办？

1）客房用品是配套使用的，通常不出售。

2）倘若客人特别喜欢，查询客房中心，在用品充裕的情况下，可满足客人的要求。

3）如因用品不充裕，难以满足客人的要求，应向客人表示歉意。

4）不论可否将用品出售给客人，均应尽快给客人以答复，并作记录。

27．发现住客一夜未归，怎么办？

1）检查房间有无行李；检查总台客人费用是否转账。

2）如有贵重行李，同接待单位联系，了解接待单位是否安排了外出活动。

3）如无行李，又是费用转账，钥匙在总台，有可能客人不辞而别，或是结账后电脑资料未作更改，造成与房态不符。

4）确认客人还要回来，应将房门双锁，待客人回来后开启。

5）如客人不回来，应及时作结账处理，更改电脑资料。

28．客人反映有人上门推销，怎么办？

1）立即联系监控室，了解具体情况。

2）查实确为推销员上门推销，应联系保安部一起将其请出酒店。

3）向客人表示歉意，让客人安心入住。

4）要求相关部门严加管理，防范类似事件的再次发生。

第四节 VIP 服务

1．VIP 的含义

VIP 是英语 Very Important Person 的简称，意为非常重要的客人，又称贵宾。VIP 是酒店给予在政治、经济以及社会各领域有一定成就、影响和号召力的人士的荣誉，是酒店完善标准接待规格的服务对象。VIP 因身份特殊，酒店需要给予特殊关照，VIP 服务是酒店优质服务的集中体现。

2．VIP 的等级

酒店一般将 VIP 划分为三个等级，按级别高低依次为 VA 级、VB 级和 VC 级。

（1）VA 级

党和国家领导人，外国总统、首相、总理、议长等。

（2）VB 级

我国及外国的各部部长，世界著名大公司的董事长或总经理及省、市、自治区主要官员。

（3）VC 级

各省、市的党政官员；旅游部门、文化艺术界、新闻界、体育界等的负责人或著名人士；各地星级酒店的总经理；国内外著名公司、企业及合资、外资企业的总经理；与酒店有重要协作关系的企业厂长或总经理；酒店总经理要求按 VIP 规格接待的客人。

3．VIP 的服务

（1）准备工作

1）接到 VIP 客人的预订信息后，客房应做好充分的准备工作，提供最佳状态的房间让前台安排。

2）根据不同的客人布置房间物品。如是电影明星则在房间多放一些纸巾、棉球；如是文化名人则在房间摆放多份报纸、相关杂志或其代表作等。

3）接到该类重要客人的入住通知后，客房部应立刻准备高级别的时令水果盘和小毛巾、洗手盅；精致、豪华的艺术插花和总经理名片；撰写专门欢迎客人此次光临的欢迎函；专用的洗发水、淋浴液、护肤霜、新毛巾、牙刷牙膏；高档的拖鞋、浴衣等。男士还应配备高档的剃须刀，女士应配备化妆品。在客人到达前放置在客房的相应位置。

4）安排服务技能娴熟的服务员对客服务。服务员应熟悉并掌握客人的各种生活习惯、喜好和禁忌。

5）了解客人的行程安排，对从入住到退房全程安排做到心中有数。

6）对有些名人要根据需要安排 24 小时专人服务。

（2）迎宾服务

1）由客房部经理和专职人员在通道迎候客人。

2）客人进房后，服务人员要用客人的姓氏和职务称呼客人，并送上独具地方特色的迎宾茶和小毛巾。

3）为客人烧水，向其介绍客户设施设备的使用方法。

4）征求客人的意见，是否需要整理行李物品，是否需要洗衣、擦鞋。

5）表示很高兴为客人服务，提供客服联系方式等。

（3）住店日常服务

1）保持客人在房期间周围环境的安静，严禁任何外界噪声的干扰。

2）在任何情况下不得打扰客人，不能移动客人物品，不能泄露客人情况。

3）根据不同的客人提供准确的服务。

4）VIP 房间经常要进行小整理，以保持美观；在进行此类服务时，一定要在客人外出后立刻进行。

（4）注意事项

1）对 VIP 提供个性化服务的重点在于满足客人高层次的精神需求。如本地名人对家乡的怀念特别明显，最好挑选本地员工为客人服务，让客人能够听到亲切的乡音，房间摆放一些当地景色的老照片，让客人感受到浓浓的故乡情。

2）作为一名合格的酒店客房人员，应该具备为 VIP 客人保密的意识，客人的个人资料、生活习惯等都不应该随便泄露，以免产生不必要的矛盾和纠纷。

案例分享

上海童先生最大的爱好就是周末出游。2015 年 8 月的一天，他来到杭州临安，住在青山湖中都国际酒店。

11:30，童先生收拾好东西就去大堂退房，临结账时，他突然想起有一串和田玉手珠可能遗落在房间。童先生赶紧回去，推开房间门，他看到了客房清洁服务员弯身在盥洗台摆弄一个东西。

服务员当时背对着他，童先生很好奇，靠近去看：是个小型摄像头。童先生开始以为这东西就在房间里面，当时很生气，后来服务员说是她自己随身带来的，这个摄像头是用来拍摄客房服务人员的清洁过程，包括怎么给马桶消毒，怎么替换浴巾，怎么更换垃圾桶，也包括整理清洁房间地面，怎么更换床单枕套，清洁人员的工作全过程，所到之处都会被完整拍摄。

证实摄像头的出处和作用后，童先生便没有再追问，也为酒店能为了保证服务质量，想出了这么一个管理手段而倍感欣慰。

[对管理者的启迪]

1.新时代酒店管理者应考虑采用新技术、新设备，加强对客房卫生工作的管理，确保客人住得放心、住得舒适。

2.告诫员工在拍摄前，应先处理敏感信息后再开始拍摄。案例中的酒店，必须杜绝在大堂播放的行为，否则一定会给自己的酒店带来侵权的风险。

3.要加强“移动猫眼”视频的管理工作，切忌流失、泄漏。

本章小结

了解客房部督导岗位的工作职责和工作内容，是客房督导员顺利开展管理工作的前提。客房日用品申领表、客房装饰情况表和设备报废鉴定书、布件换洗单、租借物品登记单等，不仅是日常运作的必备单据，也是控制成本、避免员工营私舞弊的重要手段。熟悉客房督导管理的基本知识和操作技能是客房督导员应具备的职业素质和工作能力。VIP 服务是酒店客房优质服务的集中体现。

思考与练习

（1）客房清洁质量控制要做好哪些工作？

（2）与前厅部进行房态核对时发现有差异，该如何处理？

（3）客房部应怎样预防盗窃事故的发生？

（4）客房钥匙的管理措施有哪些？

（5）客房部安全管理的重点是什么？

（6）客房部如何保持与酒店其他各部门的有效沟通？

第十章
餐饮督导管理

课前导读

本章以实用性、可读性为目的详细介绍了餐饮管理层的工作职责与内容，着重介绍餐厅平时常用的表单，通过对表单的认识，使读者从中了解餐厅运营中的环节和解决问题方法，如怎样分配工作任务、如何合理安排人员、怎么进行质量检查等。

教学目标

（1）熟悉餐饮部各个督导岗位的工作职责与工作内容。

（2）掌握餐饮部服务质量的控制方法。

（3）掌握解决餐饮部督导人员处理工作中常见的疑难问题的技巧。

第一节　餐饮部督导的工作职责与内容

一、工作职责

1）负责餐饮部的正常运转，进行计划、组织、督导及控制等工作，通过最大限度地满足消费者需求，达到餐饮经营的社会效益和经济效益目标。

2）编制餐饮部预算，控制成本和营业费用，达到预期指标，策划餐饮特别推广宣传活动，审阅营业报表，进行营业分析，作出经营决策。

3）制定各类人员操作程序和服务规范，建立和健全考勤、奖惩和分配等制度，并监督实施。

4）研究制定长期和季节性菜单、酒单。制定餐饮产品售价，不断开发新产品。

5）负责对大型团体就餐和重要宴会的巡视、督促，处理各种投诉及突发事件。

6）审阅和批示有关报告和各项申请，检查各部门进货原料的质量和物品耗用情况。

7）协助人力资源部门搞好定岗、定编、定员工作，处理好聘用、奖励、处罚、调动等人事工作。

8）全面督导、组织餐饮部员工的业务知识和业务技术培训，不断提高员工的综合素质。

9）传达上级指示，召开餐饮经营会议，督导餐厅部各下属部门的日常工作。

10）研究客人反馈的消费意见，并策划美食活动。

11）做好餐饮部与其他部门之间的沟通、协调和配合。

12）处理员工意见及纠纷，建立和谐的上下级和同事之间的关系。

二、工作内容

1．策划工作

1）策划和制订餐厅的市场营销计划、美食活动计划，编写方案并做出预算。

2）建立并完善餐厅的工作程序和标准，制定宴会部各项规章制度并组织实施。

3）督促市场销售，建立并完善客户档案，保证各环节正常运转。

4）参与制定菜单和价格，不断收集客人信息，进行菜肴创新。

5）参与制定本部门有关服务程序、工作制度及安全卫生规范等，并组织实施。

2．接待预订工作

1）热情做好接待工作，认真填写预订记录。

2）在接待预订客户的同时，建立客户档案。

3）检查活动准备情况，与有关部门协调，解决客人的特别需求。

4）与相关部门协调，确保接待服务各项工作的落实。如活动发生变动，要及时填发变更通知单。

5）与酒店销售部密切沟通，共同完成经销售部接洽的各种活动。

3．准备工作

1）审理有关行政文件，签署领货单及申请计划，填写工作日记。

2）督促餐厅人员及时与厨房沟通，了解当日供应品种、缺货品种，及时推出特选菜。

3）组织餐前会，传达上级指示，落实各项工作，同时检查员工的仪表仪容。

4）检查餐厅内的清洁卫生、服务台卫生及员工个人卫生。

5）检查餐台摆设及台椅定位情况，检查列柜内餐具备放情况。

6）检查餐厅的电器设备及音响情况，并做好安全和节能工作。

7）随时掌握酒水库存和准备情况，严格控制整个酒水使用成本。

4．开市工作

1）布置当餐的传菜任务，备好各种酱料、小菜。

2）督导下属并带头做好开餐前的准备工作和收餐后的清理工作。

3）传菜过程中注意跟配酱料的选用并检查菜品质量，控制好传菜速度。

4）参与现场指挥，保证每个服务员按照酒店规定的服务程序、标准进行操作，为客人提供高标准的服务。

5）了解当天的接待任务，了解当日 VIP 客人的接待情况。

6）做好上级的助手，对上级分配的任务要按质、按量、按时完成。

5．收市工作

1）主动征询客人的意见和要求，妥善处理客人的投诉，与客人建立良好关系。
2）督促下属及时回收餐具，清点餐具、控制各项成本。
3）做好布草的清点及更换工作，妥善存放。

6．收银结账工作

1）检查结账程序是否符合要求。
2）检查收银员是否完全记录现金收入和记账收入。
3）经常出现多收款现象，要查明其原因，检查是否存在舞弊现象。
4）菜肴因季节变换，要及时调整菜价。
5）定期检查、临时抽查酒吧、账台的账单是否与出菜单、酒水单相符。

7．送房工作

1）检查服务员的仪表仪容，指导和监督送餐部服务员和订餐员的工作。
2）全面负责 VIP 客人的送餐服务工作，重要首长的接待要与服务员一起参与。
3）负责 VIP 房间的赠送品（如果篮、花篮、巧克力等）的包装和装盆。
4）检查送房服务及其他区域用过的餐车及餐具，是否全部回收。

8．会议服务工作

1）根据订单上的人数和要求，确定会议的台形。
2）铺设平整的台布，并设置所需的音箱、话筒以及多媒体设备。
3）检查摆放的文具用品、水杯、烟缸、水果等是否符合要求。
4）检查是否按规格和要求摆放席签。
5）督促下属按标准进行会议服务，并保持会议室的空气清新、温度适中、整洁卫生。

9．餐务工作

1）餐具及服务用品卫生要达到国家卫生标准。

2）做好有关部门的餐具的定期盘点工作，统计和记录各餐厅及厨房的餐具使用情况，控制各点的留存量。

3）督导下属每日按正确的工作程序完成本职工作。
4）维护保养有关设施设备。
5）制定切实可行的措施，合理控制餐具、布草、清洗液损耗率，严格控制各项成本开支。
6）定期检查各有关部门的餐具使用情况，确保餐具的清洁度和金、银器皿的光亮度。
7）检查餐具、用具的库存状况，报告损坏和短缺情况，及时补充。
8）按规定处理垃圾。

10．培训考核工作

1）负责部门内各项业务培训，提高部门员工的业务水平和服务质量。
2）负责餐厅员工班次的调配、劳力的合理使用，并对管辖的员工进行考核。
3）抓好员工纪律、服务态度，了解员工思想情绪、操作技术和思想作风。

4）督导实施培训，确保本部门员工的素质和工作态度达到岗位要求。

11．反馈与改进工作

1）协调餐厅与厨房的工作，前台经理和后台厨师长共同协商改进菜单，及时反馈客人的意见。

2）解决各方面的服务问题和客人投诉。

3）大型活动结束后，收集有关反馈信息，以便及时处理或修正，并向客人寄发感谢信。

4）制订一周的销售出访计划并提交宴会部经理审批，填写卡片，做好销售报告，记录每次出访情况，与宴会部经理共同总结一周出访情况，并写出书面总结报告。

第二节　餐厅单据的基本知识

餐厅经营过程中有不少表单，它们为餐饮部运行提供了保障，是管理中不可缺少的一部分。表单中有作为工具的单据，如点菜单、酒水单、宴会通知单；也有作为理顺管理之用的单据，如当餐任务分配图、员工班次表、员工轮休表、就餐环境检查表；也有作为总结核算之用的日报表。下面就餐饮使用的部分单据加以介绍。

1．点菜单

点菜单是记载客人所需菜肴的单据（见表 1-1）。它有日期、点菜时间、桌号、宾客人数及服务员工号等信息，在备注栏中又可注明制作要求、口味要求及上菜顺序要求。这些信息便于厨房控制出菜时间，便于服务员上菜核对，便于检查出菜、上菜和服务工作的质量。这些基本信息还可用于决策管理，可从中统计每天餐厅的就餐人数、各时段的就餐人数以及每个服务员服务对象的人数。

随着科技水平的不断提升，餐饮点餐通常由移动终端完成。

表 10-1　点菜单

NO.：00001

餐厅：　　　　　　　　　　桌号：　　　　　　　　　　人数：

菜　名	份　数	备　注

服务员：　　　　　　　　　　日期：　　　　　　　　　　点菜时间：

①收银联

2．日报表

餐饮收入的日常控制手段主要是单据控制。为此，在点菜单的基础上，设计“餐厅每餐/日营业收入日报表”(见表 10-2)，使单单相扣、环环相连。不仅是控制漏洞、检查差错的凭据，也是管理者了解当日营业的途径，又可作分析研究数据作发展之用。

表 10-2　餐厅每餐/日营业收入日报表

__________餐厅每餐/日营业收入　　　　　　　　日期 __________

当天	营业收入	桌数	人数	食品收入	单据	饮品收入	单据	其他收入	单据	桌均消费	人均消费
早餐											
中餐											
晚餐											
合计											
累计	营业收入	桌数	人数	食品收入	单据	饮品收入	单据	其他收入	单据	桌均消费	人均消费
早餐											
午餐											
晚餐											
总数											
当天	现金收入	批次	记账收入	批次	有价券收入	批次	其他收入	批次	内部消费	批次	当天小计
早餐											
中餐											
晚餐											
合计											
当月	现金收入	批次	记账收入	批次	有价券收入	批次	其他收入	批次	内部消费	批次	当月累计
早餐											
中餐											
晚餐											
总数											

制表：

3．宴会通知单

宴会通知单（见表10-3）是记载宴会的主办单位、举办时间、举办地点、宴会人数、宴会菜单、会场台形等内容的通知。

表10-3　宴会通知单　　№：00001

主办单位				宴会标准	
举办时间		举办地点		宴会桌数	
宴会人数		主桌人数		次桌人数	
宴会菜单					
酒水要求					
台形要求					
音响要求			席签要求		
横幅要求					
出菜速度		司机人数		司机标准	
结账方法		联系人		联系电话	

经手人：　　　　填发日期：　　年　月　日

4．当餐任务分配图

当餐任务分配图记录当餐的餐桌台形、工作分配、服务对象等情况。是服务员工作的任务书、是传菜员工作指向图、管理人员工作的控制表，见图10-1。

当餐任务分配图上除去服务员的工作指向，即为餐位排列图（见图10-2），它可作为客人的向导，一般放置在迎宾台上，但遇到大型会议时，可把它放大后作为向导贴在指示牌上。

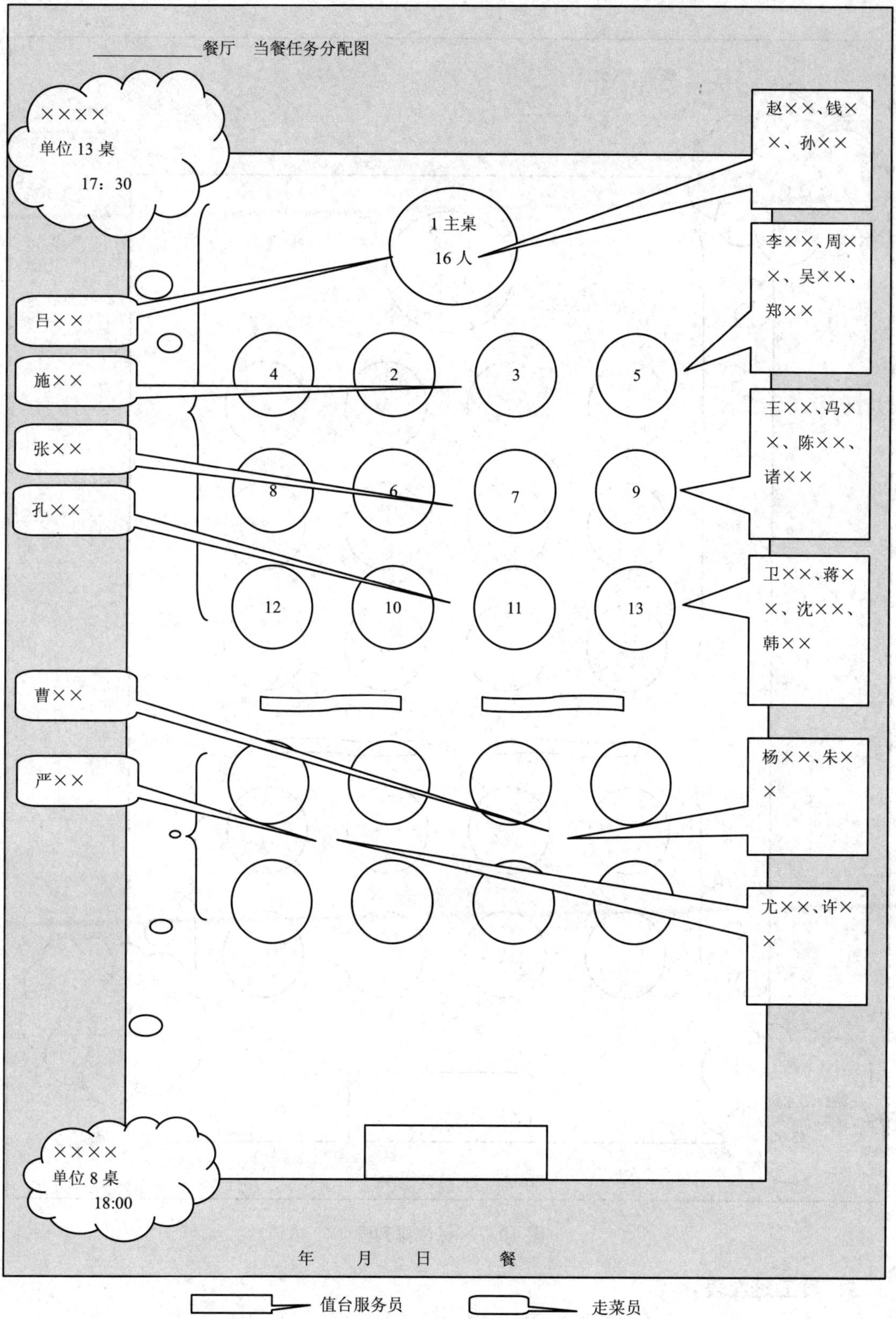

图10-1　当餐任务分配图

图 10-2 餐位排列图

5. 员工班次表

餐厅一般根据经营时间编班。即把服务员分成若干班次，再根据餐厅的经营高峰期来确定每个班次的多少，然后确定每个班次的上班时间。根据餐饮业客源变化大、供餐时间不连贯的特点，为节省人工，还可采用分段法。即安排员工上两头班，在上午和晚上两个高峰时间段上班，表 10-4 是每组六人的排班表述。

表 10-4　员工班次表

	早　餐					中　餐						晚　餐					
时间	6:00始	7:00	8:00	9:00	10:00	11:00	12:00	13:00	14:00	15:00	16:00	17:00	18:00	19:00	20:00	21:00	22:00止
A 班 6 人	早班 8 小时																
B 班 6 人						日班					日班 8						
C 班 6 人	两头班										两头班共 8 小时						
D 班 6 人											晚班 7 小时						
在岗数	12 人			6 人		12 人				6 人		18 人				12 人	

6．员工轮休表

每个班次的员工在某一时间段连续上班 7 天（包括休息天）后，换成下一时间段的班次，依此类推。但在上班时段还要考虑人员的轮休。根据上述情况，平均每天 8 小时，按劳动法规定每周工作量 40 小时计算，则每周工作 5 天，休息 2 天。表 10-5 是 A 组轮休表，灰色为休息日，考虑到周六、周日业务比较忙，只安排一人休息。实际每天上班人数为每组 4 人，周六、周日 5 人。

表 10-5　员工轮休表

组别	员工序号	周一	周二	周三	周四	周五	周六	周日
A 组 6 人	1	■	■					
	2		■	■				
	3			■	■			
	4				■	■		
	5					■	■	
	6	■						■

7. 就餐环境检查表

就餐环境检查表是餐饮管理层检查餐厅卫生、设施、氛围、环境的评分表，也是员工工作的标准表，见表 10-6。管理员根据细则进行检查，标明等级，督促改进，月末与考核挂钩。

表 10-6　就餐环境检查表

__________餐厅

序　号	检查细则	等　级			
		优	良	中	差
1	玻璃门窗及镜面是否清洁、无灰尘、无裂痕				
2	窗框、工作台、桌椅是否无灰尘和污渍				
3	地板有无碎屑及污痕				
4	墙面有无污痕或破损处				
5	盆景花卉有无枯萎、带灰尘现象				
6	墙面装饰品有无破损、污痕				
7	天花板是否清洁，有无污痕				
8	天花板有无破损、漏水痕迹				
9	通风口是否清洁，通风是否正常				
10	灯泡、灯管、灯罩有无脱落、破损、污痕				
11	吊灯照明是否正常？吊灯是否完整				
12	餐厅内温度和通风是否正常				
13	餐厅通道有无障碍物				
14	餐桌椅是否无破损、无灰尘、无污痕				
15	广告宣传品有无破损、灰尘、污痕				
16	菜单是否清洁，是否有缺页、破损				
17	台面是否清洁卫生				
18	背景音乐是否适合就餐气氛				
19	背景音乐音量是否过大或过小				
20	总的环境是否能吸引宾客				

检查者：　　　　　　　　　　　　年　月　日

第三节　服务质量的控制

服务质量的控制分为服务质量的预先控制和服务质量的现场控制。所谓预先控制，就是为使服务结果达到预定的目标，在开餐前所做的一切管理上的努力，也叫事前控制。预先控制的目的是防止开餐服务中所使用的各种资源在质和量上产生偏差。其指导思想是贯彻预防为主的方针，为优质服务创造物质技术条件，做好思想准备。服务质量的现场控制是服务工作全面管理的重要一环。餐饮服务工作的质量是通过现场服务体现出来的，服务现场是服务工作的基本活动场所，也是服务工作全面质量管理的主要活动领域。现场控制的主要形式有层级控制和巡视控制。

一、人力资源的预先控制

1．安排合理

餐厅应根据自己的特点，灵活安排人员班次，以保证有足够的人力资源。那种“闲时无事干，忙时疲劳战”，或者餐厅中客人多而服务员少、客人少而服务员多的现象，都是人力资源使用不当的不正常现象。班次安排是劳动组织中一个重要的内容，它是以岗位或班组为单位的劳动分工形式，既要做到业务分工上的合理性，又要做到工时安排上的合理性。班次安排非常讲究技巧和方法，在排班时，要考虑“闲时少留人，忙时人手足”，以适应营业需要。

常见的班次安排有两种形式：一是按作业时间区分，排成时间班。二是按工作性质的业务内容区分，排成业务班，如管事班、卫生班等。

质检要点：检查班次设计是否合理，人员安排是否紧凑。

2．规范上岗

在开餐前，必须对员工的仪容仪表作一次检查。开餐前数分钟所有员工必须进入指定的岗位，姿势端正地站在最有利于服务的位置上。全体服务员应面向餐厅入口处等候客人的到来，给客人留下良好的第一印象。

质检要点：检查仪表仪容是否符合规定，检查是否及时上岗。

3．日常培训

餐饮部除在培训部计划培训外，自己要开展日常培训。培训内容包括：思想教育，岗前培训、技能培训、礼仪培训、菜点知识培训以及民俗风情培训、地方话培训、市区地理知识培训等。这些培训工作做得越细，服务质量就越有保证。在培训同时要做到每天（每次）记录。

质检要点：检查培训记录（查看培训对象及内容），抽查提问。

二、物资资源的预先控制

餐饮设施设备齐全、先进、方便、舒适，能够满足客人物质享受和精神享受的需要。这是提高餐饮服务质量的基础条件，即物质基础和硬件要求。

1．餐位容量

酒店配有各种类型餐厅，提供各种风味及优质服务，能够满足客人多类型、多方面、多层次的消费需求。为满足住店客人和外来客人的需求，餐厅总座位数最低不少于客房数×2×80%，若餐饮经营状况好，流动客多，则还可以适当增加餐位数。

质检要点：包厢及餐位是否准备完毕，倘若加座，设备用具是否到位。

2．餐饮环境布局

设备配置要齐全舒适、安全方便，各种设备的摆放地点和通道尺度要适当，运用对称和自由、分散和集中、高低错落和对比的映衬，以及借景、延伸、渗透等装饰布局手法，形成美好的空间构图形象。同时，要做好环境美化，主要包括装饰布局的色彩选择运用，窗帘、天花板、墙壁的装饰，盆栽、盆景的选择和运用。

质检要点：窗帘轨是否滑畅；窗帘钩是否完好；盆景是否旺盛，有无黄叶和虫害。

3．照明

光线柔和，分布均匀。照明装置和控制器要符合国家质量要求。灯光亮度需适应工作需要，适合客人阅读菜单。高档餐厅灯光照度应可以调节。在营业期间，如需全部开灯，应确保每只灯泡完好无损。

质检要点：电源箱是否有说明，灯泡是否完好。

4．音响

播放曲目要合适，音量要适中。餐厅内噪声不超过50分贝，最好控制在45分贝以内。

质检要点：常用曲目是否齐全（如结婚进行曲、生日快乐歌等）

5．家具

家具的选用应考虑客人舒适、服务方便、空间合理等要素。各类餐厅家具摆放要合理，便于客人进餐行走和服务员操作。家具选择和室内装饰协调，桌椅牢固、光滑，式样、高度和色彩、质地必须协调一致。桌椅配套，同时配备儿童座椅。

质检要点：检查桌椅有否松动，椅子是否齐全，台面、转盘是否完好。

6．餐具、用品

各种餐具要配套齐全，种类、规格、型号统一；质地优良，与餐厅营业性质、等级规格和接待对象相适应；新配餐具和原配餐具规格、型号一致，无拼凑现象。

餐巾、台布、香巾、口纸、牙签、开瓶器、打火机、火柴等各种服务用品配备齐全，酒精、固体燃料、鲜花、调味用品要适应营业需要。

筷子要清洁卫生，不能掉漆、变形，没有明显磨损的痕迹。

另外，还必须备足相当数量的“翻台”用品。

质检要点：台布铺设是否正确、有无破损，水杯、餐具有无破损、有无污垢，服务桌是否整洁、有无私人物品。

三、卫生质量的预先控制

1．通风设备

厨房必须有完好的通风设施，排出炉灶烟气和食品加工所产生的气味，更不能使气味流入餐厅，要保持餐厅温度分布均匀，空气要清新。厨房排风罩离炉灶最近，容易沾染油污，油污积存多了会落在食物上，因此通风设备要定时或经常清洁，餐厅应每天清洁一次通风设备。通风口要有防尘设备，防止昆虫、尘土等飞入，厨房与餐厅之间须设有自动门或风幕机。

质检要点：餐厅空气是否清新，是否有昆虫飞入。

2．场地卫生

从墙面、天花板、灯具、通风口、地毯到餐具、转台、台布、台料、餐椅等都要做到整洁卫生。主管领班要在开餐前半小时最后检查一遍，一旦发现不符合要求的，要安排迅速返工。

质检要点：灯罩是否干净，盆景叶片是否干净等。

3．客用卫生间

餐厅卫生间门不可朝向餐桌，如设计不合理，用屏风加以弥补。应有专人负责清洁卫生，地面要干燥防滑，洗手池的水温要合适，以免烫伤客人，保持卫生间通风良好无异味。

质检要点：地面是否干燥，通风是否良好。

四、餐饮品种控制

菜肴品种类型应多种多样，冷菜、热菜、面点、汤类、甜食齐全，各产品结构高中低档比例合理。各餐厅产品数量能适应多方面的消费需求。开餐前，餐厅主管必须与厨师长取得联系，核对前后台所接到的订单预报是否一致，避免因信息的传递失误而引起事故。另外，还要了解当天短缺的菜肴，在餐前会上及时通知（这样，一旦宾客点到该菜，服务员就可以及时向客人道歉并建议客人改点其他菜肴，避免引起客人不满）。

质检要点：通常情况下，零点餐厅花色品种不少于 100 种，自助餐品种不少于 30 种，套餐服务不少于 5 种。实际供应菜肴应保证在菜单上菜肴的 90%以上（即短缺的菜肴控制在 10%以内）。

五、餐饮价格控制

价格合理包括两方面含义：一定的产品和服务，按市场价值规律制定相应的价格；客人有一定数量的花费，就应该享受与其相称的一定数量和质量的产品或服务。如果使客人感到“物有所值”，经营的经济效益和社会效益都能实现。 餐饮的价格控制主要包括以下内容：①水产品明码标价，并根据市场行情及时调整；②产品定价以既定毛利为基础；③中西餐、食品、饮料等分类测算；④服务等级与服务价格相符；⑤客人的接受程度和反映。

质检要点：抽查不同价格的菜肴 5 档，每档两款，是否按既定毛利执行，平均毛利率误差在±5%以内。根据反馈调查，综合评定。

六、服务质量的现场控制

1．服务程序的控制

开餐期间，餐厅主管应始终站在第一线，通过观察、判断、监督、指挥服务员按标准程序服务，发现偏差，及时纠正。

质检要点：检查服务程序是否规范、正确。

2．上菜时机的控制

根据客人用餐的速度、菜肴的烹制时间等，掌握好上菜时机，做到恰到好处，既不要让客人等候时间太长，也不能上菜太快。餐饮管理人员应注意并提醒服务员掌握上菜时间，尤其是大型宴会，每道菜的上菜时间应由餐厅主管亲自掌握。

质检要点：检查上菜速度是否合理。

3．意外事件的控制

餐饮服务的过程是服务人员与客人面对面直接交往的过程。由于各种原因，如客人情绪不佳、菜肴上错、语言障碍、风俗习惯差异等，极易引起客人投诉。一旦引发投诉，餐饮管理人员一定要迅速采取措施，以防事态扩大，影响其他客人用餐。如果是由服务态度引起的投诉，主管除向客人口头道歉外，还应对客人作出相应的补偿，以表歉意。

质检要点：投诉是否经常发生，投诉是否圆满处理。

4．人力控制

一般餐厅实行服务员分区看台负责制，服务员在固定区域服务。但是，餐厅客情变化较大，区域分工有时并不能满足现场服务的需求，这就需要对服务员进行再次分工，即某一个区域的客人突然来得太多，应该从其他服务区域抽调人力来支援，待情况正常后再将其调回原服务区域。用餐高峰过去后，可让一部分员工先休息，留下另一部分员工继续工作，到一定时间再交换，以提高员工的工作效率。

质检要点：人员使用是否灵活机动，高效合理。

七、服务质量的反馈控制

所谓反馈控制，就是通过质量信息的反馈，找出服务工作在准备阶段和执行阶段的不足，采取措施加强预先控制和现场控制，提高服务质量，使客人更加满意。信息反馈系统由内部系统和外部系统构成。内部系统是指信息来自服务员和经理等有关人员。外部系统是指信息来自客人。客人通过大堂、旅行社等反馈回来的投诉，属于强反馈，应予高度重视，保证以后不再发生类似的质量偏差。

服务质量的反馈控制措施主要有如下几种。

1）餐桌上可放置宾客意见表，并负责收集。

2）在宾客用餐后主动征求客人意见。

3）充分发挥所有员工在收集信息方面的作用。

4）原始记录和凭证要准确及时完整地统一上交。

5）内部发现问题，并主动记录反馈。

6）每餐结束后，应召开简短的总结会，以不断改进服务质量。

质检要点：收集资料，及时分类整理，并进行分析。

如此餐饮服务

某日，一位客人到五星级的S酒店参加招待会。招待会后开始就餐，服务员斟倒饮料，一杯可乐被服务员倒得大量外溢，面前台布浸湿一大片。上冷菜时，同桌一位客人问有无调料汁，服务员似乎没听懂，等客人再次提出要求时，服务员竟端上来一碗酱油。接下来的热菜不仅上得慢，而且菜也不热，大家问服务员是怎么回事，服务员回答说就是这样的。更令人难以接受的是，服务员似乎非常热衷于往下撤菜，不管菜吃完没吃完，弄得客人桌上总是只有一两份菜，一盘腰果鸡丁只吃了1/3，服务员就往下撤，被客人制止住；没过一会儿，服务员又往下撤还没吃到一半的牛柳，客人赶紧说这菜还有这么多，不要撤。就这样制止，仍然阻挡不住服务员撤菜的“积极性”，时间不长，服务员还是把没吃完的牛柳撤掉了。另外服务员只是在快结束时换过一次骨碟，擦手毛巾压根就没上，于是餐巾成了“百洁布”。客人非常惊异于五星级酒店的服务质量竟然如此差劲。事后，客人针对此事进行了投诉，并且该投诉信被登在了该市最权威的报纸上。

“五星级”意味着服务的最高规格和客人能得到最大的满意。S酒店面对投诉信，意识到这绝不是一顿饭反映出来的服务问题，它反映出这个酒店整体服务质量在严重下降，酒店督导管理方面存在问题，他们进行了认真的反思：酒店宴会厅完全忽视了对服务质量的管理，宴会进行过程中，宴会厅经理与主管没能及时关注客人的用餐情况，没有及时发现问题；服务员没有严格执行服务标准与程序，如撤菜过快，没有为服务员提供岗前培训及有效的再培训；在菜肴制作、传送和服务上桌时间控制上存在严重问题，以致出现上菜过慢、菜肴不热的现象；服务员在态度上存在问题，不能做到礼貌待客，酒店对服务意识培训做得不够。

第四节　解决疑难问题的技巧

即使是管理最好的酒店和餐厅，有时也难免会发生意想不到的事故。不少时候，并非是服务员的过错，而是由于客人自身的原因或过失而造成事故。当然，餐厅客人投诉最多的是服务质量方面的问题。当不想发生的事情发生后，作为一个主管如何才能有效地解决疑难问题呢？下面是一些具体的指引。

1．如何处理醉酒客人？

1）服务员遇到醉酒客人纠缠不清，主管要出面处理，避免服务员单独留守。

2）恰当地拒绝醉酒客人的无理要求。

3）对有大叫大闹的醉酒客人，一般是动员他朋友劝说他离开。如不听劝导而有暴力倾向的，要通知保卫部门前来处理。

4）遇到客人喝醉，服务员要沉着冷静、态度和蔼，并主动斟上热茶、热毛巾，如果客人呕吐要及时清理。

5）如醉酒客人损坏餐厅设备，要认真慎重对待。一要看客人是否受伤，如受伤先作救护处理。二要看客人是否有一起的伙伴，与他的伙伴商谈。三看是否是熟客，如是熟客则待他醒后，说明情况，再作赔偿。四要看是否故意滋事损坏财产，若是则通知保安或报警处理。

2．客人与服务员发生矛盾，怎么处理？

1）作为主管要尽快介入处理，不能袖手旁观。

2）命令其他服务员坚守岗位，不能因看热闹而影响工作。

3）禁止其他服务员聚在一起议论谁是谁非。

4）将客人与争执的服务员请到办公室解决。

5）要主动及时地把处理结果报告上司。

3．客人用餐时丢失物品，如何处理？

1）对客人遗忘的物品，服务员应及时上缴，并填写失物上缴单。

2）有认领者应认真验证物品的特征、数量，凭证件办理认领手续。

3）暂时没有人认领的物品要妥善保管，一定期限后统一处理。

4）如客人财物被盗，应通知保安部处理或报警处理。

4．客人在餐厅发生争吵，应如何处理？

1）应及时查明原因，疏散围观的人群。

2）要公正地进行劝解，不要激化矛盾。

3）如遇个别客人粗言伤害自己，也要冷静对待。

4）对于劝解无效、随时有可能恶化的事件，要通知保安在场，便于及时制止。

5．客人提出退菜，怎么办？

1）既要照顾到客人的利益，也要维护酒店的利益。

2）如若原料存在问题或卫生不合格，应及时退换，并表示歉意。

3）属于烹调质量问题也应及时退换，并表示歉意。

4）若遇客人无理要求退菜，要礼貌相待，耐心地进行解释，说明道理。

5）无论发生何种退菜情况，当值服务员都应及时告知上司。管理人员首先内部发令处理，其次出面向客人道歉或解释及处理。

6．客人所点菜肴厨房缺货，怎么办？

1）由划菜部以书面形式将当市没有或已售完的菜式告知厅面服务员。

2）服务员接到通知单后，要礼貌地向客人解释，同时推介同类菜式。

3）及时将退菜通知单签名后，交收银台。

4）如遇客人改菜，在估计厨房还没宰杀和烹制前，用最快的速度在退菜单上写上菜名，交划菜部。随后再重新点入客人所需的菜肴。

7．出菜时菜点上错了台面，怎么办？

（1）发现错误，但客人尚未动筷

1）立即说明情况，并向客人道歉，及时撤回。

2）撤回的菜肴，应端回厨房，严禁当场端至其他的台面上。

3）及时通知划菜部所出现的错误，以作及时弥补。

4）给出错当事服务员开出罚单。

（2）发现错误，但已被客人吃了

1）立即说明情况，并向客人道歉。

2）推介该菜肴美味可口，用诚意及礼貌打动客人加菜。

3）劝说加菜成功后，立即加补点菜单，送到划菜部和厨房。

4）划菜部要及时弥补。

5）事后给当事服务员作奖罚处理。

（3）发现错误，但客人吃了，劝说加菜不成功

1）及时填写加菜单，并注明情况。

2）按程序送入厨房和划菜部，并给原来点菜的客人及时上菜。

3）给出错当时服务员开出罚单。

8．结账时客人发现账单不符，怎么办？

发生这种情况的原因可能是多方面的，处理方法主要是与客人耐心核对菜肴品种、数量，重新计算金额。如果是工作上的失误，要向客人表示歉意，如果是客人检查有误，要巧妙地说明，以免使客人难堪。

经常发生账单不符情况，要查明原因，做出处理。

9．酒水、酱汁溅到客人身上或餐桌上时，怎么办？

1）立即向客人道歉，表示真诚的歉意，立即拿干纸巾、餐巾为客人抹去污渍、水渍。

2）接受客人的批评，甚至客人表现尖酸刻薄都不能回驳。

3）如情况严重遇客人投诉，管理人员应向客人道歉，批评当班服务员，并带客人去洗手间清洗，或拿衣服去洗衣房洗涤。

4）如遇客人烫伤，应及时送往医务室或医院，并不断表示歉意和安慰。

5）客人要求赔偿，主管酌情打折或送果盘表示歉意。

6）情况严重的要给予客人一定的赔偿。

7）事后查明原因，视轻重给予教育或处罚。

10．服务员打碎杯、碟等物件，怎么办？

1）打碎酒杯后，主管应先控制场面，并向周围客人致歉意。

2）立即叫服务员清干净现场，扫走碎片，拖干净地面的水渍。

3）周围服务员应主动帮忙完成清洁工作。

4）主管不要当场批评服务员，应帮助当值服务员服务客人。

11．突然停电，怎么办？

1）酒店应配备一定供电能量的发电机，当遇到停电时，要迅速启动发电机。

2）预先配备应急灯或蜡烛，停电时及时用上。

3）尽快检查空气开关，同时通知工程部抢修或了解情况。

4）设法稳定客人不要紧张，说明有自发电正在转换，或有维修工正在修理。

5）要注意客人的动向，及时为要离去的客人买单，并表示歉意，防止个别客人跑单。

6）保管好自己所当值客人的财物，保管好收银台的营业款。

12．客人急病，怎么办？

1）如果客人用餐时突发急病，要冷静并尽可能了解客人犯了什么病。如果是心脏病发作，千万不要强行拉动客人，要顺势让客人躺好。

2）让病人的伙伴在病人的衣物上和随身的提包内寻找速效救心丸等急救药，让其服用。

3）打急救电话，叫救护车。

4）若是病者单独一人，要派员工陪同。

13．如何接待残疾客人？

1）要有同情感，在任何时候、场合都不许投以讥笑或歧视的眼光。

2）主管应指定责任心强、热情礼貌的服务员负责接待。

3）客人上下楼梯等不方便时，服务员主动提供帮助。

4）在接待过程中，不得打听客人残疾的原因，以免引起客人的不愉快。

5）如客人急躁，应设法引开客人的注意力，使其心情舒畅。

案例分享

一位朋友的儿子准备在国庆节这天结婚，想在当地选一家四星级酒店举办婚宴。因得知笔者与当地酒店关系甚密，于是早在国庆节的半年前就向我咨询：在当地三家四星星级酒店中，选哪家举办婚宴为好?

我一时难以回答。办婚宴是人家一生中的大事，万一我推荐的这家酒店到时办不好，岂不怪罪于我？我只好这样回答：请你们到三家酒店实地考察一下，感觉哪一家合适，若遇到预订上的困难再找我出面解决。

我这位朋友的儿子 和准媳妇十分慎重地考察了这三家酒店后，跟我反馈。

甲酒店能容纳30桌酒席的大宴会厅已被预订，只能作罢。

乙酒店大宴会厅虽然未被预订且服务费率不高，但鉴于宴会预订部工作人员服务态度不好，决定不作为选择对象。

而丙酒店大宴会厅未被预订，但开出的服务费率偏高，能否出面说情、价格调低一些？如果可以，就选定丙酒店了。

后来在我的“调停”下，丙酒店同意调低服务费率，我朋友的儿子高高兴兴地与丙酒店签订了婚宴协议并缴纳了定金。

出于职业的敏感，我自然对乙酒店被他们否定的原因产生了关注，因为在我的心目中，乙酒店举办婚宴在本地历来有很高的知名度。不曾想，他们向我叙述的原因竟然如此简单：坐在大堂的宴会预订处大班桌后面的那位经理态度傲慢，当要求她带路看宴会场地时，她头一扬“你们自己去看吧”。那时午餐营业已结束，到处关着门，又是黑灯瞎火的，我们转悠了好一会儿还是没找到宴会大厅。最后，我们认定这家酒店的经理工作态度尚且如此，想必婚宴的服务水准也不咋的，于是断然排除了选择这家酒店的想法。

出于对乙酒店的关心，我还是寻机将此事告知了该酒店高层领导，并希望他们对此问题引起重视。

[对管理者的启迪]

1.本案例又一次验证了“100-1=0”的说法。

2.管理人员要对员工灌输“100-1=0”的意识。

3.管理人员要经常实行“走动管理”，尤其是直接对客的员工，更是要经常进行现场督导。因为领导在与不在，员工的表现还是有差距的。

4.声誉是酒店的资产，管理人员必须把声誉作为重要资源来抓，既要创造声誉，又要维护声誉。

本节小结

（1）点菜单、酒水单、日报表等，不仅是日常运作的必备单据，也是控制堵塞漏洞，分析营业数据的重要凭证。

（2）使用当餐任务分配图和餐位排列图，既能起到通知分配、减少差错的目的，又能存档以备查。

（3）质量控制是餐饮管理员的日常工作，直接反映了管理人员的素质和水平。

思考与练习

（1）书中的“营业收入日报表”是否有不足之处？

（2）分析当餐任务分配表的作用。

（3）分析结账时客人发现账单不符的各种原因，并写出其防止类似情况发生的措施。

（4）案例分析：

风帆餐厅是某五星级酒店的榜样餐厅，经营潮州菜。开业 4 年来，由于餐厅的经营与服务指导思想明确，注重员工队伍建设，培养出了一批优秀的服务人员。

一天下午，餐厅通过电话接受了某跨国公司的晚餐预订，公司办公室秘书张小姐向餐厅大致说出订餐人数、时间、餐价，菜单等客人来后再订。由于宴请贵宾，张小姐希望餐厅提供一个单间。餐厅随即做好了准备工作。

下午 5 点，公司负责宴请的郑先生来到餐厅，要求看宴会单间，餐厅主管孙女士接待了他。当郑先生看到单间位于餐厅零点区里侧，客人必须穿行餐厅时，异常生气，质问道：“这怎么可以呢？我们请的是重要的政界要人，我们要的包房，不能这样！”看到客人情绪激动，孙女士马上解释说：“对不起，我们不知道你们有这方面的要求。”郑先生马上说：“不是你们的错，是我的秘书的错。”说完马上拿起电话指责自己的秘书，语气是可想而知了，最后又加上一句话：“你要再这样误事，就别干了。”郑先生挂掉电话还是满脸怒气。孙主管有着丰富的服务经验，她简洁清晰地对郑先生说：“您别着急，我马上联系宴会厅，帮您准备一个独立的单间。”郑先生听后非常感兴趣，但又担心地说：“那当然好。可是还有 20 分钟我的客人就要来了，来得及吗？”孙主管承诺道：“您放心，我保证 15 分钟内一切就会准备好。”随即孙主管拿起电话与宴会部经理联系，得知离餐厅最近的一个小宴会厅“菊花厅”还空着，但宴会部今天客人多，没有人手马上摆台并提供服务。孙主管与宴会厅经理商定，由风帆餐厅的服务员完成这项工作。厨师长也快速准备了一份郑先生满意的菜单。

15 分钟后，“菊花厅”一切准备就绪。白色台布配以花色台裙，蓝色座椅高雅洁净，仕女图等展示盘与精美的水晶杯显示了主人的身份。餐台中心的各类鲜花争奇斗艳。郑先生面对此景，连声称谢，并对由于紧急抢台而碰伤脚的孙主管深表谢意。

宴会开始了，孙主管忍住脚的伤痛，带领另一名服务员为客人提供了出色的服务。郑先生在宴会结束后又一次对风帆餐厅的服务员们表示了真诚的感谢。

在以后的日子里，郑先生多次光顾风帆餐厅。

请结合餐饮督导的工作职责，点评孙主管的工作表现。

第十一章 会议督导管理

课前导读

会议是酒店业务的一个重要部分，随着中国经济的发展以及对外交流的扩展，会议成为中国酒店业的“行业支撑要素”，会议型酒店成为中国酒店业的一种新的业态。会议的接待管理水平，对酒店的整体形象和发展有着很重要的影响。提升会议的督导水平，有利于酒店整体实力的增长，以及国际化水平的提高。

教学目标

（1）了解会议各个督导岗位的工作职责与工作内容。
（2）熟悉会议中常用的各种业务表单。
（3）掌握会议督导在日常工作中经常遇到的疑难问题的解决技巧。

第一节 工作职责和工作内容

一、会议的类型与种类

酒店举办的会议有多个类型。根据会议的规模分类，可分为小型会议、中型会议、大型会议及特大型会议。在我国酒店举办的会议，小型会议参会人数通常在 50 人以下，中型会议参会人数通常在 50 人至 300 人之间，大型会议的参会人数通常在 300 人至 1000 人之间，特大型会议的人数在 1000 人以上。根据会议的组织形式和目的，会议可分为年会、学术会议等。根据调查，不同规模的各种会议，其主办者和参会者的需求各不相同，酒店的经营策略和服务方式也不同。

1．根据组织形式分类

（1）年会（Convention）

年会是指企业、协会和政府机关等举办的工作总结及政策商讨会议。年会议题可涉及政治、经济、科学或技术等内容。年会的组织形式常包括一个全体会议和几个小组会议。年会的举办有周期性，通常一年举办 1 次，会议持续的通常时间为 1～3 天不等。

（2）代表会议（Congress）

代表会议是指企业、企业集团、政府和政治群体召开的定期会议。代表会议通常有特定的主题。其报告者及讨论者常来自该领域的成员或协作团体。代表会议每年或每 2 年举办 1 次。国际范围的代表会议通常每 2 年举办 1 次，国内代表会议 1 年举办 1 次。会议持续时间一般为 3～5 天。

（3）论坛（Forum）

论坛是学术团体、经济团体、政治团体和政府机关对共同有兴趣的主题举办的研讨会。大型论坛举办形式包括 1 次主会场的报告会及几个分会场的讨论会。论坛的特点是反复讨论主题。会议持续时间通常为 2～3 天。

（4）讨论会（Panel Discussion）

讨论会是由企业或政府机关中的少数管理人员进行的商讨会议，参加者对某一问题或政策进行讨论和交流。讨论会进行的方式是面对面，常选出 1 位主持人。讨论会的规模常是中小型会议，持续时间通常为 2～3 天。

（5）休憩会议（Leisure Meeting）

休憩会议是指企业或协会等利用周末或假期组织管理人员、技术人员或员工参加的带有休假特点的表彰会、研讨会或工作例会。休憩会议常选择风景区内的酒店，其举办规模以中小型会议为主，持续时间通常为 2～3 天。

（6）交流会议（Communion Meeting）

交流会议是指各协会、民间组织、企业和各地政府组成的本地区或跨地区的信息交流会议。这类会议通常以报告或讨论等形式举行，持续时间为一般 3～5 天。

（7）专题学术会（Symposium）

专题学术会常由某一领域的科研单位或协会举办。实际上，它是某一科研领域的专家集会。会议就某一特定的科研主题发表意见或宣读研究成果。专题学术会议参加人数较多，持续时间为一般 2～3 天。

（8）学术讨论会（Workshop）

学术讨论会由少数人员参加的学术或教育机构举办的研讨会。会议以面对面的方式进行，以针对某项学术专题进行交流，持续时间为一般 2～3 天。

2．根据会议主题分类

（1）商务会议（Commercial Conference）

商务会议是指企业因经营活动和管理工作需要而举办的会议。出席会议者通常是企业的管理者、技术人员和营销人员。商务会议的持续时间为 1～2 天。

（2）展销会议（Exhibition）

展销会议主要是由参加商品展销、交易和展览会的各类企业等组成的会议。展销会中还常举办招待会、报告会、谈判会和签字仪式等活动。持续时间为 3～7 天。

（3）政治会议（Political Conference）

政治会议是指国际政治组织、国家和地方政府为某一政治专题或地区行政管理事宜等召开的各种会议。会议常以报告会和讨论会的形式进行。持续时间为 1～2 天。

（4）学术会议（Academic Conference）

学术会议是由学术团体、大专院校就某一科研和学术专题召开的会议。会议形式包括会议全体参加的报告会和分组的研讨会组成。会议持续时间为 1～2 天。

（5）培训会议（Training）

培训会议是指某企业对职工进行的业务知识和技能培训。培训会议多采用讲座和演示等方式进行。会议持续的时间较长，从 3 天至 15 天不等。

3．根据举办单位分类

（1）协会团体类会议

世界遍布着各种协会团体，协会团体是会议市场的最主要组织者。协会团体会议主要有贸易协会会议、行业协会会议、专业和科学协会会议、教育协会会议和技术协会会议等。

（2）行业与企业集团会议

这类会议通常包括销售会议、技术会议、管理会议、培训会议、代理商会议和股东会议等。

（3）政府与工会等组织会议

政府召开的各种会议经费来自上级行政拨款或参会者自付。世界各地的各部门都有工会组织，每年各地工会组织都要举办会议，这些会议与政府会议很相似。

二、岗位职责

（一）准备工作

酒店会展部的业务主管人员应当与会议主办方协商会议召开的细节。应明确会场的布置、主席台、讲台、视听设备、多媒体、水杯、桌签、信笺、笔、指示牌及花木等的布置。同时，对会议需要的机票、车票、住宿会议场所和交通服务等工作制订完善的计划书并协助主办单位考察会场、客房和餐饮设施，确定会议方案，签订合同及预付订金。

会议准备工作的前提是会议组织者向酒店提供详细的会议资料，包括会议日程、席位安排、贵宾名单和宴会活动等并在双方协调会的前一周交与酒店会展部。在酒店与主办单位的协商中，工作人员应保持良好的仪表仪容，和蔼大方，显示出自信心。酒店会展部应将确认的会议计划和程序包括客房与餐饮活动的安排等通知前厅部、客房部、餐饮部、保安部、财务部和总经理办公室等。会议通知单的内容如有变动，必须由主办者确认，经酒店业务部门认可签字方能生效。

（二）服务管理

通常，酒店会议主管人员与会议组织者共同协商，设计参会者的报到程序。在酒店大厅摆放欢迎牌、签到台、指示牌和办理住宿登记等。酒店会议主管部门与商务中心准备好会议需要的资料、用品和讲稿，酒店工程部根据会议组织者的需求，完成会议室的条幅、灯光、音响、同声传译系统、会议系统或电视电话会议系统等的安装和调试，会展部准备相应的用具（如投影仪等）。

会展部与餐饮部确认参会者的用餐时间、费用标准及其他用餐要求，包括特色菜或素食等，酒店应建议给予由于健康原因的与会者提供特殊的饮食。如果会议有旅游需求，应安排旅游线路和导游员并准备交通工具。对参会人员开放康乐设施，包括健身房和游泳池等；为会议代表准备摄影器材和摄影人员，提供秘书服务及相关的服务。酒店会议接待人员应全程跟踪会议以便及时与参会者保持联系并处理各种突发事件，酒店应建立突发事件的应急预案。

（三）会后服务

会展部应为会议组织者提供详细的各项费用说明并与会议组织者结清各项费用。会议费用通常涉及两种主要类型：一类是由会议组织者支付的费用，另一类是由参会者个人承担的费用。酒店财务部应根据会议组织者合同规定的支付内容和方法分别收取。此外，根据会议组织者的要求，酒店应制作会议通讯录。为了进一步合作，酒店应感谢会议组织者——会展部应在会议结束后向会议组织者发出感谢信并征求对会议接待的意见。

（四）会议室管理

1．总体要求

会议室内温度和湿度应适宜，根据低碳要求，温度通常为 22℃～24℃，湿度通常为 50%～60%。为了保证室内空气新鲜，会议室应保持良好的通风。会议室应防噪声，要求在 40 分贝以下，因此必须控制空调设施的噪声；否则，影响音频系统的性能。为了保证声音的效果，会议室内应铺有地毯、天花板、四周墙壁的隔音材料和双层玻璃等。此外，会议室桌面应采用浅咖啡色或天蓝色的桌布，忌用白色和黑色的桌布。因为后两者对人体会产生不良的视力效应。

2．会议室布局

会议室布局主要是指会议室内桌椅的安排。为了方便开会，达到会议的效果。不同种类的会议，会议室内的桌椅摆放方法不同。通常，大型会议特别是政府和企业组织的行政管理会议，常设主席台，参会领导在主席台上就座；代表席在主席台的下方，面对主席台平行排列。学术会议，在主席台一侧设主持人席，另一侧设发言人席。研讨会议和咨询会议常安排圆形或 U 字形的会场布局，其周围可按参会人数布置长形桌。讨论会常以圆形的会场布置。此外，酒店常根据会议组织者的要求布置会场及摆放桌椅。根据实践，相同面积的会议室，由于桌椅摆放不同，会议室可容纳的人数不同。

（1）剧院式布局

剧院式布局是常用的会议布局形式，它适用各种规模的会议。在这种布局中，只摆放椅子，不摆放桌子。所有椅子按弧形或方形排列，面向主席台或面对发言者。当会议室少于 100 人时，每人可占 1.1～1.2 平方米的面积；当会议厅容纳 100～300 人时，人均空间可以降到 1.0～1.1 平方米；而超过 300 人时，人均空间可再降低至 0.93～1.0 平方米。两排椅子之间至少间隔 60 厘米。

（2）教室式布局

教室式布局是方便参会者作会议记录的布局形式。由于这种布局既要摆放椅子，也需要摆放桌子，所以对空间的要求较大。通常，参会者少于 100 人时，每人可获得 2.0～2.1

平方米的空间；当参会者在100～300人时，空间可降低至1.9～1.95平方米；超过300人时，可以降低至1.6～1.7平方米。教室式布局的关键是，不要在会议室内放太多桌子，注意留有方便的走道。

（3）圆桌式布局

一些会议室布置以会议桌为中心，四周摆放椅子，这种布局适合小型的董事会，信息交流会和讨论会。圆桌式布局可将桌子摆放成椭圆形或圆形，中间为空地，可摆放鲜花。椅子可摆放在桌子的外围。这样的布局有利于参会者进行互动。

（4）接待式布局

接待式布局的会议室是会议组织会见参会者，或上级领导与参会者会见的场所。同时也是政府之间和企业之间会见的理想场所。接待式布局摆放的方法常以U字形为主，沿着会议室正门相对方向的两边摆放沙发，会议室中间应留有较宽敞的空间。

（5）其他布局

会议室的布局除上述4种外，还包括四方形、马蹄形、T字形和V字形。四方形的布局是将桌子围成正方形或长方形，椅子摆放在桌子的外部，适合于讨论会；马蹄形布局是将桌子摆放成马蹄形或“︹”形。该布局开口处朝向会议室的门，其内部摆放椅子。T字形的布局是将桌子摆放成大写英语的字母T，会议组织者和发言者位于T字横线部分，参会者坐在T字形的两边。

3．会场装饰

会场装饰是指运用文字、图案、色彩和实物等装饰物烘托会场气氛的手段。文字性装饰直接揭示会议的主题，图案性装饰则形象地说明会议主题。会场装饰的作用最终是要落实在增强会议的功能、实现会议的目标上。

会场装饰主要包括以下物品。

（1）会标

会标是指以会议名称为主要内容，体现会议信息的文字性标志。会标一般以醒目的横幅形式悬挂于主席台上方的沿口或布景板上，或用电脑制成PPT映射于屏幕上，以增强会议的现代感。

（2）会徽

会徽即体现或象征会议精神的图案性标志，一般悬挂在主席台的屏幕中央，形成会场的视觉中心，具有较强的感染和激励作用。

（3）标语

把会议口号用醒目的文字张贴或悬挂起来，即为会议的标语。标语可以清一色，也可以五彩缤纷，可横挂、竖挂，也可用氢气球等悬吊在半空中。

（4）旗帜

隆重的会议宜在主席台及会场内外升挂旗帜，以渲染会议的气氛。

1）国旗的悬挂。国旗是国家主权的象征，升挂国旗是一国代表到另一国享受特殊礼遇的具体表现。会议或活动升挂国旗的国际惯例是：不同国家的国旗同时悬挂时，各自的旗面尺寸和粗细、高低要一致，且国旗的悬挂以横挂为标准，因为有些国家的国旗，其旗帜上的文字、图案或颜色条块是以横挂为基准的。会议或活动所设计的现场，都要放置有关国家的国旗。

2）彩旗的悬挂。会议或活动场地可以根据需要通过悬挂或插放七色彩旗来烘托气氛，七色彩旗可以是长方形、正方形、三角形等，可以一面面插放，也可以一串串悬挂在空中。

3）红旗的悬挂。悬挂和插放红旗是衬托会标、会徽的重要方法之一。红旗一般插放8～10面，即在徽铭的左右45°角各插四五面。

（5）植物和花卉

会场内外适当布置植物和花卉，能烘托会议的气氛，给人一种清新、活泼的感觉，还能减轻与会者长时间开会的疲劳。

（6）灯光

灯光的强、弱、明、暗及色调，会给会场带来不同的视觉效果。

4．主席台布置

由于主席台是会场的中心，众人瞩目，因此，主席台的布置在整个会场布置工作中占有举足轻重的地位，应当引起高度重视。主席台的布置应同整个会场布置相协调，会场气氛首先应当在主席台布置上体现出来。

（1）主席台的座位格局

同会场座位格局相比，主席台的座位格局可以选择的形式较少，一般都采用横式。主席台的长短和排数应根据主席台上就坐的人数多少来确定，可以是一排，也可以是多排；除前排必须通栏外，后排有时也可分成两栏，中间留出通道。主席台上每排桌椅之间要空出适当的距离，以方便人员入席与退席。

（2）讲台

设置专门的讲台，有助于突出报告人的地位，显示报告的重要性，也体现出会议气氛的庄严和隆重。

（3）话筒

主席台前排的每个座位都应装有话筒，以便于主席台人员讲话。

（4）休息室

重要会议的主席台旁边应设有休息室，一是便于领导集中到达，然后依次入场；二是便于领导休会时休息、谈话。

（5）主席台的座次安排

主席台的座次安排是一个非常重要而且非常敏感的问题，有时甚至变成一个严肃的政治问题，因此，会务工作人员必须极其认真地对待。

国内会议主席台座次安排的具体做法是：严格按照会议领导机构事先确定的名单次序安排座次，身份最高的领导（或是声望较高的来宾）安排于主席台前排中央就座，其他领导按先左后右（以主席台朝向为准）、一左一右的顺序排列，这是按照中国的传统“以左为尊”的习惯。主持人的座次按其身份高低安排。

国际性会议主席台安排的具体做法是：一般以对方提供的正式名单或正式通知上的人员身份和职务高低次序为依据，按照国际上“以右为大”的习惯，一右一左（以主席台朝向为准）的顺序排列。

国家不分大小，一律按国家元首、副元首、政府首脑、副首脑、部长、副部长等顺序排列。如果参加会议活动的国家较多，也可以按国家英文国名第一个字母顺序排列，第一个字母相同时，按第二个字母排列。为了避免一些国家总是排列在前，可以采取抽签的办法确定排列次序，使各国机会均等。在多边会议活动中，有时也可按来访国通知代表团组成的日期排列礼宾次序，即对同等身份的外国代表团，或按决定应邀出席活动的答复时间先后排列，或按代表团抵达地点的时间先后排列，但无论采取何种具体方法，主办方都应在邀请书中加以注明。当然以上几种方法也不是绝对的，具体安排礼宾次序时，有时还要考虑其他因素，如国家关系，活动的性质、内容等，对于活动的贡献大小以及与会者的威望、资历等也应考虑在内。

5. 座位标识

座位标识是指引与会者顺利就座的各种标志。

（1）座次图

大型会议活动应事先印制全场或主席台的座位分布及具体座次的图标，以帮助每位与会者顺利入座。座位图可张贴或悬挂于会场入口处，主席台的座次图则悬挂在休息室。

（2）指示牌

为了在较大的会场方便与会者寻找座位，要在会场门口和场内悬挂或放置指示牌，指明各座位区的方向和方位。

（3）座位号标识

大型的固定会场要有座位号标识，一般包括楼层、区号（可用序码编号如 1 号区、2 号区）、牌号、座位号（一般分为单号和双号）。

（4）团组标志

团组标志即对代表团或小组的座位区域制作落地指示牌，上书代表团或小组名称，置于该团首座的前方或两侧；或制成台式标志，放置在该团组首座的桌上。分座区时要把首长席、正式代表区、列席代表区、来宾席、旁听席、记者席等用标志明确区分。

（5）席卡

席卡即每位与会者桌上放置的写有姓名的标签，有时又称名签。席卡通常两面书写姓名，一面朝外，一面朝向与会者，这样既便于与会者寻找自己的位置，又便于相互辨认、结识。如果与会者是某个国家或组织的代表，也可以用中外文两种文字书写国名或组织的名称。大型会议在主席台上放置席卡，而台下一般只放置团组标志。

第二节　各种单据的基本知识

会议督导员应掌握会议中用到的各种单据基本知识，这样可以对会议进行有效的督导，提升会议服务水平。

一、会议通知单

会议通知单是告知与会者有关与会事项的会议文书，是传递召开会议信息的载体，是会议组织者同与会者之间进行会前沟通的重要渠道，见表 11-1。拟发会议通知是会议准备工作的重要环节，可以传递会议信息及有关会议的内容、性质、方式、时间、地点等基本信息，以便与会者做好充分的准备，按时赴会；可以收集信息，包括与会者提出的议题、意见等信息；可以反馈信息，向会议组织者反馈与会者的有关信息，如姓名、职务、人数等，为会议的接待工作做准备；可以履行相关义务，在一些法定性会议中，正式成员具有出席会议的法定权利，向他们发出会议通知是会务工作机构的法定义务，同时也是对与会者权利的尊重。会议通知有预告通知和正式通知两种。

表 11-1　会议通知单

召开会议部门		会议组织部门	
会议召开时间			
会议召开地点			
会议议题			
参会人员			
参会人员相关准备工作			
注意事项			
会议组织部门联系方式			

二、会议请柬

会议请柬，也叫请帖，是为邀请客人而发出的专用通知书。使用请柬，既表示主人对会议的郑重态度，也表明主人对客人的尊敬，密切主客间的关系，还可以促使客人欣然接受邀请。会议请柬是会议主办方邀请贵宾、参会者的专用文书。会议的请柬通常分为固定格式和打印格式两种。固定请柬格式见图 11-1。打印格式是根据会议活动的具体要求和对象的实际情况，专门拟稿后打印出请柬。

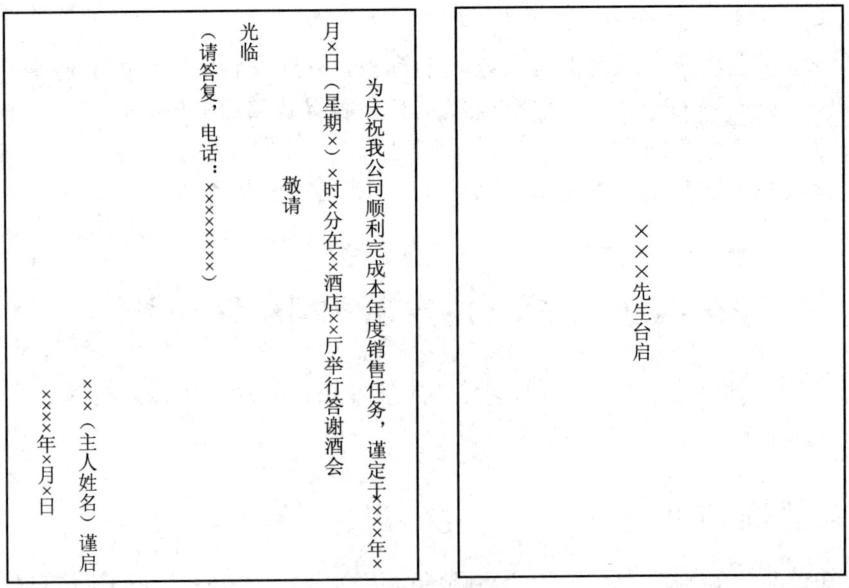

图 11-1　会议请柬

三、会议邀请函

会议邀请函（见表 11-2）是现代会议活动中常见的一种会议文案。一般用于横向的商业会议活动，具有礼节性，发送对象是不受本单位职权所制约的单位或个人。在召开各种学术会议、节庆会议、专业研讨会、咨询论证会议、技术鉴定会议、贸易洽谈会议、产品发布会等，以发邀请函为宜。

表 11-2　会议邀请函

邀　请　函 尊敬的[×××]： 我公司定于在[地点]举办[×××]会议，欢迎贵单位派人参加。会议的详细内容及安排如下。 一、会议内容 [××××××] 二、会议日程安排 时间　　　　内容安排 [×××]　　　[××××××] [×××]　　　[××××××] [×××]　　　[××××××] 三、参会费用 如您需参加我们的会议，请于[时间]前将回执按[传真、邮寄、E-mail 等]方式返回我公司，以便安排。敬请莅临。 联系方式： 联系人：[×××] 地　址：[×××] 邮　编：[×××] 电　话：[×××] 传　真：[×××] E-mail：[×××] 顺祝 商祺 [单位名称] [时间]

四、会议回执

在会议文件的准备中，会议回执（见表 11-3）是会议邀请函中重要的文案部分。在会议运营督导过程中，会议主办方将发会议邀请函给预备参会者，其中将附会议回执。

表 11-3　会议回执

姓　　名		性　　别		单　　位	
电话（办）		手　　机		职务/职称	
通 讯 地 址				邮　　编	
电 子 邮 件				传　　真	
会 场 选 择	□宁波和杭州会场		□仅杭州会场	□仅宁波会场	
住 宿 需 求	□住宿　　□双人标间　　□单间　　□无需安排				

五、会议记录表

日常会议通常用摘要记录的方法。选择那些与会议主题相关的内容进行记录。这种方法要舍弃一些内容，记录主要精神。详录和摘录这两种方法有时需要结合起来运用。有些会议内容需要详细记录，有些内容只要摘录就行了。不管使用哪种方法，都要求做到忠实原话，准确完整。会议中的重要决议的记录，有时要求及时提供给主持人，当场宣读，以便通过。会议记录一般使用统一标准的记录本。记录本的首页印有会议概况部分的项目，由记录人如实填写，会后由主持人核签。会议记录表格式见表 11-4。

表 11-4　会议记录表

时　　间			
地　　点			
主　持　人			
参　加　人			
记录：			
记　录　人		日　　期	年　月　日

六、会议日程安排表

会议日程是指每天的各项会议活动按单位时间的具体落实安排。会议日程不仅细化议程框架内的全部议题性活动，还要具体安排会议过程中仪式性活动，有时还可以包括其他的辅助活动，如招待会、参观、考察、娱乐等。会议日程安排表清晰地说明了各项安排，适用于需要交代各项具体信息的会议。会议日程安排表格式见表 11-5。

表 11-5　会议日程安排表

会 议 日 期	时　　间	地　　点	内　　容	备　　注

七、会议预算表

会议的财务管理始终是会议运作中最重要的环节之一。在会议财务预测的基础上，编制会议预算能够提供一个定量的会议财务计划。会议预算主要是由会议收入和支出两部分组成，支出部分又分为固定支出和可变支出两大部分。固定支出和可变支出两者之间并没有统一的划分标准，只要便于在今后的会议筹备中能够随时掌握和调整会议预算即可。会议财务预测提供了编制预算的许多关键数据，根据会议举办城市的各种价格和会议的主要支出的项目就能很容易地编制会议预算。会议预算表格式见表 11-6。

表 11-6　会议预算表

序　号	项　目		预算金额	实际金额
1	注册费			
2	赞助			
3	展览			
4	广告			
5	旅游			
6	住房佣金			
7	财政补贴			
收入合计				
1	固定支出	申办费用		
2	固定支出	市场宣传		
3	固定支出	考察活动		
4	固定支出	征文通知		
5	固定支出	特邀报告人费用		
6	固定支出	会议机构活动		
7	固定支出	会议设备租金		
8	固定支出	基本办公费用		
9	固定支出	人工费用		
10	固定支出	工作人员费用		
11	可变支出	住宿费		
12	可变支出	餐饮费		
13	可变支出	印刷费		
14	可变支出	邮寄费		
15	可变支出	征文通知		
16	可变支出	代表用品		
17	可变支出	服务费		
18	可变支出	交通租车费		

案例分享

11 月份销售部接待了“×××交流会”，此次会议有 200 人左右，历时 5 天。会议由×省人民政府主办、×市人民政府承办。会议前一个星期，销售部销售代表就与市政府谈妥会议事宜，签订了会议协议。所有会议用房撤酒水、关长途，不收取客人会务费。所有消费统一由市政府某领导签字，转会务组。销售代表按会议协议提前将备忘录下发到各部门，做好会议接待安排。会议在各部门的努力下圆满结束了。会议结束当天销售代表及财务与客人结账，客人拿着所有会议的账单，一张一张审核。“我的房间明明是撤了酒水、关了长途的，为什么房间还会产生这么多的杂项费用？”客人提出疑问，“你看会议协议书上面我明明写了只负责房费。”最后客人看到这些费用只有几千块钱，考虑到这些费用确实是不好控制的，还是结了账。

[对管理者的启迪]

1. 会议的账务始终是会议运作中最重要的环节之一。会议结账时的费用应该和会议协议保持一致。

2. 当出现会议费用项目与会议协议不一致时，可能是客人另外向酒店购买，或是客人要求酒店服务员代买，挂在房费中。查清消费事实后，及时向会议负责人说明。

3. 酒店方应从中总结经验教训，当协议之外出现消费时，要及时与有关部门、负责人沟通，否则会引起误会，甚至发生不愉快的事情。

本章小结

（1）“会议督导工作职责与内容”是一位会议督导者从事管理前必学的课程，也是履行管理时必须肩负的职责和日常的工作任务。

（2）会议通知、会议请柬、会议邀请函、会议回执、会议记录、会议日程安排表、会议预算表不仅是日常运作的必备单据，也是控制服务质量的依据。

（3）合理、正确地解决疑难问题是会议督导员应具备的工作能力和职业素质。

思考与练习

（1）查阅有关资料，谈谈你对酒店会议业务发展趋势的预测。

（2）如何提升会议服务员的会议礼仪水平？

（3）“圆桌会议”是一种怎样的会议座次格局？

（4）如何培养会议销售人员销售宴会的能力？

第十二章 康乐督导管理

课前导读

康乐部是为客人提供娱乐、休闲、健身等活动场所的部门，是酒店借以吸引客人，招徕生意，提高酒店声誉和营业额的一个重要手段和途径。目前，康乐部逐步独立出来，形成一个专业化的经营部门，成为与客房、餐饮、前厅等部门平行的重要部门。

教学目标

（1）熟悉康乐部的工作内容和工作特点。

（2）掌握康乐服务过程中一些疑难问题的处理技巧。

第一节　工作职责和工作内容

一、康乐部的分类与基本职能

康乐活动所包括的内容很多，除了传统项目外，随着人们对康乐活动需求的变化和科技的进步，新的康乐项目层出不穷。由于受酒店的规模、等级、环境及其对康乐项目的投资等条件的限制，不同酒店的康乐部经营的项目都不尽相同。

1．分类

酒店的康乐活动通常包括三大类：康体类、保健美容类、娱乐类。

1）康体类项目主要包括：健身房、弹子房、乒乓球房、保龄球房、高尔夫球场、壁球房、网球房、游泳池（兼有室内、室外、室内外三种类型）等。

2）保健美容类项目主要包括：美容美发室、按摩室、桑拿室等。

3）娱乐类项目主要包括：游戏室、棋牌室、KTV 包厢、多功能咖啡厅、影视厅、阅览室、酒吧等。

康乐部的任务就是满足顾客在康乐方面的需求。各种娱乐设施、器械设备全面满足客人对健康、健美、度假休闲的需求。

2．基本职能

（1）提供娱乐服务

娱乐享受是客人重要的消费因素。客人广泛多样，他们的娱乐口味和喜爱项目因人而异，要求也难以划一。为提供优质的娱乐服务，康乐部应在硬件设施方面多引进先进新奇的娱乐器械，更应在软件服务上不遗余力。

（2）提供健身服务

客人的强身健体需求多是非常强烈的。体育锻炼的目的因人而异，形式也呈多样性。常见的大众运动有跑步、练拳、做操、跳舞等，也有借助各种器械的专门运动，如骑自行车、单双杠、举重、各种有氧运动等。康乐部应因地因店而异，设置游泳池、健身房等各种专门场所，以满足客人的健身需求。

（3）提供健美服务

爱美之心，人皆有之。现代健美通常包括体型健美、发型健美、脸型健美等方面。健身房、游泳池等可为体型健美服务提供场所，而发型健美、脸型健美服务则可以在美容美发室、按摩室中获得。

（4）满足客人的安全需求

休闲健身场所，特别是健身房具有一定的危险性，其中器械设备亦具有一定的损耗性。为杜绝突发事件的发生，每天应定时检查，并进行场所、设备、器械的安全养护工作。应针对使用中出现的不安全因素，如有的器械出现明显的损坏、断裂、老化等现象，必须及时妥善解决。每月的重点检查和维修也是必不可少的。

（5）满足客人的卫生需求

康乐场所应高雅、洁净，但因其客流量较大，设备使用频繁，尤其是器械设备经过许多人的接触，因此清洁卫生消毒工作显得特别重要。如游泳池卫生要求较高，应保证泳池边、台、地面、椅等的洁净；保证池水清澈、透明、无杂物、无沉淀物、无青苔，水质符合国际标准。而美容室的卫生要求更高，所有的美容设备、美容物品都直接与客人的头部、面部接触，不仅要表面整洁干净，而且毛巾等用具要经过高温消毒处理。所用的美容化妆品也都要符合行业卫生标准，化学成分要达标。

（6）提供咨询服务

体育锻炼项目很多，健身器械也五花八门。不同的客人对娱乐健身项目的熟悉程度也各不相同。对于一些国外进口器材，以及带有电子屏幕显示的体育器材，客人刚接触时不易掌握，这就要求康乐部的员工提供耐心、正确、优质的指导服务，以便客人能顺利地进行健身活动。

二、康乐部的经营特点

康乐部是一线营业部门，由于其经营的项目较多，接触的客人也多，这给经营管理上带来了较大的难度。作为康乐部的督导，他们须了解本部门的经营特点，有针对性地开展各项管理活动。

1．消费主体的不稳定性

康乐部所提供的消费项目是为了满足客人基本生活需求以外的更高层次的需求，消费状况受客人的兴趣、爱好、年龄、健康状况等因素的影响。在服务过程中，应针对不同项目的客人的特点，采取不同的服务方式，这样才能达到较高的服务水平。

2．经营管理的灵活性

灵活性主要表现在服务项目的设置和服务员工的调配方面。康乐部能提供品种繁多的服务项目，能满足不同娱乐健身需求的客人。康乐部的员工在服务过程中，不仅仅是提供某些有形的器具，还应向客人提供健康指导和咨询服务，甚至可以直接参与陪练。康乐部不像客房餐饮服务那样稳定，必须根据具体情况采用灵活的方式，才能有较好的经营效果。

3．经营项目的选择性

娱乐健身项目种类繁多，不可能都设置齐全，面面俱到。娱乐健身经营项目应该有所选择。选择经营哪些项目，要依据本地区客源构成和居民习俗、爱好来确定。对于国外来客，也要根据他们的习惯爱好来设置一些喜闻乐见的娱乐健身项目。

4．经营管理过程中的协作性

康乐服务以健身娱乐为主要内容，以提供优质服务和获取最佳经济效益为主要目的。康乐服务是综合服务项目，不仅要求在康乐部内部统一协调，更要求与餐饮、商场等各部门密切配合、加强协作，保证酒、饮料、水果的及时供应，保证健身娱乐活动的顺利进行。

三、岗位职责

康乐部的督导通常根据酒店的规模、星级等实际情况而设置。就一般酒店而言，按康乐部的服务项目设置来配备督导，一般有歌舞厅主管、歌舞厅领班、健身房主管、美容美发主管等岗位。

1．健身房主管工作职责

1）负责健身房日常工作的安排，设定营业方式，制作排班表，安排领班和员工的工作，并制定较为具体的服务细则。

2）了解和研究健身房的营业状况，控制物品和费用的消耗，提出工作的改进意见，保证预算营业指标的完成。

3）根据经营情况的需要做好本部的营业工作，以保证有较高的营业额。

4）检查领班和员工的工作情况，包括：规章制度的执行、服务程序和服务规范的贯彻实施、设施设备的运行等。

5）做好对健身房领班和员工的培训工作；指导员工了解和掌握酒店及部门的规章制度；对员工进行服务技能技巧的训，提高员工的综合素质和综合能力。

6）做好对领班的培养和考核工作，适时指导领班的工作，保证各领班之间关系的和谐，对领班的工作进行观察和考核，定期做出评估，并对领班的任免提出建议。

2．游泳池（桑拿房）主管工作职责

1）负责游泳池（桑拿房）的日常经营活动，研究和制订工作计划、营业方式、收费标准、员工的岗位安排，报上级批准后贯彻执行。

2）检查、督促领班及员工遵守酒店和娱乐部的规章制度、服务程序，出现问题及时采取有效的解决措施，改进工作，为客人提供优质服务。

3）巡视检查美容美发项目的设备使用保养情况、营业用品和费用消耗情况，保证设备完好，降低用品和费用的消耗。

4）注意观察和研究美容美发营业情况，不断改进，提高营业收入，努力完成娱乐部下达的经营指标。

5）做好本项目领班的培养和考核工作，适时指导领班工作，提高领班工作能力，观察并考核领班的工作情况，定期对领班的工作做出评估，并对领班的任免提出建议。

6）做好员工的培训工作，包括思想素质、职业道德和服务技能方面的培训。

3.康体中心主管工作职责

1）对部门经理负责，保证所管区域内的各管辖区域的清洁和设备完好。

2）负责员工工作安排及员工班次安排。

3）负责设备维修保养工作，督导员工按规定的程序操作，并做好审核工作。

4）负责检查服务质量，发现问题及时处理。

5）制定修改完善本岗位操作程序。

6）对员工开展业务培训，提高员工的业务技能和对客服务意识。。

7）在开展本部门工作的过程中，代表康体部做好VIP宾客的迎、送服务工作，及时处理客人投诉。

8）做好固定物资和饮料、消耗品的日常管理，按盘点制度严格开展盘点工作。

9）安排好计划卫生，配合好外管部门的检查工作。

10）定期对康体及SPA区域做好监督检查，相关问题及时解决记录。

11）按照相关部门规定，及时做好相关台账建立、实时更新。

12）针对各个营业点设备定期做好检查、增补。

13）实时对员工动态做好掌控，和行政部做好实时对接。

14）了解并掌握部门当日接待总人数，做出对该数据男女比例、散客与团队比例的分析。

15）掌握次日预定接待人数,协助部门经理统筹安排好接待工作。

16）与相关寄售产品供应室实时做好联络沟通，商品实时更新。

17）制订相关促销计划及宾客在店活动，按照计划组织安排开展，保证康体收入提升及宾客在店体验。

四、部门工作检查标准

1. KTV包房环境及卫生标准

1）灯具是否完好，室内灯光是否柔和。

2）电视图像是否清晰，频道设置是否正常，功效、音响是否正常，有无杂音，麦克风声音是否正常等。检查完毕确认正常后，除VOD设备（电脑）不作关闭外，其他设备立即关闭。

3）风机、空调工作是否正常，营业前将空调调至H档，打开风机保持室内空气清新，保持恒温，当客人离开后立即关闭空调、电脑、电视、功放、风机等，将物品按规定摆放整齐，将门打开通风。

4）室内物品摆设是否整齐规范，古典杯、红酒杯等杯具是否成倒三角状放置，纸巾盒、酒水单、烟灰缸等是否按规定摆放。

5）沙发及装饰物是否按标准摆放，如靠垫需呈倒立状放置，拉链口处朝内，不能有折皱现象；

6）投影仪、电脑、话筒等传输线无牵拉现象。

7）家具表面、四周及茶几、地面、杯具无灰尘、水渍。

8）墙、地角线、壁面、壁画、门、电器表面无灰尘。

9）室内无异味，沙发底下无秽物。

10）烟缸、花瓶无灰尘、水渍，墙饰物无倾斜、无灰尘。

11）垃圾筒内无秽物，表面无灰尘。

12）室外走廊地毯无异物，装饰画、花瓶无灰尘，摆放整齐、无倾斜。

13）室外走廊地毯无毛团、异味。

2．健身房卫生检查标准

（1）服务台及接待室

天花板光洁无尘，灯具清洁明亮，墙面干净无脱皮现象，地面无污迹、废弃物；服务台表面干净整洁，服务台内无杂物；沙发、茶几摆放整齐，烟缸内的烟头及时清理。

（2）更衣室

地面干净无尘，无走路留下的鞋印；更衣室内无卫生死角，无蟑螂等害虫；更衣柜表面光洁、摆放整齐，柜内无杂物；为客人提供的毛巾、浴巾等物摆放整齐。

（3）健身房

天花板和墙面光洁无尘，地面干净，无灰尘，无废弃物；健身设备表面光洁，无污迹，手柄、扶手、靠背无汗迹，设备摆放整齐；光线柔和，亮度适中。

（4）淋浴室

墙面、地面无污迹，下水道通畅，室内无异味；淋浴器表面光洁，无污迹，无水渍。

（5）卫生间

墙面、地面光洁；马桶消毒符合要求，无异味；镜面无水迹，光洁明亮；水箱手柄、洗手池手柄光洁。

（6）休息室

墙面、地面无灰尘、无杂物，沙发无尘，茶几干净，用品摆放整齐；电视机表面干净无尘，荧光屏无静电吸附的灰尘，遥控器无灰尘，无汗迹；室内光线柔和，亮度适中，空气清新。

3．康乐部岗前准备工作检查

1）严格按规定着装，仪表保持整洁，符合上岗标准。

2）做好场地卫生清洁工作，保证场内（室内）环境及各种服务设备干净整洁。

3）检查各种设备设施是否完好，发现故障要及时报修，保证各种设备的使用和运转情况一切正常。

4）查阅交接记录，了解客人预订情况和其他需要继续完成的工作。

5）检查并消毒酒吧器具和其他客用品，发现破裂及时更新。

6）检查并补齐各类营业用品和服务用品，整理好营业所需的桌椅。

7）保持良好的工作状态，精神饱满，待客热情。

4．康乐部岗间服务检查

1）微笑迎宾，态度和蔼、热情，讲究礼节。

2）使用文明服务用语，以优质服务满足客人要求。

3）尊重客人风俗习惯，不讥笑、议论客人生理缺陷。

4）班前不饮酒，不吃带有刺激性异味的食品。

5）在岗时不吃零食、不聊天、不串岗，保持正常的工作状态。

6）耐心回答客人提出的各种问题，指导客人正确使用酒店设备，避免客人受伤和酒店设备受损。

7）对客人的不文明行为要礼貌劝阻，对各种违规行为要及时予以制止。

8）对客人提出的合理要求要尽量予以满足，不推诿拖延，提供一次到位服务。

9）发现客人遗失物品要及时上交，并按规定予以记录。

10）洁身自爱，对客人提出的不合理要求，要礼貌恰当地予以拒绝。

11）对客人使用过的各类用品，服务员要及时予以清洁整理。

5．康乐部离岗前工作检查

1）做好交接班的各项准备工作，整理好值班工作日志，搞好场内（室内）环境卫生。

2）盘查本岗客用易耗品、酒水食品及其他各种营业用品，如有缺漏，及时登记补充。

3）将桌椅等各种服务设施整理归位，为次日营业作好准备。

4）认真查核当日本岗各类单据，准确填写营业报表，保证账目清楚，账实相符。

5）检查本岗各处门窗是否关严，各种设备是否都已关闭，并做好防火、防盗工作。

6．康乐部环境卫生检查

1）服务场所整洁干净，物品摆放整齐，无垃圾、污迹、破损。

2）地毯、墙面、天花板无污迹、剥落、蜘蛛网。

3）空调出风口无积尘，各种灯具完好有效、明亮无尘。

4）各种绿植、墙面艺术挂件摆放整齐、干净无尘，花卉无病变、黄叶。

5）服务台用品、宣传品摆放整齐，台面整洁美观，无污渍、水迹、破损。

6）各类酒吧用具干净、明亮，无污垢、水迹、破损，各类容器干净，无异味。

7）各类客用品干净整洁，摆放有序。

8）随时保持营业场所正常通风，保证营业场所的空气清新、无异味。

9）做好灭蝇、灭蚊、灭鼠、灭蟑工作，定期喷洒药物。

10）食品要分类存放，对即将过期的食品、饮品，要按规定做好退库工作。

11）客人娱乐时，在尽可能不打扰客人的情况下随时清理场内卫生，保证客人始终拥有一个干净、舒适的环境。

12）严格按照酒店有关规定对客用品进行消毒，保证做到客用品的“一客一换”。

13）随时打扫客用更衣室，保证更衣室的干净整洁。

第二节 各种单据的基本知识

康乐部督导应掌握各种表单的基本知识，指导下属员工熟练使用这些表单，以便做好对客服务，同时也为有效判断员工工作的准确性提供了依据。康乐部常用表单如下。

一、康乐中心预订记录表

康乐部向客人提供的服务项目较多，某些娱乐项目如棋牌常常出现无法同时满足所有客人需求，而某些时候，又经常出现空场现象。因此，办理好康乐各类项目的预订服务是康乐服务当中一项较为重要的工作。在接受客人预订时，康乐中心的服务员将客人的预订要求填入统一规格的预订记录表（见表 12-1），内容有客人姓名、单位，联系方式，预订时间，预订项目，租用要求等信息。填写预订单时，要认真逐项填写清楚，并向客人重复其主要内容。

表 12-1 康乐部预订记录表

日期： 年 月 日

序号	客人姓名、单位	联系电话	预订时间	预订项目	租用要求	服务员
1						
2						
3						
4						
5						
6						

二、康乐消费结账单

康乐消费结账单（见表 12-2）是康乐部营业最重要的凭证。消费者与康乐部之间所有的买卖交易都必须记录在消费结账单上。通常，消费结账单应包括如下内容：日期、桌号、服务员工号、宾客人数、价格、品名（消费项目）、消费起始时间及结束时间、预收金额等信息。消费结账单一式三联，第一联为财务核对联，第二联为记账联，第三联为留存联。当客人提出活动项目的需求时，由服务人员开启落单，送到收银台；收银员收下第二联记账，并在其余两联上盖章确认此消费已记上客人账户。若是酒水食品消费，第一联给酒水员，酒水员凭单发货；第三联由开单人留存，以备消费者查询或避免服务遗漏。若是保龄球等娱乐活动项目消费，第二联交收银记账，第一、三联放入落单箱以备康乐与账务收银核对。

表 12-2　康乐消费结账单

______月___日　　　　桌号______人数_____　　　　NO：00001

品　名	数　量	单　价	金　额
起始时间：		结束时间：	
预收金额			
实际消费总额			
应收或应退款			

一、财务核对联

收款员：　　　　　　　　　　　　　　　　服务员：

康乐部的许多费用是按客人使用设施设备的时间来计算的，即计时收费，如 KTV 包间、网球场等；有些则是按客人使用服务设备或消费产品的数量收费，即计量收费，如保龄球一般以局为单位收费、电子游艺机是以使用次数为计费单位；而如夜总会、舞厅、部分游泳池等项目是按客人消费的人数和次数为计费单位，即计人次收费。需要指出的是，不同酒店康乐部的计价方式是形式各异的。例如：游泳池有的计时收费；有的计人次收费；有的在平季和旺季计时收费，在淡季则计人次收费。服务人员要根据本酒店的运营特点，正确记录客人所点饮料食品的名称和数量外，还须记录客人消费娱乐活动起始时间和结束时间，有些项目还需客人预付一定的消费金额，在实际消费时冲减。康乐督导应经常巡视和检查每批客人的人数并及时与收银台单据核对，以避免漏收费用。

三、桑拿按摩时间记录表

当客人桑拿后需要按摩时，由服务员引领客人进按摩房，安排好技师，填写桑拿按摩时间记录表（见表 12-3）。服务员需记录客人锁牌号、技师工牌号、起始时间、终止时间、开钟单交收银员盖单入账；当顾客消费完毕结账时，由服务员持客人锁牌号交收银印单，印单后由服务员复核无误后交客人结账。

表 12-3　桑拿按摩时间记录表

日期：　　年　　月　　日

序号	技师工牌号	客人锁牌号	起始时间	终止时间	钟数	金额
1						
2						
3						
4						
5						
6						

四、贵宾卡消费折扣控制表

通常，持有贵宾卡的客人在进行康乐消费时可以享受多方面的优惠，这也是酒店鼓励客人增加消费额和消费量的一种促销手段。在每月月末，康乐部各区域督导应在康乐消费结账单的基础上，设计贵宾卡消费折扣控制表（见表 12-4）和贵宾卡使用情况月报表（见表 12-5），统计持有贵宾卡客人的消费次数、消费总额等，以及分析贵宾卡消费折扣的实际情况；不仅可以分析研究贵宾卡客人的消费情况，还可以有针对性地对消费次数少的贵宾进行电话联络促销等提供依据。

表 12-4　贵宾卡消费折扣控制表

营业点：　　　　　　　　　　日期：

账单号码	消费金额	折扣额	实际结付额	结付方式	贵宾卡号码
合计					

制表人：

表 12-5　贵宾卡使用情况月报表

月份：

贵宾卡号码	折扣额	实际付款	备　注

制表人：

五、设备保养记录卡

康乐企业提供服务是以设施和设备为条件的。康乐设备一般由康乐部负责管理，设施一般由工程部负责管理。做好设备管理工作是康乐企业取得成功的基础，具有很重要的意义。康乐设备的保养与维修是设备管理的重要组成部分，直接决定着设备的完好率和使用寿命，也影响到企业的经营成本和整体经济效益。因此，康乐部的管理者要重视设备的保养与维修。

设备的保养要按照设备的使用说明书所要求的保养项目和时间制订保养计划，利用设备保养记录卡（见表 12-6）落实保养计划。工作单一般由主管或领班填写，工作单上应写明保养设备的名称和保养内容。要将保养计划落实到具体人。保养工作完成后，填写所用材料、工时和保养情况记录，然后把工作单保存备查。

表 12-6　设备保养记录卡

部门：　　　　　　　　　　　　　　　保养级别：

<table>
<tr><th>设备编号</th><th>设备名称</th><th>型号规格</th><th>使用场地</th><th>保养定额</th><th>停机情况</th><th>备注</th></tr>
<tr><td></td><td></td><td></td><td></td><td></td><td></td><td></td></tr>
<tr><td colspan="2">保养者</td><td colspan="5">保养日期</td></tr>
<tr><td>保养内容</td><td colspan="6"></td></tr>
<tr><td>提请下次保养解决的问题</td><td></td><td></td><td></td><td></td><td></td><td></td></tr>
<tr><td colspan="7">验收意见
专业负责人　　　　　　日期
部门经理　　　　　　日期</td></tr>
</table>

第三节　解决疑难问题的技巧

即使是管理最好的酒店，有时也难免会发生意想不到的事故。不少时候，并非是员工的过错，而是由于客人自身的原因或过失而造成的。特别是康乐部，情况更为错综复杂。当意外的事情发生后，作为一个主管如何才能有效地解决疑难问题呢？

1. 客人请服务员陪舞、陪喝酒、陪唱歌，怎么办？

1）在歌厅、舞厅营业当中，客人由于兴致高，经常会提出请服务员陪舞、陪喝酒、陪唱歌的要求。出现这种情况，服务人员应平静对待，婉言谢绝。并请示场地值班经理。

2）值班经理首先应礼貌地向客人表示歉意，告知由于工作关系，服务人员无法抽身，且制度不允许，同时告知客人本酒店不提供此项服务内容。

3）当然，应根据现实情况判断客人的意图，例如，是老客户介绍新人认识时，场地值班经理可不必推辞，主动自我介绍后，象征性地喝一杯酒表示敬意。当客人一个人点唱曲目或客人唱走调示意帮忙时，服务人员在请示领班同意后可陪客人唱一曲表示尊重。

4）有客人提出其他有违反规定的要求时，应婉言告知，本场所不提供该类服务，以确保健康积极的经营环境。

2. 客人要求为他提前插播所点的歌曲，怎么办？

1）礼貌地告诉客人，卡拉 OK 厅是按台号的顺序依次播放所点的歌曲，如果插播，对其他客人是不公平的。

2）若客人执意要先唱，应请上级出面处理。

3．客人投诉饮料过期，怎么办？

1）首先应向客人道歉，将饮料及酒杯撤下，迅速查明罐底日期，确定饮料是否已超过保存期限。

2）如确实已过期，应报告上级并向客人赔礼道歉。必要时，可赠送一些饮品、水果，或为其消费打折优惠，以示歉意。

3）如饮料没有过期且不存在质量问题，应告诉客人该饮料仍在保质期内，可放心饮用，可能因产地的原因，造成味道不同。如不合口味，建议换其他饮料。

4．发现假酒，但酒已打开怎么办？

1）应认真和酒吧讲清楚是否有假，如发现卖的是假酒应马上向客人道歉。

2）立即通知经理到酒吧换取另一瓶新酒给客人，亲自在客人面前开启并让客人亲自品尝。

3）在酒吧把该酒情况做一书面报告，把酒交给供应商换取新酒。

4）酒吧应注意供货商来货质量。

5．客人投诉KTV包厢内音响效果不好，怎么办？

1）首先确定该KTV包厢内的音响是否调到最佳状态，如不是，应马上通知音响师前来调节，并向客人道歉。

2）同时提醒客人一些调节技巧（高低音的调节、混响的大小、升降调的使用等），以便客人按自己的感觉自行调控。

3）若客人仍不满意，可建议客人调换一间同等价格（或价格略高）的KTV包厢，并报告上级。

6．客人不时地向点燃的烛台里扔纸张使其燃烧，怎么办？

1）应立即上前劝阻，礼貌地告诉客人：这样做极易引起火灾，且纸张燃烧冒出的浓烟会触动天花板的“烟感头”感应设备，虚报火警，希望客人理解。

2）客气地询问客人是否光线不足，如是，应马上增加一个烛台。

3）撤走旧烛台，重新换上一个新烛台，将情况汇报上级，并通知舞厅保安密切注视。

7．KTV包厢的客人要求服务员整晚坐在他旁边为其点歌，怎么办？

1）首先应判别客人的用意，是善意，还是在刁难。如果客人是善意的，只是想找一个人陪伴，应婉言谢绝，礼貌地告诉客人，服务人员上班期间是不能坐在客人厅房内的，并告诉客人点歌器的使用方法和服务指示灯的用法。

2）如客人是有意刁难，应报告上级前来处理。

8．全部客人离开厅房而未结账时，应怎样处理？

1）上前询问客人是否结账，当回答说“不是，我们要去看其他节目”时，应找借口说：“请问是不是留下一两个人看包，避免贵重物品不见了。”

2）如果客人说“不用”，应设法通知上司协助，看清客人去向。

3）如果客人是看节目，应派人看住客人。

4）如果客人离场，即时通知上司及保安协助结账。

9．节目表演时间，怎样追踪客人行踪，以免跑单？

1）记住客人的外貌特征、服饰打扮。

2）注意是否留有贵重物品。

3）是自然来客，还是司仪或司仪经理的订房客人，要加以注意与判断。

4）如是包房消费客人，务必至少留一位客人在房内。

10．发现客人穿硬底鞋进入网球场，怎么办？

1）穿硬底鞋进入网球场容易造成胶地的损坏，服务员遇到这种情况应礼貌地加以劝阻，说明原因，请客人换上胶底鞋打球。

2）如果客人没带胶底鞋，服务员应提醒客人酒店有网球鞋出租。

11．客人在网球场有个储物柜，其朋友来打网球，要求服务员用备用的钥匙打开储物柜，把柜里的球和球拍借给他用，怎么办？

1）客人寄存在储物柜里的东西是客人的私有物，未经客人本人同意，服务员不可轻意地借给他人使用。服务员应向客人的这位朋友致歉，说明柜里的物品不能外借的原因，并请他谅解。

2）来打网球者如没带网球和球拍，服务员可建议其租用酒店的网球和球拍。

12．客人自称是健身房常客，结账时要求服务员打折，怎么办？

1）请客人稍候。

2）向上级汇报情况。

3）由上级根据实际情况给客人以适当的折扣。

4）建议客人办酒店的康乐俱乐部卡，这样消费既便宜又方便。

13．发现客人把台球桌的台布打破了，怎么办？

1）立即报告上级。

2）查看台布损坏程度，在客人打完球时向客人说明，提出索赔。

3）如果客人对索赔有异议，无法说服客人，应通知大堂副理，请大堂副理出面处理。

14．客人在健身房浴室滑倒，怎么办？

1）立即上前帮助客人。

2）客人如果想站起，应伸手搀扶；但不可把客人强行拽起。

3）询问客人是否需要医生，如客人同意，应立即打电话致酒店医务人员。

4）如客人伤势严重，应通知大堂副理，由大堂副理派车和有关人员将客人送到医院诊治。

15．发现客人把更衣柜钥匙带走，怎么办？

1）当服务员发现客人把更衣柜钥匙带走时，应立即上前礼貌地提醒客人把钥匙留下。如“对不起，先生，因我们工作疏忽，忘记提醒您把更衣柜钥匙留下”。

2）客人交还钥匙时，服务员应表示感谢。

16．发现客人在桑拿室晕倒，怎么办？

1）立即打开桑拿室的门，关闭桑拿炉电源。

2）通知同伴协助将客人抬出桑拿室，用浴巾铺地，让客人平趟下，再用浴巾盖住其身体。

3）立即通知酒店医务人员和大堂副理到场急救。

17．若客人有不轨动机、行为，服务员应怎样回避？

1）在不得罪客人的情况下，坚决地跟客人说“No”，请客人顾及身份。

2）在表明立场之后，如果对方还纠缠不休，应通知上级。

3）进行临时岗位调换，避开客人骚扰。

18．遇见客人溺水，怎么办？

1）发现水中有溺水者，救生员须迅速跳入水中，以最快速度游向溺水者，注意从背后靠近溺水者，避免溺水者死死抱住或乱抓住救生员的身体，影响救护。

2）救生员用双手或单手托举溺水者的两侧腋下或单侧腋下，将溺水者的头部露出水面。

3）将溺水者运载到岸（池）边，再将溺水者拉上岸。

4）通知医务人员和领班迅速到场。

5）立即清除溺水者口鼻内的污物，检查溺水者口中是否有假牙，如有，则应取出，以免假牙堵塞呼吸道。

6）垫高溺水者腹部，使其头部朝下，并压拍其背部，使吸入的水从口、鼻中流出。这个过程要尽快，不可占过多时间，以便进行下一步抢救。

7）检查溺水者是否有自主呼吸，如没有，应马上进行人工呼吸。方法是：使溺水者仰卧于硬板上或地面上，一只手托起其下颏，打开气道，另一只手捏住其鼻孔，口对口吹气，每分钟 16～18 次。

8）在做人工呼吸的同时，检查溺水者的颈动脉，以判断心跳是否停止。如心跳停止，则应进行人工呼吸的同时进行体外心脏按压，方法是：双手叠加对溺水者心脏部位进行每分种 60～80 次的挤压。

9）迅速将溺水者送医院急救，在送医院途中不要中断抢救。

10）将事情发生经过及处理过程详细地记录在值班日志上，以备查阅。

19．客人不会使用健身器材，怎么办？

1）康乐部应在健身房提供一套关于正确使用健身器材和正确健身的图片与文字说明。

2）健身服务员对初来健身房或不熟悉设施的客人，应主动热情地讲解各种运动器具的性能、作用和使用方法，推荐适合客人需要的运动器材，并为客人进行必要的示范、操练。

3）对以减肥为锻炼目的的客人，要提示他们先称体重，以便经过一段时间的锻炼后进行比较，从而增加对锻炼的兴趣和信心。

4）对年老体弱的客人，要提醒他们注意休息。

5）劝阻客人使用超过力所能及的运动器械作超负荷运动。

6）客人锻炼时，服务员要站立于健身房内，留心观察，及时、正确地指导客人，使其在循序渐进的基础上得到满意的锻炼效果。

20．客人在健身过程中外出血，怎么办？

在健身过程中，外出血在运动损伤中较为常见，为避免不必要的恐慌，服务人员应掌握几种止血的方法。

1）抬高伤肢法：抬高伤肢的位置，可以使小动脉、小静脉出血减少或停止。不过，如是较大的血管出血，此法不易生效。

2）压迫法：第一，直接压迫法。用无菌纱布块及棉花垫盖伤口，再用绷带加压包扎；也可用手指直接压在伤口的出血点上。第二，间接压迫法。用手指压迫出血动脉的近心端处，以达到止血的目的，也可采用特制的止血带或代用品（如橡皮管、毛巾、宽布带等），缚扎于伤口的近心端。

3）冷敷法：借低温作用使血管收缩，达到止血目的。可用冰袋、冷水袋直接放于伤处。

以上几种方法是服务员应掌握的应急措施。当然，如果出现大面积流血或内出血状况，服务人员不应自作主张上前帮忙处理，而应立即报告值班经理请来酒店医务人员，联系就近医院，协助客人出外就医。

21．在桑拿蒸浴过程中，宾客之间对温控有争执，怎么办？

1）桑拿蒸浴一般是在45℃～100℃之间的封闭空房里进行。服务人员要掌握基本的温控，通常在55℃以上，冬天通常稍微调高一些，夏天调低一些。但由于客人的体质、兴趣和习惯不同，经常会要求服务员调节各自所需的温度，并由此而发生争执。

2）对于此类情况，服务人员可委婉地向客人解释较为科学的理想温度。

3）推荐需要温度高的客人选择位置较高处，因为热空气集中在上部；可主动多提供给怕热的客人冰毛巾等办法，来协调解决争执。

案例分享

张小姐是山东大厦康体中心的一位会员，每次张小姐来康体中心，都是穿一身运动服加上一个MP3，张小姐觉得一边听音乐一边运动会让她更有动力。

有一次，张小姐洗完澡从更衣室出来，从包里拿出MP3却发现耳机线已经绕成一团。当值的小葛看见后，主动帮张小姐把耳机线解开。张小姐说，每次因为耳机线打结都让她心烦意乱。小葛对此也有同感，她想找个好办法帮张小姐解决这个问题。

下班后，小葛通过网络查找解决耳机线打结的方法，发现了绕线器，既简单又实用，而且外形美观，相信张小姐一定会喜欢。于是她在网上订购了一款笑脸小云朵耳机绕线器，颜色则选择了张小姐最喜欢的粉色。当张小姐再次来到康体中心时，小葛就把准备好的绕线器送给了张小姐，并说："张小姐，希望这款绕线器能帮您摆脱绕线的烦恼，每次运动时都能有个好心情!"随后，她告诉了张小姐绕线器的使用方法。张小姐开心地说："谢谢你啊！这款绕线器方便又漂亮，我很喜欢！"

[对管理者的启迪]

1.酒店要培训员工的服务意识，多为客人提供个性化服务。

2.能够感动客人的个性化服务，会使客人成为酒店常客。

3.服务人员要注意观察和揣摩客人的潜在需求，这样的服务才会使客人感动。

4.酒店要设计出鼓励员工为客人提供个性化需求激励机制，使个性化服务常态化。

本章小结

（1）康乐部虽然同其他部门一样同样具有服务行业的种种特征，但是它远比其他部门的服务更复杂多变、灵活多样。

（2）康乐部督导要掌握各种突发、疑难问题的处理技巧，不断提高员工处理突发事件的解决能力，这也是提高客人满意度的有力保证，达到员工满意和客人满意的双赢局面。

思考与练习

（1）酒店康乐的具体服务内容有哪些？

（2）康乐消费结账单如何使用？

第十三章
厨房督导管理

课前导读

厨房是酒店的招牌，厨房管理是餐饮管理的重要环节，厨房运作时也最易出现差错，稍有不慎就会引起投诉或事故，规范管理显得非常有必要。

教学目标

（1）熟悉厨房管理层的工作职责与内容。

（2）掌握菜点异物的控制及意外事故的预防和控制。

第一节　工作职责与内容

一、工作职责

1）负责厨房正常运转工作，督促各厨房要保证餐厅的营业需求，并确保菜品的质量。

2）组织厨房技术骨干研制菜点；建立标准菜谱，制定宴会菜单，适时推出时令菜、特选菜。

3）督促厨房合理使用原料，严格控制成本支出，使毛利率保持在合理水平。

4）督查各厨房的消防工作、卫生工作及设备的安全使用和维护保养工作。

5）根据库存状况制订食品原料的采购计划；负责或督促检查食品原料的验收，把好原料质量关。

6）合理使用员工，并进行定期的技术培训，负责对各点厨师长进行考核。

7）参与餐饮部美食活动的策划，并实施美食活动的展台制作、菜点制作等工作。

二、工作内容

1．采购保管工作

1）制定购货验收标准、仓库管理程序及条例等。

2）负责下属的业务培训工作，不断提高采购员的业务水平与能力。

3）安排饮食原料采购员的日常工作任务，督促和检查采购员保质保量完成任务。

4）掌握各种货源信息和价格行情，分析比较、确定最佳采购方案，努力降低采购费用和成本。

5）检查当日到货情况，确保正常供应。

6）加强食品仓库管理，防止原料变质、积压，严格控制资金的使用，掌握库存情况，坚持库存物品先进先出原则，做到开源节流。

7）协调与厨房、仓储、验收等各方面的关系。

8）做好仓库防火、防盗、防鼠、防腐、防潮工作，配合成本控制员做好食品盘点工作。

9）督促记账员和仓库保管员做好进货与记账统计工作，以及食品收发日报表和食品领用月报表的填写工作。

2．厨房培训与创新工作

1）负责各岗位的业务培训，提高部门员工的业务水平和服务质量。

2）抓好员工纪律、服务态度，了解员工的思想情绪、操作技术和工作作风。确保本部门员工的素质和工作态度达到岗位要求。

3）定期组织技术交流和业务竞赛。

4）协助行政总厨开展菜点创新和菜单更新工作。

5）了解各国饮食习惯和宗教信仰，并具有良好的营养卫生和美学知识，

3．厨房日常运转工作

1）负责餐厅员工班次的调配、劳力的合理使用，并对管辖的员工进行考核。

2）根据任务情况分配落实，督促下属做好餐前准备工作，并按程序完成任务。

3）有序出菜，保证出菜的速度与节奏，把好菜肴质量关。

4）负责各加工程序的质量管理和成本控制。编制成本卡，控制毛利率，降低成本及各项费用。

5）了解冰箱货柜的存货，根据预订，签发领料单、申购单，为第二天、第三天做准备。

6）随时检查菜肴的质量，并提出改进意见。

7）协调厨房与餐厅的关系，并妥善处理消费者对菜点的投诉。

4．厨房卫生与安全工作

1）检查督导下属搞好个人卫生、食品卫生及厨房的环境卫生。

2）派专人负责食品柜、货架、冰箱等的整理和卫生工作，及时使用原料，保证原料的新鲜度。

3）下班前检查厨房或负责区域的卫生，以及水电和燃气的安全。

4）大型会议、重要任务营业结束之后，负责做好食品留样工作。

5）及时了解设备的使用情况，出现问题及时通知工程部维修，保证厨房生产和使用安全。

第二节　餐厅单据的基本知识

一、食品原料领用单

申领原料是厨房、酒吧向食品原料库房申请领用所需的原料的过程。厨房需要从库房领

取各种食品原料时，必须填写领用单，领用单的内容有品名、数量、领用部门、领用时间、领用人等，见表 13-1。原料领用单一式四联，一联留存，三联交仓库领料，其中一联转交财务处，一联转交原料成本核算员。根据原料的使用性质，要预先制定申领范围和审批权限。各岗位、各部门在填写好领料单后，要经专人审批。审批人员在审批领料单时，一定要审核其内容和数量，起到监控作用。审批领料单时应注意签字笔迹的一致，不能随意变换字体。另外，还要将领料单上原料最后一项下面的空白划去，防止他人添加后领取其他原料。

表 13-1　食品原料领用单

NO·0001　　　　　　　　　　　　　　　　　　　　　　　　____年__月__日

品　　名	规　　格	单　　位	数　　量		单　　价	金　　额	备　　注
			申　领　数	实　发　数			
合　计	仟　佰　拾　元　角　分					¥：	

保管员：　　　　　　　　　　　审批人：　　　　　　　　　　领用人：

二、调拨单

有时由于各餐厅和各厨房的生产经营需要，难免发生原料、酒水的相互调拨。为准确核算各部门的食品原料成本，应使用食品原料内部调拨单，记录各分厨房或生产班组之间原料调拨的时间、品名、数量、单价、金额等内容，见表 13-2。调拨单一式四联，调入和调出部门、财务部门、仓库各一联，以便各部门正确统计实际原料消耗，确保各餐厅、厨房成本核算的真实性和准确性。

表 13-2　食品原料内部调拨单

酒店食品原料内部调拨单　　　　　　　NO：0001

调出部门____________　　　　　　　　　　　　　____年__月__日

品　　名	规　　格	单　　位	数　　量		单　　价	金　　额	备　　注
			申 拨 数 量	实 发 数 量			
合　计	仟　佰　拾　元　角　分					¥：	
调出部门审批				调入部门审批			

制表：　　　　　　　　　　仓库：　　　　　　　　　　调入经手人：

三、盘存表

要每月一次或每旬一次对仓库进行盘点存货，这是仓库保管员工作的一项重要内容，也是厨房食品原料管理中的一项重要工作。它有利于保证账、货、卡相符，纠正入库验收和发放中发生的差错，有利于保管员熟悉库存物品，及时发现贮存中原料的质量变化、短缺和丢失等问题，调整养护措施，有助于核查库存额和食品原料消耗，进行成本核算。表 13-3 是仓库库存表的典型样式。

表 13-3 仓库库存表

餐饮部仓库________月月末（ 旬）库存汇总表

_____年__月

品　名	单　位	上期库存数	本期入库数	本期发料数	本期结存			备　注
					数　量	单　价	金　额	
合　计	万　仟　佰　拾　圆　角整							¥：

制表：　　　　仓库：　　　　成本核算员

第三节 菜点异物的控制

客人在进餐时，在菜品中发现异物，属于严重的菜点质量问题。菜肴中异物的混入，往往给就餐客人带来很大的不满，甚至会向餐厅提出强烈的投诉意见。如果处理不及时，就会严重影响酒店的形象和声誉。

一、菜品异物的类型

菜品中常见的异物主要有以下几种：①金属类异物，如小型螺丝钉、大头针、钢丝等；②纸片、纸屑等；③头发；④布条、线头等；⑤杂草、木屑类；⑥碎玻璃碴、瓷片等；⑦骨头渣、鱼骨刺、鱼鳞类；⑧沙粒、石渣、泥土等；⑨菜虫、豆虫和苍蝇、蚊虫等。

菜品中混入杂物、异物，首先，造成了菜品被有害物质污染的表象，尽管有的异物不带有害细菌，但给客人的感觉是一样的。其次，有些异物在进餐中如果不小心的话，可以给客人造成直接的肉体伤害，如碎玻璃碴、钢丝等。实际上，客人对某餐厅菜品卫生质量的评价，有一大部分是取决于在菜品中是否出现异物。

二、有效控制菜点异物的措施

一般来说，要控制菜品中异物的混入，应做好如下几个方面的工作。

1．提高从业人员的卫生质量意识

提高从业人员的卫生质量意识，强化菜品加工人员、传菜人员、服务人员（特别是分餐服务员）的个人卫生的管理，具体措施如下。

1）所有与菜品接触的从业人员必须留短发，男生不准留胡子。

2）厨房员工、服务员上班必须戴工作帽或避免头发下落的头饰物品。

2．严格遵循作业时的操作规程和卫生质量标准

1）原料初加工时务必将杂物剔除干净，尤其是蔬菜类的择洗加工。

2）切割好的原料放置在专用料盒中，并加盖防护，避免落入异物。

3）切割原料时，对抹布的使用要特别注意，避免线头等混入菜料中。

4）所有菜肴在从厨房到餐厅的传递过程中，要加盖防护。

5）洗涤器具时使用的钢丝球、丝网一定要严格管理，避免将断下的钢丝混入菜品中。

6）营业结束时，要及时盖好调料罐，防止杂物侵入。

7）后勤人员维修保养烹饪设备时，严禁将螺丝钉、电线头等乱扔乱放。

3．加强对厨房、餐厅废弃物的管理

加强对厨房、餐厅内废弃物的管理，严禁员工随地乱扔、乱放、乱丢废弃不使用的零散物品、下脚料及废弃物等，也是防止异物、杂物混入菜品卫生管理的重要内容之一。

1）所有的废弃物必须使用专门设备存放，并且要加盖防护。

2）由专人按时对垃圾箱的废弃物进行清理。

3）餐厅内应设有专门的隐藏式废弃物桶，严禁服务人员将废纸巾、牙签、烟头等乱扔乱倒，尤其要禁止将餐厅内的废弃物与餐饮具混放在一起。

4．加强对菜品卫生质量的监督与检查

其实，许多菜品中的异物都是由于对菜品的生产、传递过程缺少严格的监督与检查造成的，因此必须加强各个环节对菜品卫生质量的监督与检查。

1）建立专门的质量检查部门，并设专职菜品卫生质量检查员。

2）从初加工、切配、打荷、烹制、划菜，到服务传菜、上菜、分餐等环节的岗位员工，必须对原料或菜品成品进行认真检查，杜绝一切菜品混入杂物的事件。

3）每下一工序或环节对上一工序或环节的卫生质量进行监督，一旦发现卫生质量问题，立即退回重新加工处理。

4）建立卫生质量经济责任制，对菜品中发生的异物、杂物混入事件进行严肃处理与处罚，以引起全体员工的重视。

第四节　厨房意外事故的预防

餐厅与厨房常见事故有摔伤、烫伤、切伤、触电、盗窃、火灾等。所以餐饮部在危险隐患处要明示“小心地滑”“小心台阶”“注意安全”等提示语。容易发生危险的装修，在设计时就应注意避免。平时要准备创可贴、烫伤膏、纱布、药棉等用品。

一、割伤

割伤主要是由于厨师使用刀具和电动设备不当或不正确而造成的，其主要预防措施如下。

1）在使用各种刀具时，注意力要集中，方法要正确。

2）应当保持刀具等所有切割工具锋利，实际工作中，钝刀更易伤手。

3）操作时不得用刀指东画西，不得将刀随意乱放或拿着刀边走边甩。

4）不要将刀放在工作台或砧板的边缘，以免震动时滑落砸到脚上。

5）清洗刀具时，要一件件进行，切不可将刀具浸没在放满水的洗涤池中。

6）禁止拿着刀具打闹、玩耍。

7）在没有学会使用某种机械设备之前，不要随意使用。

8）在使用具有危险性的设备（如肉机或搅拌机）之前，必须了解设备装置是否到位。

9）在清洗设备时，要先切断电源再清洗。清洁锐利的刀片时要格外谨慎。

10）厨房内如有破碎的玻璃器具和陶瓷器皿，要及时处理，不要用手去拣。

11）工作区域有暴露的铁皮角、金属丝头、铁钉之类的东西要及时敲掉或取下，以免划伤人。

二、跌伤和砸伤

由于厨房地面潮湿、油腻，行走通道狭窄、搬运货物较重等因素，非常容易造成跌伤和砸伤，其主要预防措施如下。

1）工作区域及周围地面要保持清洁，干燥；油、汤、水洒在地上后，要立即擦干，尤其是在炉灶操作区。

2）厨师的工作鞋要有防滑性能，不得穿薄底鞋、已磨损的鞋、高跟鞋、拖鞋、凉鞋。平时所穿的鞋，脚趾脚后跟不得外露，鞋带要系紧。

3）所有通道和工作区域内应没有障碍物，橱柜的抽屉和柜门使用后及时关闭。

4）不要把较重的箱子、盒子或砖块等留在掉下来可能会砸到人的地方。

5）厨房内员工来回行走路线要明确，尽量避免交叉相撞等。

6）在货架上存取高处物品时，应当使用专门的梯子。过重的物品不能放在货架上层。

三、扭伤

扭伤也是厨房较常见的一种事故。多数是因为搬运超重的货物或搬运方法不恰当而造成的，其主要预防措施如下。

1）搬运重物前首先估计自己是否能搬动，搬不动应请人帮忙或使用搬运工具，绝对不要勉强或逞能。

2）抬举重物时，背部要挺直，膝盖弯曲，要用腿力来支撑，而不能用背力。

3）举重物时要缓缓举起，使所举重物紧靠身体，不要骤然一下猛举。

4）抬举重物时如有必要，可以小步挪动脚步，最好不要扭转身体，以防伤腰。

5）搬运时当心手被挤伤或压伤。

6）尽可能借助起重设备或搬运工具。

四、烧烫伤

1）在烤、烧、蒸、煮等设备的周围应留出足够的空间，以免因空间拥挤避让不及而烫伤。

2）在拿取温度较高的烤盘、铁锅或其他工具时，手上应垫上一层厚布。同时，双手要清洁且无油腻，以防打滑。撤下的热烫的烤盘、铁锅等工具应及时作降温处理，不得随意放置。

3）在使用油锅或油炸炉时，特别是当油温较高时，不能有水滴入油锅，否则热油飞溅，极易造成人员烫伤，热油冷却时应单独放置并设有禁令标志。

4）在蒸笼内拿取食物时，首先应关闭气阀，打开笼盖，让蒸汽散发后再使用抹布拿取，以防被蒸汽烫伤。

5）使用烤箱、蒸笼等加热设备时，应避免人员过分靠近炉体。

6）在炉灶上操作时，应注意用具的摆放，炒锅、手勺、漏勺、铁筷等用具如果摆放不当极易被炉灶上的火焰烤红，不经意使用时容易造成人员烫伤。

7）烹制菜肴时，要正确掌握油温和操作程序，防止油温过高，一次原料投入过多，油溢出锅沿流入炉膛导致火焰加大，造成烧烫伤事故。

8）在端举热油锅或热的大锅菜时，要大声提醒其他员工注意或避开，防止碰撞。有些铁锅锅壁厚度不够，锅内食品较多时搬动，锅体会变形，造成锅内液体外溢、人员烫伤。

9）在清洗加热设备时，要先冷却后再进行。

10）禁止在炉灶及热源区域打闹。

五、电击伤

电击伤主要是由于员工违反安全操作规程或设备出现故障而引起的，其主要预防措施如下。

1）使用机电设备前，首先要了解其安全操作规程，并按规程操作，如未掌握设备操作规程，不得违章野蛮操作。

2）设备使用过程中如发现有冒烟、焦味、电火花等异常现象，应立即停止使用，申报维修，不得强行继续使用。

3）厨房员工不得随意拆卸、更换设备内的零部件和线路。

4）清洁设备前首先要切断电源。当手上沾有油或水时，尽量不要去触摸电源插头、开关等部件，以防被电击伤。

第五节　特殊事故的处理办法

一、食物中毒事故的处理方法

每个餐饮人员都希望在日常的餐饮管理工作中，不出现食物中毒事件。但假如有客人食用了本餐厅提供的菜点出现身体不适，管理人员和员工应沉着冷静，忙而不乱，尽可能控制事态，及时加以处理。其基本处理步骤如下。

1）发现住店客人腹泻，立即前往看望，送医务室治疗。并了解是否为食物引起，表示慰问，送病号饭，随时关注事态的发展。

2）发现两人以上住店客人腹泻，病情严重的要及时送医院治疗，并了解两人是否同时食用某种食物。

3）当电话反映有人因食物引起腹泻时，要态度亲切地询问具体的征兆和症状，记下客人的姓名、地址和联系电话，并向他表示慰问和歉意。

4）无论何时发现病情，都要了解客人在餐厅的用餐时间、发病时间、病痛持续时间，有否使用过药物及药物的名称，有无过敏史，病前的医疗情况或免疫接种等。

5）记下看病医生的姓名和医院的名称、地址和电话号码。

6）由酒店医务人员在场协助处理，了解病情，掌握现场资料。

7）立即由餐饮部经理、厨师长等人员组成事故处理小组，对整个生产过程进行重新检查。并亲自去医院或客房慰问病人。

8）电话反馈的应将相关信息递交给酒店医务人员，以便更好地处理事故。如确是食物中毒，则承担一切责任。

9）查明同样的食物供应了多少份，收集样品，送化验室分析化验。

10）查明制作可疑菜点的当事人，对所有与制作过程有关的员工进行体检，查找有无急性患病或近期生病及疾病带菌者。

11）分析整个制作过程中的细节，找到食物可能污染原因。

12）对出现问题的采购、清洗、加工、烹调的部门当事人做出相应处罚，并引以为戒。

二、厨房发现火警的处理方法

造成厨房火灾的主要原因包括：电源接触不良、加热设备使用不当、烹调操作失误、烟头乱仍、燃气泄漏、吸风管道油垢太多以及其他人为因素造成的火灾等。当火情出现时，厨房工作人员要沉着冷静，对不同的火情采取不同的措施。

1. 油锅着火

1）当油锅温度太高引起着火时，厨师要拿锅盖盖住油锅，隔绝空气使火熄灭。

2）如旁边没有锅盖或燃烧的油不多，要把它移出油烟机下（防止火苗点燃油烟机上的油污，引起火灾），让它自然烧尽。

3）少量的油着火，不要存在麻痹大意的思想，有些人随手把它倒入水池，正巧水池下水管脱落，燃烧的油直接倒到地面，点燃地面油污引起火灾。

4）如燃烧的油火势很大，要一边通知保安部报警，一边拿二氧化碳灭火器或泡沫灭火器扑救。

5）拿起灭火器，先拔去保险销，一手握紧喷嘴对准燃烧物，另一手拎住灭火器将手柄往下压，泡沫即由喇叭喷嘴喷出，不用时将手柄放松即行关闭。二氧化碳灭火器灭火时一手握住提环，另一手握住筒身的底边，将灭火器颠倒过来，喷嘴对准火源，用力摇晃几下，即可灭火。

2. 燃气着火

1）发现燃气着火，及时切断气阀制止燃烧。

2）发现燃气开关着火，用湿抹布、台布覆盖于火苗上，随后关闭阀门。

3）关掉气阀也不能制止燃烧的，要迅速用干粉灭火器、二氧化碳灭火器扑救。

4）火势较大无法制止的要及时报警。

3. 电器着火

1）发现电器着火，应及时切断电源开关。

2）一边通知保安部报警，一边拿二氧化碳灭火器或干粉灭火器迅速扑救。

三、灭火器的使用方法

（见表 13-4）

表 13-4 各种灭火器的使用方法

种　类	扑灭对象	使用方法	注意事项
泡沫灭火器	适宜扑灭油类及一般物质的初起火灾	使用时，用手握住灭火器的提环，平稳、快捷地提往火场，不要横扛、横拿。灭火时，一手握住提环，另一手握住筒身的底边，将灭火器颠倒过来，喷嘴对准火源，用力摇晃几下，即可灭火	（1）不要将灭火器的盖与底对着人体，防止盖、底弹出伤人 （2）不要与水同时喷射在一起，以免影响灭火效果
二氧化碳灭火器	适宜扑灭精密仪器、电子设备以及 600 伏以下的电器初起火灾	手轮式：一手握住喷筒把手，另一手撕掉铅封，将手轮按逆时针方向旋转，打开开关，二氧化碳气体即会喷出 鸭嘴式：一手握住喷筒把手，另一手拔去保险销，将扶把上的鸭嘴压下，即可灭火	（1）灭火时，人员应站在上风处 （2）持喷筒的手应握在胶质喷管处，防止冻伤 （3）室内使用后，应加强通风
干粉灭火器	适宜扑灭油类、可燃气体、电器设备等初起火灾	使用时，先打开保险销，一手握住喷管，对准火源，另一手拉动拉环，即可扑灭火源	
1211 灭火器	适宜扑灭油类、仪器及文物档案等贵重物品的初起火灾	使用时，先撕去铝封，拔去安全保险销，一手抱住灭火器底部，另一手握住压把开关，喷嘴对准火源喷射，松开压把，喷射即停止	

案例分享

小春是某五星级酒店的餐饮部经理，因为职业和年龄的缘故，他的老总经常会拿她开玩笑，说：“这个事交给我们小春就行了，那是小菜一碟呀。”这天，小春看到微信群里发来一则酒店用机器人厨师做菜的新闻，出于职业敏感，小蔡一口气把它看完了：

宝鸡一酒店厨房内，机器人大厨大展身手烹制美味，一旁的厨师长惠少锋静候端菜。据了解，该酒店近日引进多位机器人大厨进入厨房，将原来全靠厨师烹炒煎炸的菜系全交给机器人大厨，不仅省时省力，而且环保节约。

操作人员在电脑前轻轻按下操作键，“机器人大厨”随即开始熟练地操作，由于所有的原料、配料、调味品都是标准化投放，整个炒菜过程中火候精准、翻炒均匀，“机器人大厨”自动注水、加油、勾芡，3 分钟后一道美味的湘味菜花就轻松出锅，一旁的观众惊叹不已。

“我们只需要提前准备好配料等物品，按下开始键就可以了，八大菜系 2000 余种菜机器人全部可做。”据惠少锋介绍，自从酒店引进这些机器人大厨后，做菜的效率提高了许多。“前两天接待了一场婚宴,共35桌，每道菜比以前节省将近二十分钟呢。”惠少锋说。

据酒店总经理介绍，此次酒店斥资300余万元，一次性引进了3种系列共8台智能“机器人”，这在西北地区酒店行业尚属首家。这让宝鸡居民近距离体验到高科技带来的便利，也让后厨从体力劳动中解放出来，能够更专注地进行菜品研发。

小蔡还想起，前不久去浙江工商大学听酒店管理方面的讲座，中午吃饭的时候，学校的老师朋友，也请她吃了一碗机器人做的刀削面。

原来，浙江工商大学食堂为了吸引学生多在学校食堂就餐，原本可以请一个做麻辣烫和刀削面的厨师，结果，出于成本考虑选择了刀削面机器人。该学校的餐饮管理部谢主任介绍，说自从有了它，食堂面档的生意火爆不少，每天用掉的面粉约有80斤，一斤面做3碗，算下来一天最少能卖200碗刀削面。

小蔡经理是个爱思考的女孩，能否把“机器人”也引入自己的酒店呢？小蔡心想，这样不仅可以提高工作效率，保证出品质量，还会产生广告效应呢。想到这里，她准备向酒店总经理提出建议。

[对管理者的启迪]

1.酒店未来的机会在人工智能。酒店要将机器人与员工混合使用，降低人员的重复劳动，提高客人的体验度和酒店工作效率，进而提高酒店竞争力。

2 未来的智慧酒店必然依托物联网领域的创新，将会综合利用新一代信息技术创造出更高效、舒适、安全、便捷的智能酒店生态圈。

本章小结

（1）厨房内使用领料单、盘存单是控制食品原料流失，加强成本控制的有效方法。

（2）菜品内异物的出现是餐厅最为头疼的问题，平时要严格控制、加强管理。

（3）加强厨房操作管理是餐饮管理者的一项重要工作，厨房员工要熟练掌握厨房意外事故预防和处理的知识。

思考与练习

（1）在填写和使用原料领用单时，应注意哪些问题，才能使领料单发挥更大的监控作用？

（2）如何切实有效地控制菜点中出现异物，除书中提及的管理措施外，还应注意哪些问题？

（3）简述引发厨房火灾的一些原因，以及防范措施。

第十四章
工程督导管理

课前导读

我国有些五星级酒店建造投入资金已达每平方米2万多元，远超国外同档次酒店，但硬件管理水准与国际同行相比，还有较大差距。工程设备一旦出了故障，服务就要受到影响。因此，对酒店而言，如何正确保养和管理好设备至关重要。

教学目标

（1）了解酒店设备系统的组成。

（2）掌握工程部督导岗位职责。

（3）掌握工程管理中有效的节能措施。

第一节　酒店设备系统

一、酒店给排（上下）水系统

酒店给排（上下）水设施是专业系统的主要部分，包括给水系统方式、热水供给系统及水温控制、排水系统、中水回用四个部分。

1．给水系统方式

酒店供水系统的供水方式是根据酒店建筑标高、建筑功能等特点和用水要求以及城市供水网提供的水压制定的。在具体工程设计中，则需要对几种可行的系统分区方案进行设备管网投资、运行费用、管网复杂程度等作分析比较，得出最优方案。

2．供热系统

酒店供热系统主要是利用锅炉产生压力蒸汽作为热源，再根据不同用途进行做功。客房、热空调等需要的热水是通过汽—水交换器获得的；洗衣场、厨房等需要蒸汽作为热媒的直接或降压后提供。另一种是采用中央热水机组形式，客房等需要的热水是通过水—水交换器获得，此种形式是洗衣场需要蒸汽的设备另外供蒸汽。

对于小型酒店还可以采用容积式电热水器提供热水。酒店常使用燃油（气）锅炉提供压力蒸汽作为热源。

3．排水系统

酒店内排水区域分散，按排水性质，可分为废水与污水两大类，对废水可进行中水处理后，进行再利用，如冲洗恭桶、PA（公共区域）清洁、浇灌花木等；对污水进行适当处理后排入城市下水管网。酒店排水常采用双立管方式，即一根为排水管，另一根为通气管，两者并列走向，并间隔一定的距离，设置结合通气管，加强通气能力。

注意洗脸盆、浴缸（淋浴）、地漏等下水口的存水弯的设置作用，不要过分依赖于地漏上的水封作用，经过 SARS 疫情的暴发，特别是香港淘大花园血的教训，应规范排水系统专业设计与施工，不可忽视排水系统中通气管的作用，否则存水弯、地漏的水封受到破坏，使排水管道或店外排水管中的臭气、有毒有害气体进入卫生间，污染客房空气环境，产生交叉感染，大面积传播疫情。

4．中水回用系统

中水即污、废水经过二级以上处理后的出水，酒店应对排水分别排放处理，进行中水回用，这是必然趋势。

酒店生活污水包括：一是灰水（Gray water），主要有洗澡水、盥洗水、洗涤水，这部分排量占污水 79%~80%；二是黑水（Black water），主要有恭桶等排水，占污水排量 20%%~30%；三是中央空调排水。对酒店来说较实际的做法是应对灰水、中央空调排水处理后用于冲厕、绿化、消防、洗车、公共区域等。酒店在设计排水系统时应按排水类别分设系统，如客房排水将恭桶与其他排水分设两个系统排放，分别处理。

水处理主要方法有：物理法，通过过滤、浮选、沉淀去除悬浮物；化学法，用氧化、中和、离子交换等手段；生物法，利用微生物的生化作用将有害有机物分解转化为无害物质，达到净化效果。适用酒店水处理设施。

二、酒店电气系统

酒店电气系统包括强电与弱电两部分。强电系统主要有供配电、动力、照明等；弱电系统主要有综合布线、IT、通信、电视、广播等。

1．供配电系统

为了保证酒店供电正常，常采用两路供电（来自不同的供电所）和自备电源形式。变压器多选用干式变压器或油浸式变压器，前者使用趋广。用电负荷根据各酒店情况不同，在 80~120 瓦/平方米。自备电源采用柴油发电机组，负荷量为变压器容量的 10%~15%，在两路供电都停止时，作为应急之用，诸如消防设施、消防电梯、电脑系统、应急照明等。

供配电气设备工作应可靠，故障率低。高压电气设备主要有；高压开关柜、高压熔断器、高压隔断开关、高压负荷开关、高压断路器、互感器等；低压电气设备主要有：低压配电屏、低压闸刀开关、自动空气开关、漏电保护开关、低压熔断器等。

2．照明系统

（1）照明色度

冷暖色调本身没有优劣之分，但酒店前后台环境要求不同，应合理地选择色调。一般来说，酒店的大堂、餐厅、客房、游泳馆等前台区域灯光采用暖色调营造氛围，给客人以亲切温馨之感，使客人受到尊重，从而提升酒店档次。暖色调光源主要有：自然光、白炽（磨砂）灯、节能灯（暖色调）。冷色调有提神作用，需用在健身房、台球室、保龄球馆、乒乓球室、沙狐球馆、会议室、写字楼、后台区域等。冷色调光源有：日光灯、节能灯（冷色调）。某个区域（空间）灯光色调选择根据酒店主、辅色调要求来定，但有一个原则，在同一空间选用一种色调应协调，忌冷暖交叉同时存在，从而影响了灯光照明的效果。

（2）大堂照明

大堂内由于空间大，在色调确定后，部分采用局部目标照明来强化主题，如大堂内文化主题（镇店之宝）可采用射灯。在选用水晶灯时要慎重，除了装饰之外，还要考虑安全、更换灯泡、清洁问题。大堂内墙壁上世界钟、总台附近外汇牌价显示，慎用红色等与大堂主色调不协调颜色。与大堂通透隔断的区域，如小商场，商务中心内灯光色调也应与大堂色调一致，否则这些区域不协调灯光将影响整个大堂氛围。

注意室外亮化色调应与大堂内色调一致，大堂雨篷下筒灯与大堂相同，建筑外墙亮化、广场灯、花坛灯色调都应与大堂灯光色调一致，形成整体的艺术效果。

（3）照度

色调问题解决了还不够，还须注意灯光的照度。酒店内各区域或同一区域不同功能灯光照度有差别，见表 14-1。

表 14-1 酒店各区域照度

区域名称	照度（lx）	备注
大门前雨蓬	150~200	暖色调
大堂	150~200	暖色调
总台	250~300	局部照明
中餐厅	250~300	暖色调
餐厅包厢	200~250	垂直目的照明
宴会厅	250~300	暖色调
多功能厅	2550~300	色调一致
西餐厅	100~150	色调一致
客房	100~150	色调一致
写字台	150~200	与客房色调一致
洗手间	150~200	色调一致
写字间	250~300	色调一致
服务通道	100~150	色调一致

（4）餐厅照明

根据餐厅名称、服务定位、面积、装修风格，选择合适的色调、照度及灯的造型，注意艺术造型灯色样与本空间协调，还须注意尺寸搭配，对中餐厅、包厢等应根据餐桌位置进行主灯光（吊灯）目的照明。餐厅灯光色调宜选用暖色调，对于间接照明灯带的色调也应用暖色调。

餐厅内灯光控制也有采用电脑自动控制照度的，根据日光强度，自动调节餐厅内灯光照度，保证客人就餐氛围及节能。餐厅包厢内灯光照度可以调节，灯的开关控制设在门口附近，此外应根据餐厅面积大小，设1~2个回路与备用电源相接，供紧急时照明。

（5）客房照明

客房内照明以功能区、方便客人为目的。设计客房照明注意事项归纳如下：

1）淡化床头柜上灯光开关集中控制，忌用集中式触摸开关，改为就近设置开关；床头控制开关数量尽量少，开关用大按钮形式的。

2）床头灯不一定设在墙上，因为有时卫生间排风不畅或有噪声，客人将床头灯当“烘干机”用，带来安全隐患及污染灯罩；床头灯可以考虑将其放在天花板上，既可以与喷淋头接合起来做装潢，又可以省去做吊顶。

3）灯的数量以实用为原则；可设可不设的就不设，如落地灯，确有必要就设置，否则就不设。

4）床头灯慎用调光灯，如果质量不过关，有安全隐患。

5）客房内无直接光。

6）床头（墙上）设照明总控制开关，不控制夜灯。

7）取电牌（节能开关）不控制冰箱、空调、充电、传真机等插座。

8）镜前灯、壁灯等尽可能用220V灯泡。

9）“请勿打扰”不用显示式的，而用挂牌为好。

10）衣橱内灯如果开关控制不灵，不设灯。

11）卫生间灯光色调与客房一致，可用左右壁灯代替天花板上日光灯；用暖色调，使上过口红、化过妆的客人容颜更靓丽。

12）卫生间内分区照明：化妆区（镜前灯）、湿区（浴缸或淋浴）、辅助阅区（恭桶）。如果卫生间面积大于6平方米，高星级酒店，在卫生间入口处再设一盏灯。

13）如果用节能灯，注意两点：一是用暖色调；二是灯“腿”不要伸出灯筒（缩进，15~20毫米）。

14）客房内廊灯与备用电源相接。

15）必要时，在床头柜附近放一个手电筒。

16）客房内烟感头上红色显示，除受感（接收到烟雾）时，不要脉冲显示。

3．弱电系统

弱电系统主要包括音响广播系统、通信系统、有线电视系统等。弱电系统的正常运转离不开综合布线（PDS）。综合布线是整个信息系统的物理基础，如果说信息系统是智能建筑的灵魂，布线系统就相当于信息系统的神经，使信息流运行在高速公路上。综合布线系统属拓扑结构，常用的有五个子系统（建筑群子系统仅用于每座建筑物之间布线系统）。

为了保证综合布线系统的先进性、可靠性、实用性和高性价化，一般采用五类非屏蔽布线系统，这样灵活地支持语音、高速率数据、图像及其动态视频传输，可以满足10Mbps、125Mbps的要求，数据垂直主干线采用光纤；语音垂直主干线采用三类大对数双绞电缆。

资料链接

工作区子系统。由水平的信息插座、连接器端部延伸到工作区终端的工作区电缆构成，用户通过信息插座可以灵活地实现上网功能。工作区电缆数据采用超五类配置跳线，全兼容所有数据应用。

水平区子系统。从工作信息插座至配线间水平交叉连接线的布线所组成的部分，包括水平电缆、工作区信息插座、接插件等。信息插座应全部采用超五类信息插座，并符合 ISDN（综合业务数字网）标准，以满足话音和低、高速数据传输要求。

垂直干线子系统。本系统是建筑内部信息传递的主馈电缆，它把各个楼层配线架与主配线架连接起来。常用六芯多模室内光纤传输数据，满足高速网络及多媒体等千兆数据要求。

管理区子系统。本系统是用户进行功能变换、线路管理及该管理区用户 进行内部联网和对外通信的地方。其通过水平电缆与端口信息插座相连，也可通过垂直主干线与设备间相连。

设备间子系统。设备（主配线）间为安装电信设备、连接件、连接设备、保护装置提供了一个空间。主要包话：综合布线主配线间、计算机网路主要设备（主交换机、路由器、服务器等）、语音主要设备等。

4. **电梯系统**

酒店垂直交通由电梯和步行梯承担，电梯的设置主要考虑对客服务要求，一般设客梯与服务梯，两者门厅分开设置，分别属于前后台、并不发生交叉。

（1）电梯选用要求

1）电梯数量估算

酒店电梯（客梯、服务梯）数量按下式估算出来后，再根据本酒店实际情况进行修正。

$$N=\text{客房数}/70+2$$

式中：N——电梯数量（台）

客房数/70——客梯数量，每 70 间客房设置一台电梯

2）电梯轿厢额定载重量

$$S=350\text{kg/平方米}$$

3）轿厢载客人数

每人按 75 kg 计算，则：

$$\text{最多载客人数}=\text{额定载重量}/75\text{（取整数）}$$

（2）电梯轿厢装修要求

电梯轿厢内（客梯）设有下列功能：两侧选层按钮（方便残疾人操作）、应急照明、对讲电话、扶手、通风装置、酒店主要服务项目介绍（可选）。轿厢内装修不宜复杂化，三个立面不宜选用镜子或高光材料；灯光色调以暖色调为主，照度大于 100 lx；地面选用硬地面装饰，一般用拼花的花岗岩石材装饰，不用大理石。

服务梯轿厢内装饰要与客梯有所区别，只进行简单实用装修即可，但安全要求、灯光等同客梯。

（3）电梯保养维修方法建议

电梯属机电综合系统，并具有专业技术垄断的特点，这对酒店进行保养维修受到一定的限制，如有时找到故障点，但手头无配件，还是“望梯兴叹”，这给客人或员工带来安全隐患，为了保证电梯安全运行，同时节省人力资源及运行费用，建议电梯采用合用的形式由专业公司来进行保养维修，酒店派专人协助专业公司工作。日常进行清洁卫生，每天检查电梯工作状况，发现问题及时与专业公司沟通，将故障消灭在萌芽状态。酒店需要做到当有人困梯时，如何在 15 分钟内放人。酒店应对指定人员进行培训，除了进行模拟放人演练，还需进行实战放人操作，做到熟练掌握放人程序。

资料链接

电梯困人放人程序

电梯困人的解救方法分有电与停电两种情况。

有电情况下放人步骤：

（1）电梯一旦困人，应由酒店电梯工进行解救，且动作迅速，同时电话通知乘客等待解救。

（2）先检查监视板，看电梯停在哪一层，并与厢中乘客保持对话，请稍候。

（3）到上一层，打开厅门，设法登上轿厢顶，关闭机顶开关，运行开关置于手动（慢车位置）。

（4）判断轿厢是否与楼层差不多相平，如距离不大，可在厢顶盘动开门电机、轿厢门开放人。

（5）如果电梯困在两层中间，应恢复门开关，在机顶操作，让电梯慢行，直到平层，再重复上述操作可放人。

停电情况下放人步骤（盘动电梯放人）：

（1）盘动前，必须先通知被困客人等待解救。

（2）盘动前，切断电源。

（3）用专用工具，一松一驰地将掩闸一松一停，使电梯上行或下行，观察平层标示线，平层后，用上述操作放人。

三、酒店空调系统

空调是酒店产品主要附加值，其质量直接影响酒店的档次与服务质量。空调质量标准有以下几方面：新风量、温度、湿度、风速、噪声、空气中含尘浓度等，其中新风量、温度、噪声大小为主要指标。

1. 大堂空调

大堂是酒店的一个重要窗口，且是客人从室外进入酒店第一要地，空调效果给客人的感受为室内室外“两重天”。夏季大堂空调温度在 20℃~26℃，湿度在 50%~65%；冬季温度在 18℃~23℃，湿度 45%~55%；新风量足够。大堂面积、空间都比较大，门和通道多，玻璃墙面面积大，这些对空调达到标准要求是不利的，因此要充分考虑到不利因素，在估算负荷时将其列在其中，根据实际经验，大堂空调负荷量在 200~300W/平方米方可满足要求。为了使大堂空调达到服务标准及降低空调运行费用，在设计或改造大堂时，应注意以下几点：

1）大堂的大门应选用旋转门或保温空间。

2）大堂内通往后台的通道尽量减少，并在进出口处设推拉门。

3）大堂空间与主楼以上楼层空间不宜直接贯通。

4）玻璃墙面积应限制，特别是 3 米以上高度的墙面，如有可能用中空玻璃。

5）大堂内洗手间内排风应真排风，有轻微负压效果，防止异味回流，污染大堂空气。

6）大堂吧区域如果提供简餐、自助餐或提供住店客人早餐时，应在操作间（厨房）出入口处设置双道双门。

7） 大堂内空调应选用空调机组送风，慎用风机盘管加新风，以保持装修效果及减少冷凝水污染，方便管理。

8）合理布置送回风口，避免送回风短路或存在盲区。

9）空调机房位置应合理，既考虑送回风管道转角少、安装方便，又要考虑到噪声对前台干扰少。

10） 顶层电梯机房不可与室外直接连通，减轻电梯井烟囱效应。

2. 餐厅空调

餐厅空调包括中餐厅、西餐厅、多功能厅、餐厅包厢等。餐厅空调的主要特点是负荷（夏季）变化范围大，从客人的角度要求空调在夏季，餐厅客满时，能达到舒适的程度，因此餐厅空调效果是体现酒店产品档次的重要方面。

餐厅空调送风形式一般用机组送风、风机盘管加新风及局部式空调，对于大空间如中餐厅、多功能厅等采用机组送风较为合适，主要是考虑到这些区域的天花装修效果及运行管理方面的要求；对于餐厅包厢有时因受层高的限制，可以采用风机盘管加新风的形式。无论采用何种形式，均要保证餐厅内新风尽量满足 30 立方米/人·小时。餐厅空调标准为：夏季温度 20℃~26℃，湿度小于 65%；冬季温度 18℃ ~23℃，湿度大于 45%。

餐厅内空调送回风口设置应合理，避免送回风口短路或盲区现象。餐厅与厨房之间应设双道双门。餐厅空调负荷按 80W~ 160W/平方米考虑，以保证餐厅的档次。

3. 客房空调

客房空调常用风机盘管加新风的形式。客房内空调应满足温度、湿度、新风量等要求。夏季温度在 20℃~26℃，湿度小于 65%；冬季温度在 18℃~23℃，湿度大于 45%，新风量大于 30 立方米/人·小时，并要求风机盘管的噪声< 35dB。客房内应特别注意卫生间的排风效果，要求卫生间内排风装置工作在“真排风”状态，杜绝“假排风”现象，使卫生间内空气流动呈微弱负压状态，避免卫生间内异气倒流而污染客房空气。客房卫生间另一个值得注意的是地漏问题。2003 年 SARS 疫情爆发，香港淘大花园事件的惨痛教训应吸取，事件是因为卫生间内地漏水封被破坏，从而导致 SARS 病毒交叉感染。

4. 厨房空调要求

餐饮产品不仅体现前台服务，厨房作为后台起着越来越重要的作用，客人对厨房内卫生也越来越关心。如果厨房地面是湿的，则餐厅地面也会受到污染，因此要治餐厅地面先治厨房地面。厨房排风效果达不到要求是地面潮湿的一个主要原因。要求厨房排风达到负压状态，即排风量大于补风量，要保持 50~60 次/时换气次数。如果厨房生产任务重，可再设岗位送风，改善员工的工作环境。根据环保及安全要求，油烟罩应选用运水烟罩，而不是老式的直排式油烟罩，这种油烟罩存在安全隐患据统计酒店厨房失火事件中，95%以上是直排式油烟罩引起的。

四、智慧酒店管理信息系统

伴随着大数据、物联网、智能服务终端、移动互联网和云计算等新型技术的迅猛发展及在旅游业中的逐步应用，酒店作为旅游业发展的重要组成部分，智慧酒店这一新生概念已悄然出现在大众面前。酒店发展模式迎来了新的机遇与挑战，智慧酒店正在开启未来酒店管理高效化、安全可视化、服务个性化、发展规模化、营销多样化的发展新局面。

1．智慧酒店评价指标

值得强调的是，智慧酒店不同于智能酒店，目前，我国的智慧酒店还处于智能化发展的初级阶段，更多的酒店还停留在概念营销、意识形态阶段。所以，为了更好地诠释其核心概念与表现形式，有必要对其进行核心要素分析，构建相应的评价指标体系，便于对即将改造升级或全新建设的酒店提供理论支撑。

通过对智慧酒店的核心要素进行提取，形成了以智慧管理、智慧服务、智慧营销和智慧设施为主的关键评价要素。

智慧酒店的评价体系分为三个层面：目标层、准则层和指标层。目标层即为最终的实现目标智慧酒店的评价体系设计。准则层评价所指的具体对象和范围，根据文献分析方法和专家咨询意见，其包括智慧管理、智慧服务、智慧营销和智慧设施合计 4 个关键指标。指标层包括 26 个影响要素（见表 14-2）。

2．智慧酒店营销策略

酒店智慧营销将构建全覆盖、多渠道的营销策略，从网站宣传到网上订房，从酒店直销网站到第三方订房平台，从自主网站订房入口到移动手机端的微信、微博订单销售。智慧酒店的营销策略是立体化、全方位、多元化和多渠道的完美结合。

（1）酒店自主网站营销模式

在网络营销方面可以是酒店集团的直销模式，许多大型酒店集团网络营销能力超强，为酒店的客源市场构建起了独立的营销平台。例如，洲际酒店集团、希尔顿酒店集团和金陵酒店集团的自主网站，是酒店很强的销售渠道。

（2）酒店第三方营销平台

目前，随着旅游市场的不断细分，酒店的第三方营销平台占据了较大的市场份额。酒店企业从第三方平台获取了较好的市场份额，成为企业销售的最主要的渠道来源。酒店与第三方平台的信息交换，在网络技术架构上比较简单，只要酒店具备上网和浏览器即可操作实现。酒店预订信息可以通过人工和手工操作快速获取预订信息。国内第三方酒店平台不断涌现，比较著名的如携程、艺龙、同程等。但目前这种营销模式受到了新媒体营销的不断冲击和挑战。上述营销渠道的有力整合实现了酒店企业在营销渠道的领先优势，是目前比较成熟的营销模式。

表 14-2　智慧酒店评价要素

	序号	准则层	序号	指标层
评价指标体系 X	1	智慧酒店管理系统（Y1）	1	企业资源计划 ERP 系统（Z11）
			2	物业管理 PMS 系统（Z12 ）
			3	客户关系管理 CRM 系统（Z13）
			4	客房智能控制系统（Z14）
			5	应急预案系统（Z15）
	2	智慧酒店服务系统（Y2）	6	智能云服务系统（Z21）
			7	多媒体服务系统（Z22）
			8	智能停车管理系统（ Z23）
			9	智能入住退房结算系统（ Z24）
			10	智能电梯楼层控制系统（Z25）
			11	智能会议系统（Z26）
			12	客房视屏门铃系统（Z27）
			13	智能导航系统（Z28 ）
	3	智慧酒店营销系统（Y3）	14	智能化营销观念（Z31）
			15	智能化营销渠道（ Z32）
			16	智能化营销推广（Z33）
			17	网站服务升级（Z34 ）
			18	数字模拟体验（Z35）
			19	智能信息终端 （Z36）
	4	智慧建筑设施系统（Y4）	20	楼宇自控系统 （Z41）
			21	中央空调系统（ Z42 ）
			22	安全防范系统（ Z43）
			23	综合布线系统（Z44）
			24	计算机网络系统（ Z45 ）
			25	智能照明控制系统（Z46 ）
			26	智能化集成管理系统（ Z47）

（3）酒店新媒体技术应用营销

随着移动互联网、移动终端、微信、微博的不断发展和普及，微营销已悄然而至。移动终端的应用已快速走进了人们的日常生活，如：APP 移动服务，微信或二维码订房，微博、微信、抖音、小红书营销等。这些新媒体的传播渠道最大的特点是，在各种移动终端上的广泛应用，包括移动手机、平板电脑等，这些平台极大地方便了用户在网络的环境下利用碎片化的时间与酒店营销平台无缝对接，实现信息交流、客房预订。宾客可以随时随地实现订房下单，酒店企业也可将剩余客房进行碎片化的销售。

第二节　工程部运行管理

每个酒店都有适应自身运行的管理模式，当这个模式确定后，就要制定整个酒店和各部门的运转系统，这个系统就是酒店管理软件，也称为运管手册，是酒店运行管理的基础部分。

一、工程部员工的职业素质

1．职业素质要求

1）坚持高质量服务标准。以精益求精的态度进行设备的保养、维修工作。前台区要保持全新状态，树立高质量标准。

2）真正做到“客人至上”。坚持客人喜欢的， 就是我们要做的，一切围绕客人转，不与客人争高低。

3）工作重点在前台区。前台区维修要突出优先、快捷、高质、卫生。由业务熟练、干活精明的技工去完成。

4）时间安排要灵活。尽量少打扰客人，找适当时机维修，如客房维修可以等客人外出后进行；水管破裂后，白天采取应急措施，待夜间突击换掉。前台区修理做到“偷偷摸摸，客人毫无觉察”。一句话，尽量在客人面前，少暴露弱点，这才是真正的酒店服务意识的真谛。

5）注意文明卫生。维修现场放置醒目的安全标志牌，现场范围尽量小，有些场合，还要采取保护措施，如先铺床单、后施工。完工后，清理垃圾做好场地清洁工作，给人的感觉是这里未做过维修工作。

6）仪容礼节。仪容整洁，店牌佩戴醒目。尽最走员工通道，遇到客人要礼貌，主动让道；进客房主动打招呼。

7）理解其他部门工作。不要埋怨其他部门员工。如到现场维修时不能说“你们不懂，瞎弄弄，以后坏了，别找我们”诸如此类的语言。要知道这样说是伤人心的，以后非但对设备保养无利，而且有可能对设备带来更大的损害，这一现象目前要给予重视。工程部员工要理解有些设备故障不是人为的，是设备本身就已隐性存在着问题，只不过是没有发现或暴露而已。这本身是本部门工作未做到家(预防性保养、检查维修时未发现)，又怎么能怪别人呢？因此我们需要理解，并与其他部门配合工作。

8）节能不能降低服务标准。节能不能损害客人的利益，节能要从管理上动脑筋，如热水、空调冷、热水供应都须按规定要求开足热交换器、空调机组。

二、岗位职责

工程部主任岗位职责

一、岗位名称：工程部主任

二、岗位级别：

三、直接上司：总经理

四、管理对象：值班长、领班

五、岗位描述：保证以最低的运行、保养、维修费用和最佳运行状态去满足酒店的服务标准。通过有效的管理，保持酒店在建筑面貌、装潢效果和设备运行上达到原设计水平，并且根据经营需要，逐步进行更新和改造，使其更加完善。

六、工作职责

1.全面负责工程部的日常运行和管理工作，保障酒店各系统设备安全正常地运行，保持酒店的建筑、装潢的完好。

2.总结运行、维修实践经验，编制工程部年度工作计划，制定和审定工程部运行费用，制订或审定预防性保养维修计划。

3.制订和审定员工培训计划，定期对员工进行业务技能、服务意识、基本素质的培训，建成一支高水准、高效率、高服务质量并能处理各种突发事件的队伍。

4.负责协调和酒店相关的市政工程部门的关系，以获得良好的外部环境。

5.主持部门工作例会，协调、控制各班组工作进度与质量；传达酒店工作指令会议精神，布置、安排主要工作。

6.监督检查酒店设备设施管理制度的执行情况，督促酒店各部门正确使用和保养好自己的设备设施。

7.现场检查重要维修、改造工程的工作质量、进度及安全措施，对存在问题进行协调和解决。

8.经常征询对客服务部门的意见，不断改进硬件设施的不足，并组织实施技术改造；加强与各部门的沟通与合作，努力完成酒店的总体经营目标。

9.负责与设备维修，外协加工，安装施工等有关单位的业务联系，洽谈签订酒店的各项工程合同书。

10.配合安全部搞好消防、安全工作，保证酒店的消防设备处于良好状态。

11.直接和间接地考核工程部值班长、领班，并对其工作做出指导和评估。

12.完成上级下达的其他工作指令。

七、任职条件

1.有强烈的事业心、责任感与服务意识，勤于钻研，作风严谨；秉公办事，不谋私利。

2.掌握机电工程设计基础知识，熟悉酒店设备设施的使用和维护管理知识，熟悉基建、环境保护、消防、劳动保护方面的政策与法规。

3.能充分领会总经理的经营意图，有较强的组织、领导力，指挥工程部各项工作计划的实施。

4.具有工科专业本科以上或同等学力，获工程师以上技术职务，具有从事工程设备管理五年以上经历，有一定英语水平，能借助工具书阅读有关专业文献。

5.身体健康，精力充沛。

八、权力

1.对工程部员工的招聘、辞退有建议权。

2.对本部门员工有组织调配配权和一定的奖惩权。

3.对酒店内所有硬件设备、设施的使用管理权及其更新建议权。

工程部主管（领班）岗位职责

一、岗位名称：工程部主管（领班）

二、岗位级别：

三、直接上司：工程部主任

四、管理对象：工程部员工

五、岗位描述：主管（领班）直接对部门主任负责;当班期间对所有在岗人员进行指挥、调度，确保酒店设备设施的正常运行和日常维修工作的顺利进行。

六、工作职责

1.切实执行工程部主任的工作指令，认真贯彻落实岗位责任制，确保所管辖的供电系统、通信系统、音像系统、电梯、给排水系统和制冷、空调系统的正常运行。

2.根据酒店对客服务的要求和设备的运行规范，以及季节气温变化和客情，掌握时机，书面下达设备运行调度令，合理经济地安排好设备运行，指挥调度运行人员及时准确地开停、调校设备。

3.检查督促设备运行人员执行岗位责任制，定时巡视重要区域及机房的设备运行情况。

4.做好能源消耗统计，掌握能耗设备的运行情况，并根据气象记录客情，对能耗进行对比分析，发现能耗异常或超标准，应及时向部门领导反映，提出处理意见、采取节能措施。

5.及时登记各部门送来的维修单并及时派发给有关维修人员，对当天未完成的工作，必须做好记录、注明原因，并向部门领导汇报。

6.负责设备设施计划维修的组织管理工作。

7.对跨班组的维修项目进行工种协调，裁定执行班组，确保维修工作的顺利进行。

8.监督值班人员执行交接班制度。

9.当紧急和突发事件发生时，立即组织人员采取有效措施。

10.完成上级下达的其他工作指令。

七、任职条件

1.有强烈的事业心与责任感，对工作一丝不苟，任劳任怨。

2.具有变配电、自动控制、暖通等系统设备的操作、维护及管理知识。

3.熟知酒店机电工程设备、消防系统、建筑设施等的布局、功能，具有较强的综合分析、判断能力和应急能力，能合理调配人力，有较强的组织管理能力。

4具有工科大专以上或同等学力，并具有助理工程师技术职务，从事设备管理工作五年以上。

5.身体健康，精力充沛。

八、权力

1.有对当班运行人员、维修人员的指挥、调度权。

2.对下属有奖惩建议权。

三、管理制度

管理制度（“红炉”定律）是任何一个企业的游戏规则，没有规矩不成方圆，任何人都要受到管理制度的约束。还有管理制度的建立，使员工办事有了准则，使管理达到预想的目标。然而一项制度执行得成功与否，与执行人有直接的关系。因此，制度要与员工的思想、行动相适应，否则制度是一种虚设。工程部的规章制度大多与专业技术有关，因此规章制度都比较具体地针对某个设备来制定的。

机房值班制度

（1）未经领导批准，外单位人员不得随意进入机房参观；经批准者，须办理登记手续。

（2）值班人员要密切注意设备运行状态，发现异常现象，及时处理。

（3）严格按照巡视规定，准点抄录设备的运行数据。

（4）严格遵守劳动纪律，不得将与工作无关的物品带入机房，禁止在机房吃食品。

（5）机房内不允许接用临时电器设备，未经许可，不得在机房内使用电焊、气焊。

（6）保持机房清洁卫生、搞好文明生产。

第三节　酒店节能措施

酒店经营管理中，节能增效是运行管理中的一项重要任务，通过全员培训进行落实是行之有效的。我们知道酒店经营额的提高，而纯利润不一定与之成正比，但如果在开源的同时，将节能工作落到实处，那么纯利润随之上升。我们知道酒店水电气等能源成本占营业收入的10%左右，要使所有员工知道：节省成本就是创造纯利润。酒店节能增效要从四方面着手：一是全员工培训，熟悉设施设备使用标准，如空调、水温等设定的要求；二是将节能增效上升到经营理念的层面来考虑，从源头做起，即从新建或改造时就要考虑降低运行费用，如功能布局、新风充足、使用节能灯、中水回用；三是日常经营中从小事、点滴做起，这样必将收到良好的效果。四是制定酒店月度、年度控制目标，对各部门进行考核，实施绩效分配机制，将节能效果与部门、个人业绩分配相结合。

酒店经营管理中节能降耗措施120条如下。

1.酒店有两条铁律：一是功能布局是核心；二是专业系统是心脏。

2.合理的功能布局是酒店经营成功的基础，从建造、改造蓝图上就要考虑开业后运行能耗费用因素。

3.专业系统设计到位使运行费用降低5%，节能理念最重要，从总经理到每位员工要有成本经营理念：节省成本1元=经营额10元，没有成本经营的酒店=无经济效益的酒店。

4.酒店设备设施行之有效的保养方法是防重于治，做到“使用者必保养，保养者必及时”。使设备设施保持良好运行状态不仅可延长使用寿命，而且节能运行。

5.有效管理的酒店运行费用低，经营利润高；反之亦然。

6.使全体员工清楚本酒店水电气能耗指标所处的水准：①高效益6%~9%；②中档次10%~15%；③效益差16%~20%。

7.任何档次的酒店空调系统新风量应足够，30~50立方米1人·小时。大堂、餐厅、客房等前后台区域的空调多用新风，不仅能改善空气质量、提高档次，还能节能。酒店空调新风系统工作正常可节省10%的能耗。

8.客房内布局适应客人消费理念，分三个区布局：过渡区（过道）、活动区（窗口）、静区（床），前两个用硬地面（瓷砖、木地板），后者可用软地面（地毯），可减少公共区域清洁费用。

9.大餐厅（包厢）与厨房之间设“双道双门”，既保证客人有良好的就餐环境，还保持地毯干净，减少清洁工作量。

10.餐饮服务无后台，厨房地面用小尺寸（100 毫米×100 毫米）、吸水地砖，保持生产高峰时，地面干爽，避免因厨房地面潮湿而污染餐厅地毯。

11.厨房内空调处于负压状态，避免油烟污染餐厅，保护装潢效果持久性。

12.排油罩用运水烟罩，并每天将过滤网清洁一次。

13.厨房内避免长流水现象，灶头上水龙头处于常关状态。

14.厨房冷冻、冷藏库体积应合理配置，且冷冻、冷藏库共用一台制冷机，冷冻库与冷藏库成“套房”形式。

15.肉类原料化霜应提前在冷藏室内进行，杜绝用自来水化霜。

16.及时对冷冻库、冰箱进行化霜，蛇管上霜厚不超过 3 毫米。

17.炉灶选用油气两用式（适应市场能源价格转换）。灶台用红外（感应）控制式的，做到锅离气（油）关，用先进的炉灶燃烧装置。

18.客房卫生间内少用浴缸，多用淋浴。

19.卫生间地面、墙面地砖可用彩色或迷彩色。

20.去消床头柜上电气集中控制装置，改为就近控制方式，减少不必要照明耗电。

21.客房内少用镜子。

22.客房内床头灯不放在墙上，改设在天花板上。

23.改变客房家具布局“123”（三连柜）老模式，将写字台放在靠窗口，取消行李台，或用折叠式。

24.客房内沙发数量可减少，不一定要“一个茶几配两张沙发”的老模式，可减小一个沙发；沙发少用全包形式，改用半包或全木椅子。

25.减少或去掉一次性用品（六小件）。

26.客房内床上布草可用彩色的。如果当地自来水水质偏硬，布草不一定用白色，可改用彩色布草。卫生间地巾不一定用棉织品，可以其他材料代替或不用地巾。

27.酒店餐厅、客房、康乐区域客用布草的尺寸、质地按要求配置，尺寸不宜过大。

28.客房内采用明式、通透式卫生间，避免卫生间长明灯现象。

29.衣橱改为无门（敞开）式，衣橱内的灯采用感应（红外）控制，或取消橱内灯。

30.保持门窗完好，防止不必要的渗漏，杜绝“跑冒滴漏”现象。

31.管道保温层完好，厚度为 50 毫米。

32.定期对厨房冷冻冷藏库房供冷机组清洁保养，这样做不但节省电费超过 5%，还能延长设备使用寿命 3 年以上。如果对制冷机组进行防光、防雨遮挡更好。

33.严格管理，合理安排运行，如冷冻机组、冷却机组。

34.控制变压器运行台数，让其工作负荷在 60%~80%时效率较高。

35.执行工作程序，准时抄表，监视能源消耗。

36. 让机器满负荷工作。

37.采用先进的技术管理手段，如 5A（智能化）、BAS（楼宇自动化系统）建筑、变频装置（节电 10%~20%）。

38.控制酒店通透玻璃使用面积。

39.照明系统采用双路或多路控制，如公共区域、客房走廊的照明系统采用双路以上控制。

40.采用 LED（发光二级管）照明光源，节电 70%，寿命长 10 倍。

41.酒店照明应按不同区域设计到位，做到该亮的亮，该暗的暗，并注意节能灯“两条腿”不要伸下来。

42.建筑物亮化采用节能光源，亮化设施应分区城、亮度进行，实行节日、平时可定时控制。

43.改变节能灯的采购程序，节省采购费用 50%以上。

44.及时去除电开器内水垢。

45.用汽设备冷凝水回收可节省费用 20%~25%；冷凝水回到锅炉房给水箱、洗衣场、员工淋浴用。

46.洗衣场、厨房等用蒸汽设备的疏水阀处于“疏水阻汽”状态；可节能 5%~8%。

47.客房内不设饮水机，用电烧水壶。

48 根据本酒店星级档次，减少客房内使用小冰箱的数量，可在客房走廊上设置，让客人自助式购取。

49.大堂入口的门应采用节能空间，新建成改造时应设旋转（自动）门或两道门式，以减少空调损失。

50. 采用地源热泵空调、冰蓄冷技术(利用峰谷电控价)可节省 10%~15%运行费用。

51.控制空调使用温度，夏季：22℃~26℃；冬季：18℃~ 23℃。夏季上升（冬季下降）1℃，节省成本 5% ~8%。

52.空调系统每年清洁保养两次可节省 5%的运行费用。

53.酒店各区域（客房、餐厅等）空调耗能应实行绩效考核管理，装分表控制，节能有奖。

54.酒店各区域（客房、厨房、洗衣场、员工更衣室、公共区域等）用水实行绩效考核管理，装分表控制，节能有奖。

55.控制酒店大堂、公共区域的面积，大堂外墙玻璃、客房窗户面积不是越大越好，那样对节能不利。

56.客房窗户改用中空玻璃（特别是靠马路一侧）。

57.客房用水达到五个要求可节水：水质卫生、水温合适、压力达标、热水循环、出水时间。

58.冷、热水系统应采用防锈管材，如紫钢管，绿色管材。

59.控制热水温度，夏季：45℃~48℃，冬季：45℃ ~58℃。水的温度每上升 1℃，增加成本：5%~8%。

60.控制冷、热水压力可节水 5%，客房洗澡水压力：0.2~0.8MPa，如果是屋顶水箱供水，应解决客房顶层以下三个楼层供水压力达到上述要求。

61.热水系统应有循环管路，保证冬季客房混水器旋到左侧时，10~15 秒出热水。

62.采用热水锅炉比蒸汽锅炉经济。

63.降低蒸汽锅炉蒸汽压力可节能。

64.锅炉不要 24 小时全运行，停 1 小时，节省最少 50 元。夏季 23:30~次日 5:30 可停止运行；冬季提前 1 小时实行。可采用增加热水包体积的方法解决，不影响对客服务质量，还可节省人力资源。

65.新建或改造时，冷空调系统可采用热泵空调系统，这样夏季酒店用热水无需能耗。或使用地热空调系统。

66.餐厅（包厢）在开餐 15 分钟前使用新风换气、降温，视客情调节空调温度。

67.宴会厅、餐厅、餐厅包厢、大会议厅区域空调冷冻水系统应分区控制。

68.酒店空调系统的主机应按大、中、小搭配，避免“大马拉小车”现象。

69.对分散式建筑的酒店（景区、度假村）不一定使用中央空调系统，可采用风冷、分体、柜式等空调。

70.培训员工、客人科学的消费理念。培训所有员工（从总经理到员工）正确使用空调温控器。少用高档（Hi），控制中档（Mi），使用低档（Lo）。如睡觉时温度增加（夏季）或降低（冬季）1℃~2℃， 可节能 5%~8%。

71.客房采用节水装置，如调节水龙头出水压力，并用过滤网。员工浴室采用感应水龙头，用插卡喷淋头。

72.管理方法应调整，“当天台布当天洗”，如餐厅当晚的台布当晚洗，可节省洗涤成本 10%以上，布草延长 20~40 次。

73.厨房用水“头道不用新”，分质排放，可节水 20%~ 30%。

74.节水从滴/秒计算。①滴/秒： 1 小时，3.6kg ；1 个月，2.6 吨（足够一个人一个月生活）；1 年，72.2 吨。②成线的水滴：1 小时， 17 千克；1 个月，12 吨；1 年，144 吨。③流线水滴： 1 小时，670 千克；1 个月，482 吨；1 年， 5784 吨。

75.客房卫生间冲水箱调节到 6 升，不用 8 升，每天可节省 20 升水。

76. 中水回用，节水 30%~ 40%。

77.要使所有员工知道，酒店资金大进大出，但不能大手大脚。从我开始，从点滴开始，如修旧利用：吸尘器、火锅炉、电开水壶、水泵、阀门、电机、电器等可再装配成“新机器”再使用。再如大台布可以做成小台布，方台布可做成长台布，旧布草可以做成洗衣袋，还可以做电视机、电脑、多媒体投影仪等遮尘套。充分做到物尽其用。

78.在酒店大门入口处加防尘垫，宽度大于 2 米，可将 70%的鞋底污垢挡在室外，减少大堂、楼层地毯等公共区域清洁工作量。

79.正确选用花岗岩石与大理石，地面、卫生间台面用花岗岩；大堂柱子、墙面用大理石。

80.酒店公共区域清洁应记住:“时间”是最好的去渍剂。任何污渍在 6 小时之内处理是最有效的。

81. 地毯保养方法：①吸尘；②局部及时去渍；③控制洗涤。

82. 花岗岩、大理石地面有污渍（口香糖）及时处理最有效，用油漆刮刀去除口香糖后，用洗涤剂再处理一下使其无痕迹。

83.应记住任何清洁剂对地毯、衣物、布草都有损伤。如果是湿性污渍，先用水去除渍效果最好。

84.客房内布草可以一客一换，不必一天一换， 但提示牌要恰到好处。

85.加强物品领用制度，严格库房管理，执行好部门二级库领用、报损制度。

86.教育员工养成良好的节能习惯，这是本酒店的的无形资产。如上、下两层自觉走步行梯。

87.减少库存量，由供应商送货。

88.厨房原料进价不定期询价（起码一周一次），降低采购成本。

89.库房定期盘点，账物相符，减少漏洞。

90.从源头控制餐具破损率（库房、餐桌、餐具柜），新增加餐具定餐厅（包厢）、规格、数量采购，减少浪费。

91.从源头控制布草使用寿命，增加布草定餐厅、定客房类型、规格、数量采购。

92.提高布草寿命从源头做起，餐桌收台时，减少菜肴汤对布草的污染，不要将硬物（牙签等）夹在待洗的布草内。减少客房内待洗布的二次污染机会（布草放在地面上、鞋印、运往洗衣场的途中受污染）。

93.干、湿洗之前要预去渍，成功的洗涤取决于有效的预去渍，可有效地减少回洗。

94.卫生间内排风扇可去掉，改为屋顶集中式控制。

95.电梯轿厢内不用星期地毯，改为花岗岩地面。

96.大堂地面每天保养一次，保养时间：夏季23:00后；冬季22:00后。

97.洗衣设备安装正确。用汽设备支管从主蒸汽管上方接入；用水设备支管从主水管下方接入（厨房设备类似）。

98.洗衣设备疏水阀型号要正确，大烫机用大容量（浮球式、倒吊桶式），其他设备用圆盘式。

99.规模小的酒店（小于10间客房）不一定设洗衣场、可送出洗。

100.水洗机用洗脱一体化变频功能的。

101.干洗机用带制冷回收功能的（第四、五代干洗机）。

102.干洗机蒸馏箱、烘干机按洗涤量及时进行清理。

103.洗衣场用水“头道不用新”，水洗排水分质排放，可节水20%~30%。

104.广场、大堂内慎用喷水池。

105.室内游泳池水温不超过26℃，可减少换水次数。

106.桑拿区干蒸房内，桑拿炉选用两段式控制方式。

107.桑拿湿区、休息区面积不要大，扩大按摩区营业面积。

108.蒸汽、热水管道走地下时一定要悬空、保温。

109.洗衣场离锅炉房不宜过远。

110.对地下层或一层员工用水管路中加减压阀，淋浴用打卡控制。

111.尽可能用太阳能热水器。

112.公共区域多用自然光。

113.酒店内部办公指令传递采用无纸化（电脑网络），内部文件用小号字体，纸张两面都用（用商务中心客用草稿纸）。

114.酒店内废旧物品、酒（饮料）瓶归品处理，收益可按比例分配。

115.节能增效工作必须从管理层起步，推向员工，有效措施是：绩效考核，每月兑现。

116.合理选用能源组合：如白天燃气便宜时就只用燃气，晚上电便宜时就用电。

117.采用合同能源管理：酒店老设备、能耗大的设备更新无需酒店投入资金，由专业能源管理公司进行更新改造。双方签订能源管理合同，设备运行节省费用双方按合同约定分成。

118. “客房发展趋势——生态客房”。

119.使用热泵空调，夏季将冷却塔散出的热量变为洗澡水，一举四得（少投资、少占位置、少污染、洗澡水不花钱）。

120.客房规模在 80~120 间/套的酒店，有条件时，可采用太阳和辅助加热设施解决洗澡水问题。

案例分享

台湾商人卓先生第一次来大陆做生意，由当地一位布业商人介绍，住进了沿海某市一家星级酒店。没想到的是，刚入住酒店头一次洗澡，卓先生就遭遇被热水烫伤并摔成重伤的事故。

原来，卓先生按自己对保养皮肤的认识和生活习惯，在气温适宜的情况下，尽可能用冷水洗澡。他刚放下行李，就急匆匆进人客房卫生间想冲个冷水浴。

他根据浴缸水龙头冷热混合开关背后墙上贴的示意冷热转向色标，将水龙头开关一下子转向了蓝色标识（示意为冷水）一侧。

若按正常情况，应当是浴缸水龙头先出水，以便客人用脚先试一下水温，然后再拨动转换开关让喷淋头出水。然而没想到的是，浴缸水龙头并不出水，而是头顶上方的喷琳头突然冲出一股热水，而且水温相当高。卓先生光着的身体一下子被滚烫热水灼得刺痛，本能地跳出浴缸。更糟糕的是，卓先生脚底一滑，整个人重重地摔在了地上，连痛带惊几乎晕了过去！

好在酒店接到卓先生打出的求救电话，迅速地将其送往医院治疗。酒店领导第一时间前往慰问，同时派人陪护，还满足了卓先生的赔偿要求，这次意外事故总算平息了。

[对管理者的启迪]

1.强调管理的专业化，不仅要讲究运行上的程序化和标准化，还要注重技术层面上的规范化和标准化。

2.优秀的管理者应当既是经营管理型，又是专业技术型的复合型人才。

3.将冷热水标错的现象在国内酒店行业并不少见，屡屡造成对各人的伤害，引起客人的提诉，这是工程装修问题。但没有发现这一现象或发现 了没有及时解决，则属于管理问题。

4.管理者应组织人员认真检查自己酒店是否存在这种现象并及时加以解决。

5.对于发现的问题不及时采取措施加以解决，导致问题重复出现，说明管理者已经麻木不仁，缺乏服务意识、顾客意识和管理意识。

本章小结

（1）酒店内工程设备各系统，包括供电、供水、通信、空调等设备必须运转正常。

（2）酒店工程管理中各岗位必须熟知工作流程和岗位职责。

（3）节能减排是酒店工程管理中的一项重要职责。

思考与练习

（1）酒店设备系统由哪些部分组成？

（2）酒店照明系统由哪几部分组成？

（3）如何正确设计餐厅照明？

（4）如何正确设计客房照明？

（5）工程部员工素质有哪些具体要求？

参 考 文 献

[1] 刘伟. 酒店管理案例分析[M] . 重庆：重庆大学出版社，2020.

[2] 吴业山. 酒店工程管理[M]. 北京：中国旅游出版社，2018.

[3] 刘长英. 现代饭店督导[M]. 北京：企业管理出版社，2020.

[4] 王大悟，刘耿大. 酒店管理 180 个案例品析[M]. 北京：中国旅游出版社，2007.

教师教学支持方案
（教学课件）

建设立体化精品教材，向高校师生提供整体教学解决方案和教学资源，是天津大学出版社“服务高校教育”的重要方式。

为支持相应课程的教学工作，我们配套出版了该书的教学课件，向采用本教材的教师免费提供。该课件仅为教师获得并服务，授课教师如果想享受个性化的服务，可到天津大学出版社网址 www.tjup.com“下载中心”的旅游与酒店管理专业课程教材栏目中下载填写“旅游与酒店管理专业教师资源库”入库信息表，并详细填写如下开课情况证明，以邮寄或者传真方式一并交与我们，我们将在收到后一周内寄出相关课件或与您联系相关事宜。

通信地址：天津市南开区卫津路 92 号天津大学出版社 总编办

邮编：300072

电话：022-27405002

传真：022-27401094

E-mail：973662685@qq.com

联系人：王馨

开课证明

兹证明__________大学__________学院__________系__________专业第________学年开设的_______课程，已采用天津大学出版社出版的__________（书名、作者）作为本课程教材，本专业共_______班，授课老师共____位，学生共_____人。

授课老师需要与本教材配套的教学课件。

联系人：

通信地址：

邮编：

电话：

E-mail：

系（院）主任（签字）：

（系院办公室盖章）

年　月　日